Merkwürdig ist die Erwartung fremder Gäste gerade heute,
wo die astronautische Erkundung nicht nur die Unbewohntheit,
sondern auch die Unbewohnbarkeit der Sterne erwiesen zu haben scheint.
Hier eben deutet sich die Tiefe der Sehnsucht an.
Immer stärker wird gefühlt, dass die reine Macht
und der Genuss der Technik nicht befriedigen.
Was früher Engel waren und was Engel gaben, wird vermisst.

        ERNST JÜNGER

Uwe Wolff

Das neue große Buch der Engel

Gütersloher Verlagshaus

Bibliografische Information Der Deutschen Bibliothek
Die Deutsche Bibliothek verzeichnet diese Publikation in der Deutschen Nationalbibliografie; detaillierte bibliografische Daten sind im Internet über http://dnb.ddb.de abrufbar.

1. Auflage
Copyright © 2006 by Gütersloher Verlagshaus, Gütersloh, in der Verlagsgruppe Random House GmbH, München

Dieses Werk einschließlich aller seiner Teile ist urheberrechtlich geschützt. Jede Verwertung außerhalb der engen Grenzen des Urheberrechtsgesetzes ist ohne Zustimmung des Verlages unzulässig und strafbar. Das gilt insbesondere für Vervielfältigungen, Übersetzungen, Mikroverfilmungen und die Einspeicherung und Verarbeitung in elektronischen Systemen.

Umschlaggestaltung: schwecke.mueller Werbeagentur GmbH, München
Umschlagmotiv: Louis Janmot (1814 – 1892), De l'angel gardien la mission commence.
Satz und Reproduktionen: redhead, Steinhagen
Druck und Einband: Print Consult, München
ISBN-13: 978-3-579-06949-4
ISBN-10: 3-579-06949-7

www.gtvh.de

Inhalt

Präludium 11

**ERSTER CHOR DER ENGEL:
IM ANFANG**

Gott, Engel, Mensch – Welten im Werden 12

1 Flammend in heiliger Liebe

Rafael Alberti
Die Schülerengel 14

Johann Wolfgang von Goethe
Die Sonne tönt nach alter Weise 14

Aurelius Augustinus
Erschaffung und Fall der Engel 15

*2 Ob Engel mit Weibern fleischlichen Umgang
haben können*

Genesis 6,1-4
Die Erzeugung der Riesen 20

Äthiopisches Henochbuch
Über den Fall der Engel 20

Aurelius Augustinus
Es waren keine Engel 26

Rose Ausländer
Trost 30

3 Geburtswege

Itzig Manger
Mein letzter Tag im Paradies 31

Uwe Wolff
Der Engel des Lichts 35

Michail Lermontow
Der Engel 39

Christian Morgenstern
Der Engel 39

**ZWEITER CHOR DER ENGEL:
VON FLÜGELN ZUGEDECKT**

Lieben und Leiden unter Engeln 40

1 Deck' mich mit deinen Flügeln zu

Fritz Baltruweit
Du bringst mir Licht in meine Zeiten 42

Paul Gerhardt
Nun ruhen alle Wälder 42

Marie Luise Kaschnitz
Auszug aus: Schnee 44

Heimo Schwilk
Paradies 44

Rose Ausländer
»Komm Engel ...« 45

Uschi Neuhauser
Ein fauler Hund 45

Nelly Sachs
Ihr seht sie nicht 45

Gottfried Benn
Menschen getroffen 46

Adam Zagajewski
Drei Engel 47

2 Keusch wie die Engel

Matthäus 22,23-33
Ein Streitgespräch 48

Ferdinand Holböck
Caecilias römische Brautnacht 49

Emanuel bin Gorion
Mathia ben Cheresch 50

Jorge Luis Borges
Nicht der Sinne wüste Lust 52

3 Die reine Stirn der Engel

Rudolf Otto Wiemer
Es müssen nicht Männer mit Flügeln sein 53

**DRITTER CHOR DER ENGEL:
WELT DES KINDES**

Schutzengel 54

1 Erfahrungen und Erinnerungen

Elisabeth Noelle-Neumann
Die Engel 56

Marion Gräfin Dönhoff
Das letzte Gespräch 56

Bernhard Fürst von Bülow
Denkwürdigkeiten 61

Erwin Wickert
Die Begegnung mit dem Engel 62

Wilhelm von Kügelgen
Jugenderinnerungen eines alten Mannes 64

Inhalt

Hermann Sudermann
Gottes Gegenwart 66

Winfried Maas
Jemand nahm mich bei der Hand 67

Daniel 3,1-30
Drei Männer und ein Engel im Feuerofen 67

Apostelgeschichte 12,1-25
Ein Engel befreit Petrus aus dem Gefängnis 70

2 Kinderwelten

Was Kinder über Engel denken 72

Wim Wenders/Peter Handke
Der Engel Damiel spricht 73

Ernst Heimeran
Das Engelgespräch 74

Schalom Ben-Chorin
Der Engel mit der Fahne –
Eine Simchat-Thora-Erinnerung 76

Nikolaus Lenau
Stimme des Kindes 79

3 Schutzengel in der Bibel

Psalm 91
Wer unter dem Schirm des Höchsten sitzt 80

Aus Matthäus 1-4
Jesu Schutzengel 81

Matthäus 18,1-10
Die Engel der Kinder 83

**VIERTER CHOR DER ENGEL:
VERWANDLUNGEN**

Abschied, Schmerz und große Fahrten 84

1 Ende des Kinderhimmels

Rose Ausländer
Kindheit I 86

Pierre Georges Pouthiér
Engelruf 87

Marie Luise Kaschnitz
Ein Häufchen Unglück 87

Else Lasker-Schüler
Meine Mutter 88

Else Lasker-Schüler
Gebet 88

Rose Ausländer
Schwebend auf Weltenbahnen 89

John Henry Kardinal Newman
Lead, kindly Light 90

Walter Benjamin
Ein Sturm weht vom Paradiese her 91

2 Auch Engel leiden

Marie Drücker
Engel 92

Mascha Kaléko
An meinen Schutzengel 92

Anonym
An die Engel meiner erwachsenen Kinder 93

Gwendolin Fischer
Kind und Engel – Ein Gespräch 93

Johannes Brahms
Wiegenlied 98

3 Phantastische Fahrten

Julchen Oasis
Angel Child 99

Frankfurter Allgemeine Zeitung
»Engel als Anhalter undenkbar« 99

Nina Hagen
LSD-Engel 100

Ernst Jünger
Eine unbestimmte Sehnsucht 101

Franz Kafka
Eine kaiserliche Botschaft 103

Gerald Zschorsch
Elegie 103

Das Buch Tobit
Es war einmal ein Mann mit Namen Tobias 104

**FÜNFTER CHOR DER ENGEL:
NATUR**

Engel, Energien und Esel 116

1 Elektronenengel

Rose Ausländer
Nicht wahr 118

John Henry Kardinal Newman
Unter der Hülle der sichtbaren Welt 119

2 Ökologie und Umwelt

Christian Morgenstern
Wasserfall bei Nacht 120

Dahlia Borsche
Der Engel des Herbstes 121

4 Mose 22,1-35
Bileams Esel und der Engel 122

**SECHSTER CHOR DER ENGEL:
DIE GROSSE SCHAU**

Visionäre und Träumer 124

1 Berufungsvisionen

Talmud
Vier Rabbiner im Himmel 126

Jesaja 6,1-13
Jesajas Berufung zum Propheten 126

Hesekiel 1-3
Hesekiels Berufungsvision 128

Äthiopisches Henochbuch
Der himmlische Hofstaat 131

Sahih al-Buhari
Mohammed in der Höhle von Hira 132

Joseph Smith
Der Besuch Moronis 135

2 Träumer und Märtyrer

Christian Morgenstern
Wir fanden einen Pfad 138

Marc Chagall
Petersburger Engel 139

Genesis 28,10-22
Jakob schaut die Himmelsleiter 140

Perpetua
Engelvision einer Märtyrerin 143

Benedikt von Nursia
Vom Engelleben der Mönche 144

**SIEBTER CHOR DER ENGEL:
GOTTESSTREITER**

Künstler, Kämpfer, Kirchen 148

1 Zwischen Jabbok und Gethsemani

Jehuda Amichai
Jakob und der Engel 150

Genesis 32,23-33
Jakob am Jabbok 150

Gundolf Winter
Gauguins Wallfahrt nach Nizon 152

Ernst Jünger
Jakobs nächtlicher Ringkampf 154

Franz Kafka
Tagebuch-Eintragung vom 25.6.1914 ... 155

Annette von Droste-Hülshoff
Gethsemane 157

2 Der Erzengel Michael

Eduard Mörike
Erzengel Michaels Feder 158

»Das Leben Adams und Evas«: Satan erinnert
sich – Apokryphe Schrift der Juden 160

Offenbarung 12,1-18
Ein Kampf im Himmel 161

Johann Sebastian Bach
Der unerschaffne Michael 162

Otto Riedel
Anrufung 1939 162

3 Kirchliche Lehren

Aurelius Augustinus
Was Engel wissen 163

Dionysios Areopagita
Die himmlischen Hierarchien 164

Johannes Damascenus
Das Wesen der Engel 165

Robert Gernhardt
Wie viele Engel auf einer Nadelspitze
Platz haben 167

**ACHTER CHOR DER ENGEL:
WERDEN WIE DIE ENGEL**

Sterben, Tod, Gericht 168

1 Erwartungen

Dietrich Bonhoeffer
Von guten Mächten 170

Inhalt

Fynn
Was ich mal werden möchte, ist Engel 172

Fynn
Brief an Anna 172

Heinrich Heine
An die Engel 173

2 Sterbeerfahrungen

Friedrich Cramer
Der Kampf mit dem Engel 174

Jean Paul
Tod eines Engels 177

Elisabeth Kübler-Ross
Schutzengel der Sterbenden 180

Johann Wolfgang von Goethe
Fausts Grablegung 181

3 Gerichtstag im Himmel

Romano Guardini
Der Engel des Menschen 184

Friedrich Hölderlin
Das Erinnern 187

Emanuel bin Gorion
Josua ben Levi und der Bote des Todes 188

Clemens Brentano
Schwanenlied 188

Georg Trakl
De Profundis 189

**NEUNTER CHOR DER ENGEL:
HALLELUJA IN EWIGKEIT**

Singen, Schauen, Jubeln 190

1 Auferstehung

Lukas 24,1-12
Das leere Grab 192

Apostelgeschichte 1,1-14
Himmelfahrt 193

Rose Ausländer
Die Auferstandenen 194

2 Augenblicke aus Ewigkeit

Fioretti
Franz von Assisi und der Engel mit der Geige ... 195

Hildegard von Bingen
Die Flügel des Glaubens 198

Rainer Maria Rilke
Aus den Duineser Elegien 202

Else Lasker-Schüler
Mein blaues Klavier 206

3 Ein himmlisches Leben

Bayrisches Volkslied
Der Himmel hängt voller Geigen 208

Al-Qazwînî
Die Bewohner der Himmelssphären:
die Engel 209

Johann Wolfgang von Goethe
Fausts Himmelfahrt 215

Quellennachweis 218

Präludium

»Engel des Hauses kommt!« rief Friedrich Hölderlin vor 200 Jahren. Jetzt sind sie zur himmlischen Freude der Kinder und Künstler in großer Zahl erschienen. »Das neue große Buch der Engel« ist ein vielstimmiger Hymnus auf das Leben und die umfassende Dokumentation einer unendlichen Liebesgeschichte der himmlischen Art.

Mit heiterem Ernst begleiten Engel das menschliche Leben von seinem Ursprung durch die Welt ins Ewige Leben. Sichtbar oder unsichtbar: Engel stehen uns zur Seite.

Ein großes Buch der Engel ist mehr als eine Anthologie, versammelt nicht nur Gedichte, Geschichten, Lieder und Bilder über Engel. Es leistet Aufklärung über eine von Kirche und Theologie oftmals verdrängte, verschwiegene oder verkannte Form anschaulicher, erfahrungsoffener und lebensprallerer Religiosität. Seine Leser und Leserinnen will es in leidenschaftliche himmlische Affären verstricken.

»Das neue große Buch der Engel« ist ein spirituelles Meditationsbuch, eine Einübung in die verdichtete Theologie, eine Sehschule für die Wirklichkeit hinter und in den Dingen. Es ist zugleich ein kultur- und religionsgeschichtliches Lesebuch, das in weitgespanntem Bogen den »himmlischen Flugverkehr« als Hauptstrom der abendländischen Überlieferung in Bibel, Kunst und Weltliteratur aufzeigt. Zu vielstimmigem Gesang sind hier in exemplarischer Auswahl alle Dichter und Gottesfreundinnen versammelt, die »englische« Beziehungen gehabt haben.

In Gottes Haus ist Platz für viele Wohnungen. Die Hausbegehung führt von Augustin zur Anthroposophie, von der Esoterik zu Hildegard von Bingen, von Rose Ausländer zu Garcia Marquez, von Borges zu Chagall, von Heine zu Benn, von Goethes »Faust« zu Rilkes »Duineser Elegien«, von Walter Benjamin zu Dietrich Bonhoeffer. So wird erfahrbar, wie Dichter und religiöse Genies, Künstler und Künder das menschliche Leben im Angesicht der Engel zur Sprache gebracht haben.

Engel sind Boten der Jahrtausendwende. In Zeiten des geistigen und religiösen Umbruchs erscheinen sie, um Menschen neue Orientierung zu schenken. Sie sind Begleiter auf dem Lebensweg.

Engel sind von Berufs wegen Pendler zwischen den Welten. Als Gottes direkte Eingreiftruppe bringen sie Menschen in Bewegung. In ihrer himmlischen Heimat lieben sie jedoch die Ordnung. In neun Chören erklingt dort ihr Singen und Sagen. Deshalb spiegelt der Aufbau dieses Buches die himmlische Gesangsordnung in neun Kapiteln wider. Diese orientieren sich am Lebenslauf des Menschen und den Lebensaltern der Welt.

Die Gestalt der Engel, ihr schillerndes Wesen, ihr Grenzgängertum zwischen Himmel und Erde hat zu allen Zeiten die großen Künstler des Abendlandes herausgefordert. Jedes Bild ist der Versuch einer Annäherung an die Gestalt der Engel, in jedem Bild verbirgt sich ein Lebensschicksal. Deshalb sind die Farbtafeln mehr als Illustration von Texten. Im Bild verborgen ist das Geheimnis der Gotteserfahrung, ins Bild gesetzt ein Augenblick, als sich der Himmel öffnete und der Grund des Lebens aufschien.

Haus Sonnenschein im Marienmonat 2006
Uwe Wolff

Erster Chor der Engel: Im Anfang

Gott, Engel, Mensch – Welten im Werden

»Kor, der Engel, erwachet.«
Karla Schneider

Erinnerung an den Morgenglanz der Geistesfrühe. Ein deutsches Weihnachtslied, darin der Vers: »Bald ist Heilige Nacht, Chor der Engel erwacht.« Was ist ein Chor der Engel?, denkt das Mädchen. Vom himmlischen Gesang der Engelchöre hat ihm die Mutter nichts zu erzählen gewusst. Es hört einen Namen aus dem Lied heraus: Kor, der Engel, sei erwacht.

Engel singen im Chor. Vielleicht gibt es unter ihnen einen mit dem Namen Kor. Wer weiß es? Im Chorgesang ist jede Stimme wichtig, keine darf fehlen, und nur alle zusammen bilden eine Einheit, bringen die Vielfalt der Schöpfung zum Klingen. Vielstimmigkeit bedeutet Toleranz, geistige Beweglichkeit statt dogmatischer Erstarrung, Vielstimmigkeit ist Einheit in der Vielfalt, aber auch Ordnungssinn, Orientierung und ein Gespür für den rechten Augenblick, wo der Einsatz der eigenen Stimme gefragt ist. Neun Chöre haben Mystikerinnen geschaut, und jeder Engelchor war ihnen ein Gleichnis für Gottes Schöpfung.

Der erste Chor der Engel bringt Stimmen zu Gehör, die vom Anfang der Welt, der Erschaffung der Engel und Menschen singen. Fromme und fröhliche, kirchliche und ketzerische: der folgenschwere Mythos vom Sturz der Engel, Engel als Geburtshelfer und Kosmonauten, als Wächter vor dem verlorenen Paradies. Anfang, eine Welt im Werden, die Zeit läuft, der Raum öffnet sich. Paradies und Uterus werden verlassen. Das Leben jenseits von Eden beginnt …

1 Flammend in heiliger Liebe

Die Schülerengel
Rafael Alberti

Keiner von uns verstand das nächtliche
  Geheimnis der Wandtafeln
noch warum das Sphäroid der
  Himmelskörper in Begeisterung
geriet wenn wir es nur anblickten.
  Wir wussten einzig dass eine
Kreislinie nicht rundlich sein kann
  und dass eine Mondfinsternis die
Blumen verwirrte
  und die Uhr der Vögel beschleunigte.

Keiner von uns verstand etwas:
  nicht warum unsere Finger aus
chinesischer Tusche waren
  und der Abend die Zirkel zusammenlegte
um in der Frühe Bücher aufzuschlagen.
  Wir wussten einzig dass eine Gerade,
wenn sie nur will, krumm sein kann
  oder gebrochen
und dass die umherirrenden Sterne
  Kinder sind die die Arithmetik
ignorieren.

Die Sonne tönt nach alter Weise
Johann Wolfgang von Goethe

Raphael:
Die Sonne tönt nach alter Weise
In Brudersphären Wettgesang,
Und ihre vorgeschriebne Reise
Vollendet sie mit Donnergang.
Ihr Anblick gibt den Engeln Stärke,
Wenn keiner sie ergründen mag;
Die unbegreiflich hohen Werke
Sind herrlich wie am ersten Tag.

Gabriel:
Und schnell und unbegreiflich schnelle
Dreht sich umher der Erde Pracht,
Es wechselt Paradieseshelle
Mit tiefer, schauervoller Nacht;
Es schäumt das Meer in breiten Flüssen
Am tiefen Grund der Felsen auf,
Und Fels und Meer wird fortgerissen
In ewig schnellem Sphärenlauf.

Michael:
Und Stürme brausen um die Wette,
Vom Meer aufs Land, vom Land aufs Meer,
Und bilden wütend eine Kette
Der tiefsten Wirkung ringsumher.
Da flammt ein blitzendes Verheeren
Dem Pfade vor des Donnerschlags;
Doch deine Boten, Herr, verehren
Das sanfte Wandeln deines Tags.

Zu drei:
Der Anblick gibt den Engeln Stärke,
Da keiner dich ergründen mag,
Und alle deine hohen Werke
Sind herrlich wie am ersten Tag.

Erster Chor der Engel: Im Anfang

Erschaffung und Fall der Engel

Aurelius Augustinus

Ich möchte nunmehr vom Ursprung der heiligen Stadt sprechen. Da wird zunächst, meine ich, von den heiligen Engeln zu handeln sein, die einen großen Teil ihrer Bewohner ausmachen und deshalb umso seliger sind, weil sie niemals in der Fremde pilgern mussten. Ich will, was die göttlichen Zeugnisse hierfür an die Hand geben, soweit es nötig zu sein scheint, mit Gottes Hilfe zu erläutern suchen. Wo die Heilige Schrift von der Erschaffung der Welt spricht, teilt sie nicht unzweideutig mit, ob und wann die Engel geschaffen sind. Doch wenn sie nicht überhaupt übergangen sind, dann sind sie entweder mit dem Worte »Himmel« gemeint, nämlich da, wo es heißt: »Im Anfang schuf Gott Himmel und Erde«, oder wohl noch eher mit jenem Lichte, von dem ich schon sprach. Dass sie aber nicht übergangen sind, schließe ich daraus, dass geschrieben steht, Gott habe am siebten Tage von allen seinen Werken geruht, während das Buch selber mit den Worten beginnt: »Im Anfang schuf Gott Himmel und Erde«, so dass angenommen werden muss, er habe vor Himmel und Erde nichts anderes geschaffen. Da er also mit Himmel und Erde anfing und die Erde, wie er sie ursprünglich schuf, nach den folgenden Worten der Schrift »wüst und leer« war und vor Erschaffung des Lichtes Finsternis über dem »Abgrund«, das heißt einer ungesonderten Mischung von Erde und Wasser, lag – denn wo kein Licht, da ist notwendig Finsternis –, und da sodann alles nacheinander hervorgebracht wurde, was nach dem Schöpfungsbericht in den sechs Tagen vollendet wurde, wie sollten da wohl die Engel übergangen sein, als gehörten sie nicht zu den Werken Gottes, von denen er am siebten Tag ruhte?

Dass aber die Engel Gottes Werk sind, ist an dieser Stelle zwar wohl nicht übergangen, aber doch auch nicht ausdrücklich gesagt. Anderswo jedoch bezeugt es die Schrift mit klarsten Worten. Denn in dem Lobgesang der drei Männer im feurigen Ofen heißt es zunächst: »Preiset den Herrn, alle seine Werke«, und bei Aufzählung dieser Werke werden auch die Engel genannt, und im Psalme singt man: »Lobet im Himmel den Herrn, lobet ihn in der Höhe! Lobet ihn, alle seine Engel, lobet ihn, all sein Heer! Lobet ihn, Sonne und Mond, lobet ihn, alle leuchtenden Sterne! Lobet ihn, Himmel der Himmel, und die Wasser, die überm Himmel sind! Die sollen loben den Namen des Herrn, denn er sprach, da entstanden sie; er gebot, da wurden sie geschaffen.«

Auch hier also ein offenkundiges göttliches Zeugnis, dass die Engel von Gott geschaffen sind. Denn sie werden unter den übrigen himmlischen Wesen erwähnt, und dann heißt es von allen: »Er sprach, da entstanden sie.« Wer wird auch auf die Vermutung kommen, die Engel seien erst nach alledem, was im Sechstagewerk aufgezählt wird, erschaffen worden? Auch wenn jemand so töricht wäre, wird doch dieser Unverstand durch ein Schriftwort von gleichem Gewicht zurückgewiesen, wo nämlich Gott erklärt: »Als die Sterne geschaffen wurden, da lobten mich mit lauter Stimme alle meine Engel.« Die Engel waren also schon da, als die Sterne geschaffen wurden. Diese aber wurden am vierten Tage geschaffen. Sollen wir also sagen, sie seien am dritten Tage geschaffen? Keineswegs. Denn wir hören ja, was an jenem erschaffen worden ist. Da ward von dem Wasser die Erde geschieden, nahmen diese beiden Elemente ihre besondere Gestalt an und brachte die Erde die in ihr wurzelnden Gewächse hervor. Oder am zweiten? Auch das nicht. Denn an ihm ward die Feste geschaffen zwischen den oberen und unteren Wassern und Himmel genannt, an welcher dann am vierten Tage die Gestirne erschaffen wurden. Wenn also die Engel zu den Gotteswerken jener Tage gehören, dann sind sie das Licht, das den Namen Tag empfing, dessen Einmaligkeit dadurch hervorgehoben wird, dass er nicht der erste Tag heißt, sondern »der eine«. So ist denn der zweite Tag nicht etwa ein anderer, oder der dritte und die übrigen, sondern jener eine wurde, um die Sechs- oder Siebenzahl voll zu machen, wiederholt, um der siebenmaligen Erkenntnis willen, nämlich der sechsmaligen der Werke Gottes und einer siebten der Ruhe Gottes. Denn als Gott sprach: »Es werde Licht«, und es ward Licht, sind die Engel, falls mit Recht bei diesem Licht an ihre Erschaffung zu denken ist, unfraglich des ewigen Lichtes teilhaftig geworden, nämlich der unwandelbaren Weisheit Gottes, durch welche alles geschaffen ward, die wir den eingeborenen Sohn Gottes nennen.

So wurden sie, erleuchtet von dem Lichte, das sie schuf, selbst Licht und hießen Tag, da sie an dem unwandelbaren Lichte und Tage Anteil haben, nämlich dem Worte Gottes, durch welches sie selbst und alles Übrige erschaffen wurden. Denn »das wahre Licht, welches alle Menschen erleuchtet, die in diese Welt kommen«, erleuchtet auch alle reinen Engel, so dass sie ein Licht sind, nicht in sich selbst, sondern in Gott. Wenden sich die Engel von ihm ab, werden sie unrein wie alle die, welche man unreine Geister nennt, und sind nun nicht mehr ein Licht in dem Herrn, sondern in sich selbst Finsternis und von der Teilnahme am ewigen Licht geschieden. Denn das Böse hat kein Wesen, vielmehr wird der Verlust des Guten böse genannt. (...) Die Dunkelheit des göttlichen Wortes ist auch insofern nutzbringend, als sie mehrere wahre Auffassungen hervorruft und ins Licht der Erkenntnis treten lässt, da der eine es so, der andere es anders versteht. Dabei muss freilich der Sinn, den man in dunklen Stellen findet, entweder durch das Zeugnis offenkundiger Tatsachen oder durch andere unzweideutige Schriftstellen bestätigt werden. Dann wird entweder eine der vielen vorgebrachten Deutungen die Meinung des Schriftstellers treffen, oder, wenn diese auch verborgen bleibt, werden doch beim Eindringen in das tiefe Dunkel andere Wahrheiten ans Licht gezogen. So scheint es mir eine Auslegung zu sein, die den Werken Gottes gerecht wird, wenn man, wie bereits dargelegt, bei dem ersterschaffenen Lichte an die Erschaffung der Engel denkt und bei den Worten »Gott schied das Licht von der Finsternis und nannte das Licht Tag und die Finsternis Nacht« an die Scheidung zwischen den heiligen und unreinen Engeln. Denn diese Scheidung konnte nur er vornehmen, der schon vor ihrem Fall vorherzusehen vermochte, dass sie fallen und, des Lichtes der Wahrheit beraubt, in der Finsternis des Hochmutes verharren würden. Denn zwischen dem Tage und der Nacht, wie sie uns vertraut sind, also zwischen irdischem Licht und irdischer Finsternis, sollten nach seinem Befehlswort die unsern Sinnen wahrnehmbaren Himmelslichter unterscheiden.

»Es seien«, sprach Gott, »Lichter an der Feste des Himmels, dass sie leuchten auf Erden und scheiden zwischen Tag und Nacht«, und ein wenig später: »Und Gott machte zwei große Lichter, ein größeres Licht, das den Tag regiere, und ein kleineres Licht, das die Nacht regiere, dazu auch Sterne. Und Gott setzte sie an die Feste des Himmels, dass sie leuchteten

»Im Anfang schuf Gott ...«
Aus der Bibel des Matteo de Planisio, um 1362.

auf Erden und den Tag und die Nacht regierten und schieden Licht und Finsternis.« Zwischen jenem Lichte aber, nämlich der heiligen Schar der Engel, die im Glanze der Wahrheit überirdisch leuchtet, und der ihr entgegengesetzten Finsternis, nämlich den verdüsterten Geistern der vom Licht abgefallenen bösen Engel, konnte nur er scheiden, dem auch das künftige, nicht durch die Natur, sondern den Willen verursachte Böse weder verborgen noch ungewiss sein konnte. (...)

Dass aber manche Engel gesündigt haben und in diese untere Welt verstoßen wurden, die für sie eine Art Kerker ist, bis sie künftig am Tage des Gerichts endgültig verdammt werden, das hat der Apostel Petrus klar verkündet, wo er sagt, dass Gott die sündigen Engel nicht verschont, sondern sie verstoßen und den finsteren Kerkern der Unterwelt übergeben hat, um sie zur Strafe des Gerichts aufzubewahren. Wer zweifelt daran, dass Gott zwischen diesen und den anderen in Voraussicht und Tat geschieden hat? Wer bestreitet, dass die letzteren mit Recht Licht genannt werden? Werden doch auch wir, die wir noch im Glauben leben und Gleichheit mit ihnen erhoffen, aber noch nicht erlangt haben, vom Apostel bereits ein Licht genannt. »Denn ihr waret«, spricht er, »einstmals Finsternis, nun aber seid ihr ein Licht in dem Herrn.« Dass aber jene abtrünnigen Engel treffend Finsternis genannt werden, muss jeder zugeben, der begreift oder doch glaubt, dass sie noch schlechter sind als ungläubige Menschen. Mag also immerhin an jener Stelle, wo wir lesen: »Gott sprach: Es werde Licht, und es ward Licht«, ein anderes Licht gemeint sein, und eine andere Finsternis, wo es heißt: »Gott schied zwischen dem Licht und der Finsternis«, so sehen wir sie doch vor uns, die beiden Engelscharen, die eine zum Genusse Gottes erhöht, die andere von Hochmut aufgebläht; die eine, zu der gesagt wird: »Betet ihn an, alle seine Engel«, die andere, deren Fürst spricht: »Das alles will ich dir geben, so du niederfällst und mich anbetest«; die eine flammend in heiliger Gottesliebe, die andere qualmend in unreiner

Gier nach eigener Größe; die eine, dem Wort entsprechend: »Gott widersteht den Hoffärtigen, aber den Demütigen gibt er Gnade«, in des Himmels Himmel wohnend, die andere von da herabgeworfen und im niederen Lufthimmel sich herumtreibend; die eine in der Ruhe lichtheller Frömmigkeit, die andere im Aufruhr finsterer Leidenschaften; die eine auf Gottes Wink bald freundlich helfend, bald gerecht strafend, die andere auf eigene Faust erpicht, zu unterjochen und Schaden anzustiften; die eine, der Güte Gottes dienstbar, um voll Eifer Heil zu wirken, die andere von Gottes Macht im Zaun gehalten, um nicht voll Eifer Unheil anzurichten; die eine der andern spottend, weil deren Verfolgungen wider

»Und siehe, es war alles sehr gut ...«
Aus der Bibel des Matteo de Planisio, um 1362.

18   Erster Chor der Engel: Im Anfang

Willen bloß nützen, die andere den Spott mit Neid erwidernd, wenn jene ihre pilgernden Freunde heimholt.

Wir sehen sie vor uns, diese beiden Engelscharen, einander zu ungleich und entgegengesetzt, die eine in ihrem Wesen und Willen gut und recht, die andere wohl in ihrem Wesen gut, aber in ihrem Willen schlecht; wir sehen sie, wie sie in anderen helleren Zeugnissen der Schrift geschildert sind und wie wir sie auch in dem Genesis genannten Buche unter der Bezeichnung von Licht und Finsternis zu finden glaubten. Auch wenn vielleicht der Schriftsteller hier etwas anderes im Sinne hatte, war doch der Versuch, in die Dunkelheit seiner Rede einzudringen, nicht nutzlos, da wir ja, auch wenn wir die Absicht des Urhebers dieses Buches nicht ergründen konnten, von der Glaubensregel nicht abwichen, die den Gläubigern aus anderen dasselbe Ansehen genießenden Teilen der Heiligen Schrift hinreichend bekannt ist. Denn wenn hier auch bloß körperliche Werke Gottes erwähnt sein sollten, so haben sie doch unzweifelhaft mit den geistigen einige Ähnlichkeit, derzufolge der Apostel sagen kann: »Ihr seid allzumal Kinder des Lichtes und Kinder des Tages; wir sind nicht von der Nacht noch von der Finsternis.« Wenn aber der Schriftsteller dasselbe gemeint hat wie wir, nun, so hat unsere Untersuchung zu einem umso günstigeren Ergebnis geführt. Denn dann gewinnt man die Überzeugung, dass dieser mit solch überragender göttlicher Weisheit begabte Gottesmann, vielmehr der durch ihn redende Gottesgeist, bei Aufzählung der göttlichen Werke, die, wie er sagt, alle am sechsten Tage vollendet wurden, die Engel keineswegs übergangen hat, und es kommt auf dasselbe hinaus, ob man bei den Worten: »Im Anfang schuf Gott Himmel und Erde« das »im Anfang« als »zuerst« versteht, oder, was zutreffender sein dürfte, in dem Sinne, dass Gott in seinem eingeborenen Worte schuf. Mit den Worten Himmel und Erde aber ist die ganze Schöpfung bezeichnet, entweder, was wahrscheinlicher ist, die geistige und körperliche, oder nur die beiden großen Teile der irdischen Welt, in denen alles, was geschaffen ward, enthalten ist. In diesem Falle wäre zuerst das Ganze genannt, sodann auch seine Teile nach der geheimnisvollen Zahl der Tage aufgeführt. (...)

Jene Unsterblichen und Seligen aber auf himmlischen Thronen, die an ihrem Schöpfer teilhaben und durch seine Ewigkeit gefestigt, durch seine Wahrheit gewiss, durch seine Gnadengabe heilig sind, sie wollen es mit Recht nicht, da sie uns Sterbliche und Elende mitleidig lieben und uns gleichfalls Unsterblichkeit und Seligkeit wünschen, dass wir ihnen opfern. Sondern dem sollen wir opfern, dessen Opfer sie, wie sie wissen, selber sind samt uns. Denn zusammen mit ihnen bilden wir den einen Gottesstaat, von dem es im Psalm heißt: »Herrliche Dinge werden von dir gepredigt, du Stadt Gottes.« Davon sind wir der eine Teil, der noch auf Erden pilgert, jene der andere, der uns hilfreich beisteht. Denn aus der oberen Stadt, wo Gottes Wille das geistige und unwandelbare Gesetz ist, aus jener oberen Ratsversammlung, wie man sie nennen kann – denn von dort soll uns Rat kommen – stieg hernieder zu uns durch den Dienst der Engel die Heilige Schrift, in der wir lesen: »Wer den Göttern opfert und nicht dem Herrn allein, der soll ausgerottet werden.« Diese Schrift, dies Gesetz, diese Gebote werden durch so große Wunder bezeugt, dass klar genug zutage tritt, wem wir nach dem Willen der Unsterblichen und Seligen, die uns das Gleiche wünschen wie sich selber, opfern sollen.

2 Ob Engel mit Weibern fleischlichen Umgang haben können

Die Erzeugung der Riesen
Genesis 6,1-4

Als aber die Menschen sich zu mehren begannen auf Erden und ihnen Töchter geboren wurden, da sahen die Gottessöhne, wie schön die Töchter der Menschen waren, und nahmen sich zu Frauen, welche sie wollten. Da sprach der HERR: Mein Geist soll nicht immerdar im Menschen walten, denn auch der Mensch ist Fleisch. Ich will ihm als Lebenszeit geben hundertundzwanzig Jahre. Zu der Zeit und auch später noch, als die Gottessöhne zu den Töchtern der Menschen eingingen und sie ihnen Kinder gebaren, wurden daraus die Riesen auf Erden. Das sind die Helden der Vorzeit, die hochberühmten.

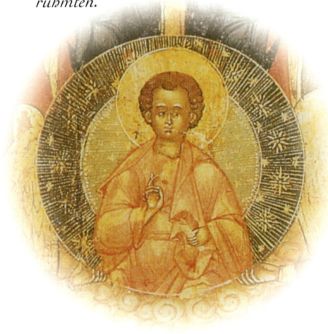

Über den Fall der Engel
Äthiopisches Henochbuch

Nachdem die Menschenkinder sich gemehrt hatten, wurden ihnen in jenen Tagen schöne und liebliche Töchter geboren. Als aber die Engel, die Himmelssöhne, sie sahen, gelüstete es sie nach ihnen, und sie sprachen untereinander: Wohlan, wir wollen uns Weiber unter den Menschentöchtern wählen und uns Kinder zeugen. Semjasa aber, ihr Oberster, sprach zu ihnen: Ich fürchte, ihr werdet wohl diese Tat nicht ausführen wollen, so dass ich allein eine große Sünde zu büßen haben werde. Da antworteten ihm alle und sprachen: Wir wollen alle einen Eid schwören und durch Verwünschungen uns untereinander verpflichten, diesen Plan nicht aufzugeben, sondern dies beabsichtigte Werk auszuführen. Da schwuren alle zusammen und verpflichteten sich untereinander durch Verwünschungen dazu. Es waren ihrer im Ganzen 200, die in den Tagen Jareds auf den Gipfel des Berges Hermon herabstiegen. Sie nannten aber den Berg Hermon, weil sie auf ihm geschworen und durch Verwünschungen sich untereinander verpflichtet hatten. Dies sind die Namen ihrer Anführer: Semjasa, ihr Oberster, Urakib, Arameel, Sammael, Akibeel, Tamiel, Ramuel, Danel, Ezeqeel, Saraqujal, Asael, Armers, Batraal, Anani, Zaqebe, Samsaveel, Sartael, Tumael, Turel, Jomjael, Arasjal. Dies sind ihre Dekarchen.

Diese und alle Übrigen mit ihnen nahmen sich Weiber, jeder von ihnen wählte sich eine aus, und sie begannen zu ihnen hineinzugehen und sich an ihnen zu verunreinigen; sie lehrten sie Zaubermittel, Beschwörungsformeln und das Schneiden von Wurzeln und offenbarten ihnen die heilkräftigen Pflanzen. Sie wurden aber schwanger und gebaren 3000

Ellen lange Riesen, die den Erwerb der Menschen aufzehrten. Als aber die Menschen ihnen nichts mehr gewähren konnten, wandten sich die Riesen gegen sie und fraßen sie auf, und die Menschen begannen sich an den Vögeln, Tieren, Reptilien und Fischen zu versündigen, das Fleisch voneinander aufzufressen, und tranken das Blut. Da klagte die Erde über die Ungerechten.

Asasel lehrte die Menschen Schlachtmesser, Waffen, Schilde und Brustpanzer verfertigen und zeigte ihnen die Metalle samt ihrer Verarbeitung und die Armspangen und Schmucksachen, den Gebrauch der Augenschminke und das Verschönern der Augenlider, die kostbarsten und auserlesensten Steine und allerlei Färbemittel. So herrschte viel Gottlosigkeit, und sie trieben Unzucht, gerieten auf Abwege und alle ihre Pfade wurden verdorben. Semjasa lehrte die Beschwörungen und das Schneiden der Wurzeln, Armaros die Lösung der Beschwörungen, Baraqel das Sternschauen, Kokabeel die Astrologie, Ezeqeel die Wolkenkunde, Arakiel die Zeichen der Erde, Samsaveel die Zeichen der Sonne, Seriel die Zeichen des Mondes. Als nun die Menschen umkamen, schrien sie, und ihre Stimme drang zum Himmel.

Da blickten Michael, Uriel, Raphael und Gabriel vom Himmel und sahen das viele Blut, das auf Erden vergossen wurde, und all das Unrecht, das auf Erden geschah. Sie sprachen untereinander: Von der Stimme ihres und der Menschen Geschrei hallt die menschenleere Erde bis zu den Pforten des Himmels wider.

Die Seelen der Menschen klagen, indem sie sprechen: Bringt unsere Streitsache vor den Höchsten! Da sprachen sie, die Erzengel, zum Herrn: Du bist der Herr der Herren, der Gott der Götter und der König der Könige; der Thron deiner Herrlichkeit besteht durch alle Geschlechter der Welt; dein Name ist heilig und in aller Welt gepriesen. Denn du hast alles gemacht und die Herrlichkeit über alles ist bei dir. Alles ist vor dir aufgedeckt und offenbar; du siehst alles, und nichts kann sich vor dir verbergen. Du hast gesehen, was Asasel getan hat, wie er allerlei Ungerechtigkeit auf Erden gelehrt und die himmlischen Geheimnisse der Urzeit geoffenbart hat, die die Menschen kennen zu lernen sich haben angelegen sein lassen. Die Beschwörungen hat Semjasa gelehrt, dem du die Vollmacht gegeben hast, die Herrschaft über seine Genossen zu üben. Sie sind zu den Menschentöchtern auf der Erde gegangen, haben bei ihnen geschlafen und mit den Weibern sich verunreinigt und haben ihnen alle Sünden geoffenbart. Die Weiber aber gebaren Riesen, und dadurch wurde die ganze Erde von Blut und Ungerechtigkeit voll. Nun, siehe, schreien die Seelengeister der Verstorbenen und klagen bis zu den Pforten des Himmels. Ihr Geseufze ist emporgestiegen und kann angesichts der auf Erden verübten Gottlosigkeit nicht aufhören. Du aber weißt alles, bevor es geschieht. Du siehst dies und lassest sie gewähren und sagst uns nicht, was wir deswegen mit ihnen tun sollen.

Darauf sprach der Höchste, und der große Heilige ergriff das Wort und sandte Uriel zu dem Sohne Lamechs und sprach zu ihm: Sage ihm in meinem Namen: Verbirg dich! Und offenbare ihm das bevorstehende Ende. Denn die ganze Erde wird untergehen und eine Wasserflut ist im Begriff, über die ganze Erde zu kommen, und alles auf ihr Befindliche wird untergehen. Belehre ihn, damit er entrinne, und seine Nachkommenschaft für alle Geschlechter der Welt erhalten bleibe. Zu Raphael sprach der Herr: Fessle den Asasel an Händen und Füßen und wirf ihn in die Finsternis; mache in der Wüste in Dudael ein Loch und wirf ihn hinein. Lege unter ihn scharfe und spitze Steine und bedecke ihn mit Finsternis. Er soll für ewig dort wohnen, und bedecke sein Angesicht mit Finsternis, damit er kein Licht schaue. Aber am Tage des großen Gerichts soll er in den Feuerpfuhl geworfen werden. Heile die Erde, welche die Engel verdorben haben, und tue die Heilung des Schlages kund, damit sie hinsichtlich des Schlages geheilt werden, und nicht alle Menschenkinder durch das ganze Geheimnis umkommen, das die Wächter verbreitet und ihre Söhne gelehrt haben. Die ganze Erde wurde durch die Werke der Lehre Asasels verdorben, und ihm schreibe alle Sünden zu.

Zu Gabriel sprach der Herr: Ziehe los gegen die Bastarde, die Verworfenen und die Hurenkinder, tilge die Söhne der Wächter von den Menschen hinweg und lasse sie gegeneinander los, dass sie sich untereinander im Kampfe vernichten; denn langes Leben soll ihnen nicht zuteil werden. Jede Bitte soll ihren Vätern für ihre Kinder nicht gewährt werden,

Himmlische Versammlung der Erzengel
Ikone der Palecher Schule, Moskau 18. Jahrhundert.

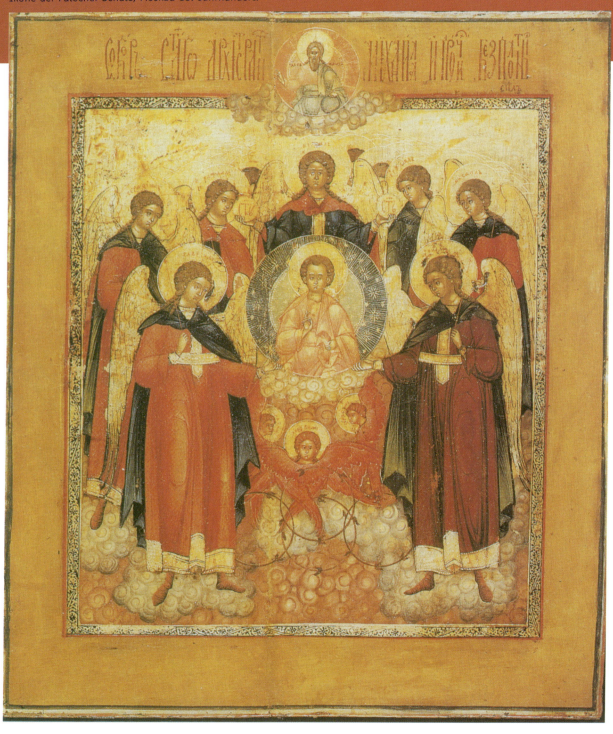

22   Erster Chor der Engel: Im Anfang

obwohl sie hoffen, ein ewiges Leben zu leben, und dass ein jeder von ihnen 500 Jahre lebe. Zu Michael sprach der Herr: Geh, binde Semjasa und seine übrigen Genossen, die sich mit den Weibern vermischt haben, um sich bei ihnen durch ihre Unreinheit zu beflecken. Wenn sich ihre Söhne untereinander erschlagen, und wenn sie, die Väter, den Untergang ihrer geliebten Söhne gesehen haben werden, so binde sie für 70 Geschlechter unter die Hügel der Erde bis zum Tag ihres Gerichts und ihrer Vollendung, bis das ewige Endgericht vollzogen wird.

In jenen Tagen wird man sie in den Abgrund des Feuers abführen, und sie werden in der Qual und im Gefängnis immerdar eingeschlossen werden. Wer immer verurteilt und von jetzt an mit ihnen zusammen vernichtet wird, wird bis zum Ende aller Geschlechter gebunden gehalten werden. Vernichte alle Geister der Verworfenen und die Söhne der Wächter, weil sie die Menschen misshandelt haben. Tilge alle Gewalttat von der Erde hinweg; jedes schlechte Werk soll ein Ende nehmen, und erscheinen soll die Pflanze der Gerechtigkeit und der Wahrheit, und die Arbeit wird zum Segen gereichen. Gerechtigkeit und Wahrheit werden in Freuden für immer gepflanzt werden. Und nun werden alle Gerechten entfliehen und sie werden leben, bis sie 1000 Kinder zeugen, und alle Tage ihrer Jugend und ihres Alters werden sie in Frieden vollenden. In jenen Tagen wird die ganze Erde in Gerechtigkeit bestellt, ganz mit Bäumen bepflanzt werden und voll von Segensgaben sein. Allerlei liebliche Bäume werden auf ihr gepflanzt werden; Weinstöcke wird man auf ihr pflanzen, und die auf ihr gepflanzten Weinstöcke werden Wein in Überfluss tragen, und von allem Samen, der auf ihr gesät wird, wird ein Maß tausend tragen, und ein Maß Oliven wird zehn Kufen Öl geben. Und du reinige die Erde von aller Gewalttat, von aller Ungerechtigkeit, von aller Sünde, von aller Gottlosigkeit und von aller Unreinigkeit, die auf der Erde verübt wird; vertilge sie von der Erde. Alle Menschenkinder sollen gerecht sein, alle Völker sollen mich verehren, mich preisen und sie alle werden mich anbeten. Die Erde wird rein sein von aller Verderbnis, von aller Sünde, von aller Plage und von aller Qual, und ich werde nicht abermals eine Flut über sie senden von Geschlecht zu Geschlecht und bis in Ewigkeit.

In jenen Tagen werde ich die himmlischen Vorratskammern des Segens öffnen, um sie auf die Erde, auf das Werk und die Arbeit der Menschenkinder herabkommen zu lassen. Und dann werden Heil und Recht alle Tage der Welt und alle Geschlechter der Menschen hindurch sich paaren.

Vor diesen Begebenheiten war Henoch verborgen, und niemand von den Menschenkindern wusste, wo er verborgen war, wo er sich aufhielt, und was mit ihm geworden war. Alles, was er während seines Lebens unternahm, geschah mit den Wächtern und mit den Heiligen. Da erhob ich, Henoch, mich, indem ich den Herrn der Erhabenheit und den König der Welt pries. Siehe, da riefen die Wächter des großen Heiligen mich, Henoch, den Schreiber, und sagten zu mir: Henoch, du Schreiber der Gerechtigkeit, geh hin, verkünde den Wächtern des Himmels, die den hohen Himmel, die heilige ewige Stätte verlassen, mit den Weibern sich verdorben, wie die Menschenkinder tun, getan, sich Weiber genommen und sich in großes Verderben auf der Erde gestürzt haben: Sie werden keinen Frieden noch Vergebung finden. Sooft sie sich über ihre Kinder freuen, werden sie die Ermordung ihrer geliebten Söhne sehen und über den Untergang ihrer Kinder seufzen; sie werden immerdar bitten, aber weder Barmherzigkeit noch Frieden erlangen.

Henoch aber ging hin und sagte zu Asasel: Du wirst keinen Frieden haben; ein großer Urteilsspruch ist über dich ergangen, dich zu binden. Du wirst keine Nachsicht und Fürbitte erlangen, wegen der Gewalttaten, die du gelehrt, und wegen all der Werke der Lästerung, Gewalttat und Sünde, die du den Menschen gezeigt hast. Dann ging ich hin und redete zu ihnen allen insgesamt, und sie fürchteten sich alle, und Furcht und Zittern ergriff sie. Da baten sie mich, eine Bittschrift für sie zu schreiben, damit ihnen Vergebung zuteil werde, und ihre Bittschrift vor dem Herrn des Himmels vorzulesen. Denn sie konnten nicht mehr mit ihm reden, noch ihre Augen zum Himmel erheben aus Scham über ihre Sünden, derentwegen sie gestraft wurden. Darauf verfasste ich ihre Bitt- und Flehschrift in Betreff ihrer Geister und ihrer einzelnen Handlungen und in Betreff dessen, worum sie baten, damit ihnen Vergebung und Nachsicht zuteil würde. Und ich ging hin und setzte mich an die Wasser von Dan im Lande Dan, das südlich von der Westseite des Hermon liegt, und ich las ihre Bittschrift Gott vor, bis ich einschlief. Siehe, da überkamen mich Träume, und Gesichte überfielen mich; ich sah Gesichte eines Strafgerichts, und eine Stimme drang zu mir und rief, dass ich es den Söhnen des Himmels anzeigen und sie schelten solle. Als ich erwacht war, kam ich zu ihnen, und sie saßen alle versammelt in Abel, das zwischen dem Libanon und Senir liegt, trauernd, mit verhüllten Gesichtern. Da erzählte ich vor ihnen alle Gesichte, die ich im Schlafe gesehen hatte, und ich begann jene Worte der Gerechtigkeit zu reden und die himmlischen Wächter zu schelten.

Dies Buch ist das Wort der Gerechtigkeit und der Zurechtweisung der ewigen Wächter, wie der große Heilige in jenem Gesichte befohlen hatte. Ich sah in meinem Schlafe, was ich jetzt mit Fleischeszunge und mit dem Odem meines Mundes erzählen werde, den der Große den Menschen verliehen hat, dass sie damit reden und mit dem Herzen es verstehen sollen. Wie er die Menschen geschaffen und ihnen verliehen hat, die Worte der Erkenntnis zu verstehen, so hat er auch mich geschaffen und mir verliehen, die Wächter, die Söhne des Himmels zu rügen. Ich hatte eure Bitte aufgeschrieben, aber in meinem Gesichte wurde mir dies gezeigt, dass eure Bitte nimmermehr erfüllt werden wird, dass das Gericht über euch vollzogen ist, und euch nichts gewährt werden wird. Fortan werdet ihr nimmermehr in den Himmel hinaufsteigen, und es ist befohlen, euch mit Fesseln auf der Erde für alle Geschlechter der Welt zu binden. Zuvor aber sollt ihr die Vernichtung eurer geliebten Söhne ansehen. Es wird euch keiner von ihnen übrig bleiben, sondern sie werden vor euch durchs Schwert fallen. Eure Bitte für sie wird euch nicht gewährt werden, noch auch jener Bitte für euch; trotz Weinen und Bitten sollt ihr auch nicht die Erfüllung eines Wortes aus der Schrift erlangen, die ich verfasst habe. Mir wurde im Gesichte folgende Erscheinung: Siehe, Wolken luden mich ein im Gesicht, und ein Nebel forderte mich auf; der Lauf der Sterne und Blitze trieb und drängte mich, und Winde gaben mir Flügel im Gesicht und hoben mich empor. Sie trugen mich hinein in den Himmel. Ich trat ein, bis ich mich einer Mauer näherte, die aus Kristallsteinen gebaut und von feurigen Zungen umgeben war; und sie begann mir Furcht einzujagen. Ich trat in die feurigen Zungen hinein und näherte mich einem großen, aus Kristallsteinen gebauten Hause. Die Wände jenes Hauses glichen einem mit Kristallsteinen getäfelten Fußboden, und sein Grund war von Kristall. Seine Decke war wie die Bahn der Sterne und Blitze, dazwischen feurige Kerubim, und ihr Himmel bestand aus Wasser. Ein Feuermeer umgab seine Wände, und seine Türen brannten von Feuer. Ich trat ein in jenes Haus, das heiß wie Feuer und kalt wie Schnee war. Da war keine Lebensluft vorhanden; Furcht umhüllte mich, und Zittern erfasste mich. Da ich erschüttert war und zitterte, fiel ich auf mein Angesicht und schaute Folgendes im Gesichte: Siehe, da war ein anderes Haus, größer als jenes; alle seine Türen standen vor mir offen, und es war aus feurigen Zungen gebaut. In jeder Hinsicht, durch Herrlichkeit, Pracht und Größe zeichnete es sich so aus, dass ich euch keine Beschreibung von seiner Herrlichkeit und Größe geben kann. Sein Boden war von Feuer; seinen oberen Teil bildeten Blitze und kreisende Sterne, und seine Decke war loderndes Feuer. Ich schaute hin und gewahrte darin einen hohen Thron. Sein Aussehen war wie Reif; um ihn herum war etwas, das der leuchtenden Sonne glich und das Aussehen von Kerubim hatte. Unterhalb des Throns kamen Ströme lodernden Feuers hervor, und ich konnte nicht hinsehen. Die große Majestät saß darauf; ihr Gewand war glänzender als die Sonne und weißer als lauter Schnee. Keiner der Engel konnte in dieses Haus eintreten und ihr Antlitz vor Herrlichkeit und Majestät schauen. Kein Fleisch konnte sie sehen. Loderndes Feuer war rings um sie; ein großes Feuer verbreitete sich vor ihr, und keiner der Engel näherte sich ihr. Ringsherum standen zehntausendmal Zehntausende vor ihr, und alles, was ihr beliebt, das tut sie. Und die Heiligen der

Heiligen, die in ihrer Nähe stehen, entfernten sich nicht bei Nacht oder bei Tage, noch gingen sie weg von ihr. Bis dahin war ich auf mein Angesicht gefallen und zitterte. Da rief mich der Herr mit seinem Mund und sprach zu mir: Komm hierher, Henoch, und höre mein Wort! Da kam einer von den Heiligen zu mir, weckte mich auf, ließ mich aufstehen und brachte mich bis zu dem Tor; ich aber senkte mein Antlitz.

Da versetzte er und sprach zu mir, und ich hörte seine Stimme: Fürchte dich nicht, Henoch, du gerechter Mann und Schreiber der Gerechtigkeit; tritt herzu und höre meine Rede. Geh hin und sprich zu den Wächtern des Himmels, die dich gesandt haben, um für sie zu bitten: Ihr solltet eigentlich für die Menschen bitten, und nicht die Menschen für euch. Warum habt ihr den hohen, heiligen und ewigen Himmel verlassen, bei den Weibern geschlafen, euch mit den Menschentöchtern verunreinigt, euch Weiber genommen und wie die Erdenkinder getan und Riesensöhne gezeugt? Obwohl ihr heilig und ewig lebende Geister wart, habt ihr durch das Blut der Weiber euch befleckt, mit dem Blute des Fleisches Kinder gezeugt, nach dem Blute der Menschen begehrt und Fleisch und Blut hervorgebracht, wie jene tun, die sterblich und vergänglich sind. Deshalb habe ich ihnen Weiber gegeben, damit sie sie besamen und mit ihnen Kinder zeugen, so dass ihnen also nichts auf Erden fehlt. Ihr aber seid zuvor ewig lebende Geister gewesen, die alle Geschlechter der Welt hindurch unsterblich sein sollten. Darum habe ich für euch keine Weiber geschaffen, denn die Geister des Himmels haben im Himmel ihre Wohnung. Aber die Riesen nun, die von den Geistern und Fleisch gezeugt worden sind, wird man böse Geister auf Erden nennen, und auf der Erde werden sie ihre Wohnung haben. Böse Geister gingen aus ihrem Leibe hervor, weil sie von Menschen geschaffen wurden, und von den heiligen Wächtern ihr Ursprung und erste Grundlage herrührt; böse Geister werden sie auf Erden sein und böse Geister genannt werden. Die Geister des Himmels haben im Himmel ihre Wohnung, und die Geister der Erde, die auf der Erde geboren wurden, haben auf der Erde ihre Wohnung. Die Geister der Riesen werden böse handeln, Gewalttaten begehen, Verderben stiften, angreifen, kämpfen, Zertrümmerung auf Erden anrichten und Kummer bereiten; sie werden nicht essen, sondern hungern und dürsten und Anstoß erregen. Und diese Geister werden sich gegen die Söhne der Menschen und gegen die Weiber erheben, weil sie von ihnen ausgegangen sind.

Seit den Tagen der Niedermetzelung, des Verderbens und des Todes der Riesen, als die Geister aus der Seele ihres Fleisches herausgingen, um Verderben anzurichten, ohne dass ein Gericht sie trifft – in solcher Weise werden sie Verderben anrichten bis zum Tage des großen Endgerichts, an dem der große Weltlauf sich vollendet. Und nun sprich zu den früher im Himmel befindlichen Wächtern, die dich gesandt haben, um für sie zu bitten: Ihr seid im Himmel gewesen, und obwohl euch alle Geheimnisse noch nicht geoffenbart waren, wusstet ihr ein nichtswürdiges Geheimnis und habt dies in eurer Herzenshärtigkeit den Weibern erzählt; durch dieses Geheimnis richten die Weiber und Männer viel Übel auf Erden an. Sage ihnen also: Ihr werdet keinen Frieden haben!

Es waren keine Engel

Aurelius Augustinus

Diese Frage wurde schon im dritten Buche dieses Werkes im Vorbeigehen berührt, aber ungelöst gelassen, die Frage nämlich, ob Engel, die doch Geister sind, mit Weibern fleischlichen Umgang haben können. Es steht geschrieben: »Er macht Geister zu seinen Engeln«, das ist, er macht Wesen, die von Natur Geister sind, zu seinen Engeln, indem er ihnen Botendienste aufträgt. Denn was auf Griechisch »Angelos«, mit lateinischer Endung »Angelus«, auf Deutsch Engel heißt, bedeutet so viel wie Bote! Aber ob mit den folgenden Worten: »Und zu seinen Dienern flammendes Feuer« Engelleiber gemeint sind, oder ob damit gesagt sein soll, dass seine Diener von Liebe wie von geistlichem Feuer brennen sollen, ist fraglich. Dass jedoch Engel den Menschen in solchen Leibern erschienen sind, die nicht nur sichtbar, sondern auch tastbar waren, wird von derselben untrüglichen Schrift bezeugt. Da nun die häufige Rede geht und viele versichern, es selbst erlebt oder von glaubwürdigen Leuten, die es erlebt, vernommen zu haben, dass Silvane und Pane, die im Volksmund »incubi« heißen, Frauen belästigt und mit ihnen in Geschlechtsverkehr zu treten begehrt und es auch erreicht haben, da ferner gewisse Dämonen, von den Galliern »Dusii« geheißen, unablässig solch unzüchtigem Treiben ergeben sind – so viele und gewichtige Stimmen bekräftigen es, dass Leugnung hier Dreistigkeit wäre –, wage ich nicht zu entscheiden, ob wirklich irgendwelche mit einem Luftleib bekleideten Geister – dies Element wird ja, wenn auch nur mit einem Fächer bewegt, von dem leiblichen Gefühls- und Tastsinn wahrgenommen – solche Leidenschaften hegen und sich irgendwie mit Frauen, so dass diese Empfindungen davon haben, verbinden können. Doch ich bin der Meinung, dass die heiligen Engel Gottes zu jener Zeit schlechterdings nicht auf solche Weise fallen konnten, und glaube nicht, dass der Apostel Petrus von ihnen gesprochen hat, wenn er sagt: »Gott hat die sündigen Engel nicht verschont, sondern sie verstoßen und den finsteren Kerkern der Unterwelt übergeben, um sie zur Strafe aufzubewahren am Tage des Gerichts«, sondern von denen, die gleich anfangs von Gott abtrünnig wurden und mit ihrem Fürsten, dem Teufel, abfielen, der seinerseits den ersten Menschen aus Neid durch Schlangentrug zu Fall brachte. Dass aber auch Gottesmenschen Engel genannt wurden, bezeugt dieselbe Heilige Schrift vielfältig. Denn von Johannes steht geschrieben: »Siehe, ich sende meinen Engel vor dir her, der deinen Weg bereiten soll«, und auch der Prophet Maleachi ward wegen einer besonderen, das heißt nur ihm verliehenen Gnade Engel genannt.

Aber manche werden dadurch bedenklich, dass von denen, die Engel Gottes heißen, und den Weibern, die sie liebten, nicht Menschen unserer Art, sondern Riesen erzeugt wurden. Als ob nicht auch zu unseren Zeiten, wie ich vorhin bereits erwähnte, Menschen, deren Körpergröße unser Maß weit überschreitet, geboren würden! War nicht erst vor wenigen Jahren, als die Zerstörung der Stadt durch die Goten herannahte, eine Frau mit ihrem Vater und ihrer Mutter in Rom, die durch ihren sozusagen riesenhaften Wuchs alle übrigen in den Schatten stellte? Sie zu sehen, lief von allen Seiten das Volk in Massen zusammen. Und das Merkwürdigste war, dass beide Eltern keineswegs sehr große Leute waren, wie wir sie auch sonst wohl sehen. Es mochten also auch schon vorher Riesen geboren sein, ehe die Gottessöhne, die Engel Gottes genannt wurden, sich mit den Töchtern der Menschen, das heißt derer, die nach Menschenweise lebten, einließen, also die Söhne Seths mit den Töchtern Kains. Das sagt ja auch die kanonische Schrift an derselben Stelle des Buches, wo wir dies lesen. Ihre Worte lauten: »Da sich aber die Menschen begannen zu mehren auf Erden und ihnen Töchter geboren wurden, sahen die Engel Gottes nach den Töchtern der Menschen, wie sie gut waren, und nahmen zu Weibern, welche sie wollten. Da sprach der Herr: Mein Geist wird nicht ewig in diesen Menschen bleiben, denn sie sind Fleisch. Ihre Tage sollen sein hundertundzwanzig Jahre. Es waren aber Riesen auf Erden in jenen Tagen und auch nachher, als die Gottessöhne zu den

Menschentöchtern eingingen und mit ihnen für sich Kinder erzeugten. Das waren die Riesen, von alters her berühmte Männer.« Diese Worte des göttlichen Buches lassen klar genug erkennen, dass es zu jenen Zeiten schon Riesen auf Erden gab, als die Gottessöhne sich die Menschentöchter zu Weibern nahmen, die sie liebten, da sie gut, das heißt schön waren. Denn die Schrift hat die Gewohnheit, auch Menschen von leiblicher Wohlgestalt gut zu nennen. Aber auch noch nachher wurden Riesen geboren; heißt es doch: »Es waren aber Riesen auf Erden in jenen Tagen und auch nachher, als die Gottessöhne zu den Menschentöchtern eingingen.« Also sowohl vorher als auch nachher. Wenn es aber heißt »sie erzeugten Kinder für sich«, ersieht man daraus, dass die Gottessöhne vor ihrem Fall für Gott und nicht für sich Kinder erzeugten, also nicht von übermächtiger Wollust getrie-

Es waren keine Engel?
Das Ptolemäische Weltbild. Aus einer Schrift des 17. Jahrhunderts.

Ob Engel mit Weibern fleischlichen Umgang haben können 27

ben, sondern im Dienst der Fortpflanzung, nicht eine Familie, um selbst damit großzutun, sondern Bürger des Gottesstaates. Ihnen verkündeten sie als Engel Gottes, sie sollten auf Gott ihre Hoffnung setzen gleich dem Sprössling Seths, dem Sohn der Auferstehung, welcher darauf hoffte, anzurufen den Namen Gottes, des Herrn. In dieser Hoffnung wären sie mit ihren Nachkommen Miterben der ewigen Güter und unter Gott, dem Vater, ihrer Söhne Brüder gewesen.

Doch waren sie nicht insofern Engel Gottes, dass sie keine Menschen hätten sein können, wie manche meinen; sondern zweifellos waren es Menschen. Die Schrift selbst spricht das unzweideutig aus. Denn nach den voraufgehenden Worten: »Die Engel Gottes sahen nach den Töchtern der Menschen, wie sie gut waren, und nahmen zu Weibern, welche sie wollten« heißt es alsbald: »Da sprach der Herr: Mein Geist wird nicht ewig in diesen Menschen bleiben, denn sie sind Fleisch.« Durch Gottes Geist waren sie nämlich Engel Gottes und Gottessöhne geworden. Aber nun, zum Niederen herabgesunken, heißen sie als Natur- nicht Gnadenkinder Menschen. Abtrünnig vom Geist und als Abtrünnige selbst vom Geist verlassen, heißen sie auch Fleisch. Die siebzig Dolmetscher nennen sie übrigens sowohl Engel Gottes als auch Gottessöhne, doch nicht in allen Handschriften. Denn in einigen liest man bloß von Gottessöhnen. Aquila aber, den die Juden den anderen Übersetzern vorziehen, übersetzte nicht »Engel Gottes« oder »Gottessöhne«, sondern »Göttersöhne«. Beides aber ist richtig. Denn sie waren sowohl Gottessöhne und unter diesem Vater auch Brüder ihrer Väter, als auch Göttersöhne, da sie von Göttern erzeugt und ebenso wie diese selbst Götter waren, nach jenem Psalmwort: »Ich habe gesagt: Ihr seid Götter und allzumal Kinder des Höchsten.« Denn mit Recht nimmt man an, dass die siebzig Dolmetscher den prophetischen Geist empfangen haben, so dass man überzeugt sein darf, was sie unter seiner Einwirkung änderten und worin sie vom Urtext abwichen, sei gleichfalls Gottes Wort. Doch soll das hebräische Wort hier zweideutig sein, so dass man sowohl »Gottessöhne« als auch »Göttersöhne« übersetzen kann.

Lassen wir also die Fabeln beiseite, die sich in apokryphen Schriften finden, so genannt, weil ihre dunkle Herkunft durch die Väter nicht aufgeklärt werden konnte, von denen in gesicherter und bekannter Abfolge die Autorität der wahren Schriften bis zu uns gelangte. Wenn sich auch in diesen Apokryphen manches Wahre findet, besitzen sie doch wegen ihrer vielen Irrtümer kein kanonisches Ansehen. Dass jedoch jener Henoch, der siebte von Adam, einiges geschrieben hat, was göttlich ist, können wir nicht leugnen, da es der Apostel Judas in seinem kanonischen Briefe sagt. Doch nicht ohne Grund gehört Henochs Schrifttum nicht zu dem Schriftenkanon, der im Tempel des hebräischen Volkes von aufeinander folgenden Priestern sorgfältig aufbewahrt wurde. Man hielt die Glaubwürdigkeit dieses Schrifttums wohl wegen seines Alters für zweifelhaft und konnte nicht feststellen, ob Henoch wirklich der Verfasser war, da es nicht von solchen Leuten empfohlen wurde, von denen man annehmen konnte, dass sie es in fortlaufender Reihe vorschriftsmäßig aufbewahrt hatten. Darum stammen die Fabelgeschichten von Riesen, die keine Menschen zu Vätern gehabt haben sollen, welche unter Henochs Namen gehen, nach dem zutreffenden Urteil der Verständigen schwerlich von ihm. Bringen doch die Ketzer viel dergleichen unter dem Namen auch anderer Propheten, dazu Neueres unter dem Namen der Apostel, auf den Plan, was bei sorgfältiger Prüfung als apokryphes Schrifttum samt und sonders von kanonischer Geltung ausgeschlossen ward. Demnach hat es nach den kanonischen, hebräischen und christlichen Schriften ohne Zweifel schon vor der Sündflut viele Riesen gegeben, die Bürger der erdgeborenen Genossenschaft waren; die nach dem Fleisch von Seth abstammenden Gottessöhne aber haben unter Preisgabe der Gerechtigkeit sich ihr angeschlossen. Und es ist nicht zu verwundern, dass auch sie Riesen erzeugen konnten. Denn wenn es auch nicht lauter Riesen waren, so gab es doch damals deren viel mehr als in den späteren Zeiten nach der Sündflut. Es gefiel dem Schöpfer, sie zu schaffen, um auch dadurch darauf hinzuweisen, dass Körpergröße und Kraft ebenso wenig wie Schönheit dem Weisen großen Eindruck machen sollen. Denn er wird von geistlichen, unvergänglichen, weit besseren und sichereren, nur den Guten eignenden, nicht den Guten und Bösen gemeinsamen Gütern beseligt. Das legt uns ein anderer Prophet ans Herz und sagt: »Es waren vor Zeiten Riesen, große berühmte Leute und gute Krieger. Die hat der Herr nicht erwählt, noch ihnen den Weg der Erkenntnis offenbart, sondern sie sind untergegangen. Weil sie keine Weisheit hatten, sind sie zugrunde gegangen in ihrem Übermut.«

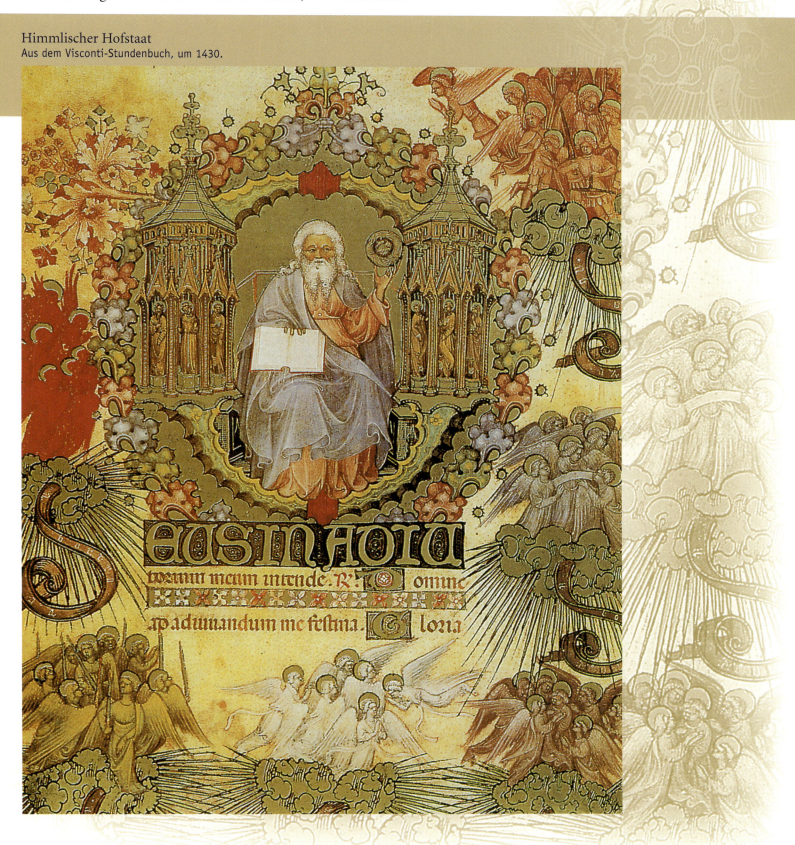

Himmlischer Hofstaat
Aus dem Visconti-Stundenbuch, um 1430.

Die gefallenen Flügel umarmen
William Blake: Lucifer, um 1810.

Trost

Rose Ausländer

Erzengel Luzifer
ich will deinen
Ungehorsam liebkosen
die gefallenen Flügel
mit meinen gebrochenen
umarmen
dich trösten mit meinem
verwundeten Wort

3 Geburtswege

Mein letzter Tag im Paradies

Itzig Manger

Die Zeit, die ich im Paradies verbrachte, war die schönste Zeit meines Lebens. Noch heute krampft sich mir das Herz zusammen, und Tränen treten mir in die Augen, wenn ich mich an jene glückliche Zeit erinnere. Oftmals schließe ich die Augen und durchlebe noch einmal die glücklichen Jahre, jene Jahre, die nie mehr wiederkehren werden. Es sei denn, der Messias wird kommen. In solchen verträumten Minuten vergesse ich sogar, dass man mir die Flügel abschnitt, bevor man mich auf diese andere Welt herabschickte. Ich breite die Arme aus und versuche, mich zum Fluge zu erheben. Und erst, wenn ich dann zu Boden stürze und Schmerzen am ganzen Körper spüre, erinnere ich mich, dass das vorbei ist, dass nur die Geschöpfe des Paradieses Flügel besitzen.

Und darum eben habe ich beschlossen, alles zu beschreiben, was mit mir geschehen ist, bevor ich geboren wurde und nachdem ich geboren wurde. Ich will es nicht beschreiben, um jenen die Zeit zu stehlen, die es ohnehin nicht glauben werden, sondern nur, um mich selber zu trösten. Ich weiß: Schon viele Menschen haben ihr Leben in den verschiedensten Sprachen der Welt beschrieben. Ich selber habe wohl schon hundert solche Lebensbeschreibungen gelesen, und ich muss gestehen, dass mir dabei die Galle hochgestiegen ist. Auf jeden Schritt habe ich gespürt, wie die menschliche Eitelkeit aus ihnen spricht und vor allem – die Lüge! Die Lüge, in welcher man sich selber in rosigen Farben malt, den anderen aber in desto schwärzeren. Eine solche Lebensbeschreibung ist nichts als eine Dummheit, dazu bestimmt, einen anderen Dummkopf, der an sie glaubt, vor allem aber ihn selber, den Beschreiber, zum Narren zu halten.

Ich aber will alles so erzählen, wie es gewesen ist. Kein Härchen will ich ändern. Ich will keinem einreden, dass ich ein großer Heiliger bin. Gott bewahre!

Ich habe viel gefehlt und viel Gutes getan. Wo ich gefehlt habe, da will ich gestehen, dass ich gefehlt habe. Und wo ich Gutes getan habe, da will ich ganz genau erzählen, wie und was und wo es war.

Ich weiß, viele Menschen werden mich fragen: Wie kommt es, dass ein Mensch sich so genau erinnert, was mit ihm vor seiner Geburt geschehen ist? Es kann sogar sein, dass die Frager den Beweis erbringen werden, etwas Derartiges könne doch gar nicht möglich sein.

Denn ein jeder weiß doch: Bevor ein Mensch geboren wird, kommt ein Engel und gibt ihm einen Nasenstüber. Und von diesem Nasenstüber vergisst der Mensch auf der Stelle alles, was mit ihm zuvor geschehen ist. Er vergisst sogar die Thora, die Lehre Gottes, die der Engel mit ihm gelernt hat, bevor er auf die sündige Welt herabkam.

Die Menschen, die das einwenden werden, werden im Recht sein. Es ist in der Tat genauso. So geschieht es mit jedem Menschen, bevor er auf die Welt kommt. Der Engel gibt tatsächlich einem jeden einen Nasenstüber, und ein jeder vergisst tatsächlich alles. Mit mir jedoch ist ein Wunder geschehen. Ein ganz außergewöhnliches Wunder. Und von diesem Wunder will ich gleich zuallererst erzählen, damit ihr es euch sparen könnt, einer dem andern ins Ohr zu flüstern, dass Schmuël Abe gleichsam mit einem Teekessel ein leeres Getöse aufführt, und dass er euch Lügen vorbrockt wie eine Jüdin ihre Nudeln.

An dem Tage nämlich, an welchem der Engel, der mich auf die Erde hinabbringen soll-

te, die Vollmacht über mich erhielt, saß ich gerade unter einem Paradiesbaum und hatte meine Freude anall den Kanarienvögeln, welche dort singen – genau, wie es in unseren Schriften berichtet wird. Nebenbei, dies muss ich schon sagen: Verglichen mit den Kanarienvögeln im Paradies, sind die irdischen ein Nichts mit einem Nichts! Denn erstens sind die paradiesischen Kanarienvögel zwanzigmal größer als die unsern. Und zweitens singen sie so, dass keine menschliche Sprache ausreicht, es zu schildern. Solches muss man mit eigenen Ohren gehört haben. Erst dann versteht man den Unterschied!

Das war in der Dämmerung. Der Talmud-Engel Reb Mejer, der den Spitznamen »Reb Mejer Kopfkrätze« trug, ein Engel mit schweren, dunkelgrauen Flügeln, war zum Gebet in die Betstube der Engel gegangen. Die Schüler waren derweil auseinander gelaufen. Ein Teil der kleinen Engel spielte »Kammer-Kammer-Haus« miteinander, andere erzählten sich Räubergeschichten. Ich ging zu meinem geliebten Paradiesbau, um zu lauschen, wie die Kanarienvögel singen.

Ich muss gestehen, der Gesang der Paradiesvögel war damals meine größte Schwäche. Wenn sie sangen, vergaß ich alles auf der Welt.

So liege ich unter dem Paradiesbaum. Die Kanarienvögel singen. Große Schmetterlinge flattern über dem Paradiesgras, spielen miteinander Fangen. Wenn ich über Paradiesschmetterlinge spreche, dürft ihr nicht meinen, dass das einfach solche Schmetterlinge sind, wie ihr sie auf der Erde zur Sommerzeit seht. Wenn ihr das meint, seid ihr sehr im Irrtum. Ein Paradiesschmetterling ist neunzehnmal so groß wie ein irdischer. Jeder Schmetterling hat eine andere Farbe. Einer blau, einer grün, einer rot, einer weiß, einer schwarz. Aber wie soll man alle diese Farben aufzählen, wenn doch die menschliche Sprache für die vielen Paradiesfarben gar nicht die Wörter hat?

Wie ich so unter dem Baum liege, höre ich plötzlich eine Stimme, eine bekannte Stimme, welche klingt wie ein silbernes Glöcklein: »Schmuël Abe, Schmuël Abe!«

Ich schaue mich um und erblicke meinen Kameraden Pisserl, ein verschmitztes Engelchen mit klugen, schwarzen Äuglein. Sein Mund ist, wie immer, mit Pflaumenmus verschmiert. Er flattert mit den dünnen, hellen Flügeln über mir. Und schon lässt er sich mir zu Füßen niedergleiten.

»Was ist, Pisserl? Was ist geschehen? Sag schon, schneller, quäl mir nicht die Seele aus dem Leib!«

Pisserl wischt sich den Schweiß unter den Flügeln ab und raunt mir leise ins Ohr:

»Schmuël Abe, es steht schlecht. Ich habe erfahren, dass man dich noch heute auf die Erde hinabschickt. Dein Schicksal ist, ein Mensch zu werden. Verstehst du, was ich zu dir rede? – Ein Mensch!«

Das Herz begann mir zu pochen: tick, tick, tick.

»Was redest du, Pisserl? Wer hat es dir gesagt? Woher weißt du es?«

Und Pisserl erzählte mir, dass er gerade an der Paradiesschenke »Zum Zaddik Noah« vorbeigeflogen war. Dort in der Schenke saß der Engel Simon Bär, der größte Säufer von allen Engeln.

»Er trank sechsundneunzigprozentigen Sprit und fluchte fürchterlich, ich weiß nicht, auf wen«, erzählte Pisserl weiter, »aber das eine habe ich verstanden, dass er in Wut ist, weil man ihn auf einen Botengang schickt. Er muss dich auf die Erde hinabführen und dir einen Nasenstüber geben, damit du alles vergessen sollst: das Paradies, die Heilige Schrift, die du gelernt hast, und mich, deinen Kameraden Pisserl, ebenfalls.«

Und Pisserl begann zu weinen. Seine Tränen fielen mir auf die rechte Hand. Sie waren groß und heiß. Die Tränen meines Kameraden Pisserl rührten mich zu Tränen. Ich streichelte ihn über den Kopf und versuchte ihn zu trösten:

»Weine nicht, Pisserl. Was so ein betrunkener Engel schon in der Kneipe daherplappert! Er soll bloß versuchen, mich zu holen! Seinen roten Bart werde ich ihm ausreißen! Ich werde ihm das Gesicht zerkratzen. Ich werde ihm seine rote Nase abbeißen – so wahr ich lebe!«

Pisserl konnte sich aber nicht beruhigen. Er schluchzte laut: »Weißt du denn, was für ein Schurke das ist, dieser Simon Bär? Ein wahrer Mörder!«

Ich wusste, dass Pisserl die Wahrheit sagte. Vor diesem Engel Simon Bär zitterten alle. Er ist kaum jemals nüchtern. Es ist schlimmer, ihm in die Hände zu fallen, als in die Hölle zu kommen. Und gerade ihn hat man ausgesucht, die Kinder zu begleiten, welche geboren werden sollen, und ihnen den berühmten Nasenstüber zu versetzen!

Ich zitterte wie ein Fisch im Wasser. Ich stellte mir vor, wie dieser Säufer mich bei der Hand führt. Will man nicht in Gutem gehen, dann trägt er einen auf den Schultern. Und schon steht man an der Grenze des Paradieses. Ich höre die betrunkene Stimme des Engels: »Gib die Nase her, Lausbub, lass mich dir den Nasenstüber geben – und pascholl won, hinaus mit dir!«

Vor diesem Nasenstüber zittern alle, sie haben vor ihm einen weit größeren Schrecken als vor dem Geborenwerden auf der Erde. Mehr als ein Kind hat dieser trunksüchtige Engel mit seinem Nasenstüber unglücklich gemacht. Wenn ihr auf Erden ein Kind mit einer Stupsnase seht, dann sollt ihr wissen, dass ihm Simon Bär, der Engel, einen zu starken Nasenstüber versetzt hat.

»Was also kann man tun, Pisserl? Gib einen Rat! Was kann man tun?«, flehte ich meinen Kameraden an.

»Gar nichts kann man tun«, antwortete Pisserl traurig. »Dein Schicksal ist besiegelt, da ist nichts zu wollen. Aus Simon Bärs Händen wirst du dich nicht herauswinden, sogar wenn du achtzehn Gehirne hättest. Ich meine, das beste wäre, wenn du …«,

»Was? Was?« fragte ich ihn und starrte ihm in die Augen hinein.

»… dass du in Gutem gehen und dich

Ein Rätsel ist Rheinentsprungenes …
Gisela Röhn: Der Rhein, 1973.

Geburtswege

nicht sperren sollst. Und nicht weinen! Simon Bär hasst es, wenn man sich ihm widersetzt. Er hasst es, wenn man weint. Für das Weinen kannst du von ihm am Ende noch einen solchen Nasenstüber bekommen, dass du, Gott behüte, ganz ohne Nase auf die Welt kommst. Schön würdest du dann aussehen! Möge ihn, Simon Bär, ein solches Geschick treffen!«

Aus Pisserls Rede begriff ich, dass ich mich schon nicht aus Simon Bärs Händen herauswinden würde. Die ganze Zeit über, während Pisserl redete, verdeckte ich meine Nase mit der Hand und bedauerte sie von ganzem Herzen wegen des Unglücks, welches sie, Gott behüte, treffen könnte.

Und tief im Herzen betete ich zum lieben Gott, er möchte sie doch behüten und beschützen.

Die ganze Zeit über, während ich zum lieben Gott betete, er möchte doch meine Nase vor der Gefahr behüten und beschützen, saß Pisserl neben mir im Gras und hatte einen Finger an die Stirne gelegt. Das bedeutete, dass er über etwas nachdachte.

Seine klugen, schwarzen Äuglein begannen auf einmal zu funkeln. Immer, wenn Pisserl einen Einfall hat, blitzen seine Augen auf.

»Schmuël Abe, weißt du, was ich dir sagen will?«

»Was, Pisserl?«

Er blickte sich nach allen Seiten um, ob auch keiner uns belauschte, und dann raunte er mir ins Ohr:

»Bei uns im Keller befindet sich ein Fläschchen Messiaswein. Der Vater bewahrt es für Heilzwecke. Dieses Fläschchen will ich dir auf den Weg mitgeben.«

»Was heißt, du willst mir das Fläschchen mit auf den Weg geben?«, wunderte ich mich. »Ist es denn deines? Und wozu in aller Welt brauch ich es denn?«

Pisserl lächelte:

»Ich sehe, man muss dir ein wenig nachhelfen. Was ist da so schwer zu verstehen, ich bitte dich? Du wirst das Fläschchen dem Engel Simon Bär geben, er wird darüber ganz glücklich sein, und dafür soll er dir – so musst du mit ihm abmachen – keinen zu starken Nasenstüber versetzen.«

»Was redest du, Pisserl!«, schrie ich mit einer ganz fremden Stimme auf. »Was heißt, du wirst ›nehmen‹? Und wo bleibt das Gebot ›Du sollst nicht stehlen‹?«

Pisserl begann zu lachen.

»Dreifacher Dummkopf! Weißt du denn nicht, dass das ›Du sollst nicht stehlen‹ nur für die Menschen gilt und nicht für Engel? Na, zeig mir gefälligst, wo es in der Heiligen Schrift geschrieben steht, dass der liebe Gott den Engeln befohlen hat ›Du sollst nicht stehlen‹? Es sei denn im Buche ›Nie-gewesen‹.«

Ich sah ein, dass mein Kamerad klüger war als ich, und dass er Recht hatte. Aber dennoch verstand ich ihn immer noch nicht. Nehmen wir schon an, dass ich dem Engel Simon Bär das Fläschchen Messiaswein geben werde, und dass mir Simon Bär dafür einen leichten Nasenstüber versetzen wird – aber geben wird er den Nasenstüber ja dennoch, und kaum gibt er ihn, dann muss ich doch alles vergessen, was mit mir im Paradies passierte, und das wäre doch jammerschade.

Pisserl verstand offensichtlich, was ich dachte. Er nahm aus seiner Tasche ein Stücklein Lehm und knetete es so lange mit den Händen, bis er eine Nase daraus geformt hatte. Dann übergab er es mir und sagte:

»Während Simon Bär den Messiaswein trinken wird, sollst du dir die Lehmnase aufkleben. Und wenn er dir dann den Nasenstüber gibt, wird er nur den Lehm berühren – und du wirst ihm heil entrinnen. Denk an alles und sieh dann zu, dass du nicht vergisst, auf Erden zu erzählen, dass es im Paradies ein Pisserl gibt.«

Er erhob sich, streckte die Flügel gerade und sagte laut: »Komm! Bald wird dich Simon Bär suchen. Besser wird es sein, wenn du ihm allein entgegengehst. Inzwischen lass uns noch einmal zu mir nach Hause fliegen.«

Wir flogen. Das war mein letzter Flug über dem Paradies zusammen mit meinem teuren Kameraden.

Der Engel Gabriel, von Gott gesandt …
Fra Angelico: Die Verkündigung, um 1443.

Der Engel des Lichts

Uwe Wolff

Engel sind Boten des Friedens. Wir brauchen sie in Kabul und Peshawar, in Palästina und Israel. Wir brauchen sie in New York und Washington. Wir brauchen sie in unserem Land, in der Schule, in den Familien, in unserer Seele. Judentum, Christentum und Islam mögen sich in vielen religiösen Vorstellungen und Bräuchen unterscheiden, doch ein Glaube verbindet sie: Engel sind keine Einbildung. Es gibt die beflügelnden Boten des Friedens.

Im christlichen Kulturkreis ist der Engel Gabriel untrennbar mit der Ankündigung der Geburt Jesu verknüpft. Doch gerade durch ihn wird unser Blick auch auf die beiden Schwesterreligionen gelenkt. Denn wir verdanken den Glauben an die Engel dem Judentum. Hier ist Gabriel der Engel der spirituellen Geburt. Sein Name bedeutet »Mann Gottes«. Nach jüdischer Lehre gilt Gabriel auch als Hüter des Paradieses. Das ist kein Zufall, denn Gabriel ist zuständig für den Schutz

Geburtswege 35

des Lebens und für Erziehungsaufgaben. Gabriel ist das Urbild des Pädagogen. Er war es, der dem Propheten Daniel göttliche Offenbarungen übermittelte und die drei Jünglinge aus dem Feuerofen rettete. Mit Michael und Raphael besuchte er Abraham und Sarah, um die Geburt des Sohnes Isaak anzukündigen. Der junge Joseph wurde von ihm mit himmlischer Weisheit unterrichtet. In der Natur lässt die Kraft Gabriels die Früchte reifen.

Das Christentum hat diese Aufgabenbereiche übernommen. Gabriel ist der Engel der Freude, der Engel der Gnade und der Engel der Inspiration. Auf zahlreichen Bildern wird er gemeinsam mit Raphael als Engel der Vollendung des Lebens dargestellt. Die Seelen der Verstorbenen trägt er in ein Wickeltuch gewickelt in den Himmel empor. So ist er auch der Engel der Auferstehung. Wegen seiner positiven Energie wurde Gabriels Beistand auch erbeten, wenn Menschen sich von dunklen Mächten bedroht fühlten. Das bezeugen viele Gebete und Beschwörungsformeln gegen Bedrängnis, Depressionen und Angstzustände. Viele Künstler stellten in Gabriel die weibliche Seite Gottes dar. Warum Gabriel neben Michael der beliebteste aller Engel wurde, liegt auf der Hand: Gabriel ist die fruchtbringende Kraft Gottes. Sein Wirken zielt auf die positiven Energien. Allen Menschen, die neu geboren werden wollen, steht er zur Seite. Er schenkt ihnen Selbstvertrauen, Kreativität und die Kraft der Lebenserneuerung. Gabriel gibt dem Kind und seinen Eltern Wachstumskräfte. Menschen, die das Gefühl haben, ihr Leben sei in eine Sackgasse geraten, schenkt er neue Energien. Er beflügelt die Gottesfreunde und legt das göttliche Kind in die Krippe des Herzens.

Die spirituelle Nähe der Muslime zu den Engeln kann bereits dem arabischen Wort »Islam« entnommen werden. »Islam« bedeutet »Hingabe an (den Willen) Gottes« – genau dies lehrt das Vorbild der Engel in allen monotheistischen Religionen. Gabriel (Dschibrail) war es, der nach muslimischer Überlieferung den Propheten Mohammed stillte und der ihm später in der Höhle von Hira den heiligen Koran offenbarte. Er wird auch »Pfau der Engel« genannt, denn auf jedem seiner sechs Flügel befinden sich wiederum 100 Flügel. Als Mohammed ihn in der eigentlichen Gestalt sehen wollte, warnte ihn Gabriel vor seinem erhabenen Anblick. Doch der Prophet beharrte auf seinem Wunsch und fiel sogleich in Ohnmacht, als sich ihm Gabriel in wahrer Größe zeigte.

Zu den berühmtesten und zugleich geheimnisvollsten Darstellungen des Engels Gabriel gehört ein romanisches Kapitell (Säulenaufsatz). Es befindet sich in der Kathedrale von Autun im Burgund. Gislebertus hat es zwischen 1120 und 1146 aus Stein gemeißelt. Zu sehen sind der Engel Gabriel und die Heiligen Drei Könige. Über ihnen schwebt der Stern von Bethlehem. Mit dem ausgestreckten Zeigefinger der linken Hand weist der Engel auf den Stern, mit dem Zeigefinger der rechten Hand berührt er den Ringfinger des obersten Königs. Damit wird die Aufgabe der Engel ins Bild gesetzt: Engel berühren uns. Sie weisen auf das Licht des Himmels. Ihre Botschaft lautet: Wach auf aus dem Schlaf der Selbstbezogenheit, wach auf aus den dunklen Albträumen von Zerstörung und Rache! Wach auf aus deinen Ängsten und Depressionen und gehe ins Licht! Engel sind Kinder des Lichtes. Deshalb wollen sie alle Menschen mit dem Himmel vermählen. Der Stern, auf den sie weisen, ist das Licht der Liebe, der Hoffnung, des Glaubens. Ohne diese Tugenden bleiben wir Kinder der Dunkelheit. Wir brauchen Engel, die uns wachrütteln und uns das Licht der Menschlichkeit zeigen, das über den Trümmern der Städte, den Minenfeldern, den Verletzten, den Kranken und Getöteten leuchtet. Wir brauchen Engel in Menschengestalt, die in einer Welt des Todes das Licht der Geburt einer Zeit des Friedens aufleuchten lassen.

Das Wort »Engel« bedeutet »Bote« oder »Mittler«. Der Bildhauer hat das Wesen des Vermittlers durch die Armbewegung des Engels wunderbar ins Bild gesetzt: Das Licht des Himmels geht durch den Engel hindurch auf den Menschen. Engel sind ein Urbild des Dienstes für andere. Sie fragen nicht nach ihrem eigenen Vorteil. Sie schauen nicht auf die Uhr und zählen die Stunden. Sie kalkulieren nicht den Preis ihres Dienstes und werden keine Rechnung schicken. Wie die freiwilligen Mitarbeiter nichtstaatlicher Hilfsorganisationen, die seit Jahren in Afghanistan und an der Nordwestfront Pakistans den Flüchtlingen beistehen, fragen sie auch nicht nach Nation oder Glauben. Engel sind die barmherzigen Samariter des Himmels. Sie sind frei von aller Sorge um sich selbst und deshalb offen für den Dienst am Nächsten. Engeldienste sind eine Gnade, gewiss, aber ein wenig kann man als Vater und Mutter, als Erzieherin oder Lehrerin, als Unternehmer und Politiker diesen Dienst auch lernen. Der Engel von Autun weist den Weg. Seine Botschaft lautet: Lass dich vom Licht durchströmen! Halte es nicht krampfhaft fest. Verschenke das Licht der Hoffnung, der Liebe und des Glaubens! Wir haben Angst, uns zu verschenken, weil wir fürchten, anschließend mit leeren Händen dazustehen. Der Engel verschenkt das Licht. Doch indem er sich nicht an den Besitz klammert, wird er selbst zum Lichtträger. Das ist der Sinn der Symbolik des Heiligenscheines (Nimbus). Das Licht des Himmels leuchtet aus ihm wie aus den Augen der Kinder. Auch die Flügel sind Symbol. Kein Engel braucht sie zum Fliegen. Schneller als jede moderne Nachrichtentechnik durchdringen die warmen Liebesstrahlen des Engels die Welt. Die Flügel sind Ausdruck der Geborgenheit, die der Dienst des Engels schenkt.

Land des Lichtes, Nuristan, so nennen die Menschen im Nordosten Afghanistans ihre Heimat. Die Heiligen Drei Könige stammen aus diesem Kulturraum. Er erstreckt sich von Nuristan über Masar-i-sharif, der Geburtsstadt Zarathustras, bis nach Persien. Welcher Religion die Weisen aus dem Morgenland angehörten, wissen wir nicht. Die Beobachtung der Sterne spielte jedenfalls eine zentrale Rolle. Welchen Namen auch immer ihre Götter trugen, auf welche Weise sie ihnen im Kult Ehre erwiesen, sie hatten keine Berührungsängste mit dem Licht einer neuen Religion.

Als der Stern von Bethlehem am Himmel erscheint, machen sie sich auf den Weg. Ohne Schwert, ohne missionarische Absichten, ohne Vorurteile. Für uns sind sie ein Urbild der interreligiösen Begegnung. Vielleicht haben Gislebertus ähnliche Gedanken bewegt, als er die drei Magier aus dem Morgenland in Stein meißelte. Es ist die Zeit der Kreuzzüge und der Gründung deutscher Ritterorden. Die Kathedrale wird dem heiligen Lazarus geweiht. Jesus hatte den Bruder der Martha und Maria vom Tode erweckt. Später zog Lazarus in die Provence. Hier wurde er begraben. Als im 8. Jahrhundert muslimische Gläubige den Süden Frankreichs bedrohten, wurden seine Gebeine nach Autun überführt. Als Gislebertus das Kapitell meißelt, ist hier der Kult der Heiligen Drei Könige jenseits der Alpen noch nicht verbreitet. Erst 1164 werden die Gebeine der Könige durch Rainald von Dassel von Mailand nach Köln überführt, wo sie noch heute ruhen.

Das Bild wird in der kunstgeschichtlichen Literatur unter dem Titel »Der Traum der Könige« zitiert. Sein Thema sind aber nicht der Traum, sondern das Erwachen aus der Dunkelheit und der Aufbruch ins Licht. Die drei Könige liegen unter einer Decke. Ihr Faltenwurf erinnert wie die Falten auf dem Gewand des Engels an Wellen. Wenn ein Stein ins Wasser fällt, verursacht er Wellen. Aus den tiefsten Tiefen des Universums erreichen uns Lichtwellen. Radio, Fernsehen, Internet, Telefon, Handy: Wellen sind überall Nachrichtenübermittler, Boten, Engel. Auch das Licht des Himmels durchflutet die Lagerstatt der Könige. Drei unter einer Decke: Das ist ein Symbol der Vertrautheit, ja der Einheit. Wir Betrachter sollen unser Wesen im Spiegel der drei erkennen. Sie sind drei und doch eins. Im Spiegel der drei Weisen aus dem Morgenland leuchtet unser eigenes Wesen hervor. Wir sind »dreieinig«. Wir bestehen aus Körper, Geist und Seele. Der unterste König symbolisiert unseren Körper und die Welt der Sinne. Der mittlere König steht für den Geist, die Vernunft und Rationalität. So ist es kein Zufall, dass beide Könige die Augen geschlossen haben. Sie schlafen. Bildhaft gesprochen: Die Welt der Sinne und der Rationalität ist »blind« für die Berührung des Engels. Unsere Sinne können den Boten des Lichtes nicht erfassen. Unsere Vernunft vermag seine Existenz nicht zu beweisen. Allein der obere König hat die Augen geöffnet. Sein auf der Decke liegender Arm wird vom Engel berührt. Dieser König steht für die Seele. Sie ist die Eintrittspforte für das himmlische Licht.

Nicht erst die Gotik, schon die Romanik

Geburtswege 37

weist den Weg ins Licht. Dies beweisen die berühmten Bronzegüsse Bernwards von Hildesheim und auch dieses Kapitell. Über die Zeiten hinweg wird auch unsere Seele vom ausgestreckten Finger des Engels berührt. Und die Ohren des Herzens hören seine Stimme: Wach auf, steh auf, wende dich dem Licht zu! Der Engel, der unsere Seele berührt, wird auch die Augen der Vernunft und des Körpers öffnen. Der Glaube wird sich der Vernunft stellen, die Vernunft vom Glauben befragen lassen. Das Geheimnis des Lichtes will den Menschen mit seinem ganzen Wesen durchdringen. Es will in unseren Familien, in Schulen und Universitäten, im Beruf und in der Politik leuchten. Von diesem Licht sprechen alle Religionen. Es leuchtet von der Stirn des Moses, als er die Zehn Gebote aus der Hand von Gottes Engel erhält, es leuchtet aus den Engeln in dem leeren Grab Jesu, es erscheint durch Gabriel dem Propheten Mohammed in der Höhle von Hira. Immer sind Gottes Engel zugegen, wenn Menschen ein Licht aufgeht. Dafür wollen wir danken, wenn wir Weihnachten die Lichter entzünden. Und vielleicht durchdringt uns in jenem heiligen Moment auch das Mysterium, in dessen Licht die weisen Sternendeuter aus Zentralasien getaucht worden sind, und vielleicht beugen wir die Knie des Herzens und sprechen die Worte Rahman Babas, des größten Dichters der Paschtunen (Pathanen):

»In seinem Lobpreis sind beständig alle, / Ob's Engel sind, ob Geister, ob der Mensch. / Sein Lob verkündet jeder Fisch im Wasser, / Im Hain singt jeder Vogel seinen Preis.«

Wie soll das zugehen …?
Leiko Ikemura: Verkündigung, 1985.

Der Engel
Michail Lermontow

Um Mitternacht flog, flog am
Himmel entlang
Ein Engel und leise er sang.
Und Sterne und Mond und die
Wolken all,
Sie lauschten dem heiligen Hall.

Von seligen, sündlosen Seelen er sang
Im Schatten von Eden; so erklang
Das Lob des allmächtigen Gottes fürwahr
Im Lied ungeheuchelt und klar.

Er trug eine junge Seele im Arm
Zur Welt, hin zu Trauer und Harm.
Der Klang dieses Liedes, er blieb für und für
Ganz wortlos lebendig in ihr.

Sie quält sich auf Erden in bitterem Los.
Wie war ihr Verlangen so groß!
Vergaß sie beim irdischen Trauergesang
Doch nie jenen himmlischen Klang.

Der Engel
Christian Morgenstern

» Wo bist du hin? Noch eben warst du da –
Was wandtest du dich wieder abwärts, wehe,
nach jenem Leben, das ich nicht verstehe,
und warst mir jüngst doch noch so innig nah.

Ich soll hinab mit dir in deine Welt,
aus der die Schauer der Verwesung hauchen,
ins Reich des Todes soll ich mit dir tauchen,
das wie ein Leichnam fort und fort zerfällt?

Wohl gibt es meinesgleichen, eingeweiht
in eure fürchterlichen Daseinsstufen …
Doch ich bin's nicht. Nur wie verworrnes Rufen
erschreckt das Wort mich eurer Zeitlichkeit.

Lass mich mein Haupt verhüllen, bis du neu
mir wiederkehrst, so rein, wie ich dich liebe,
von nichts erfüllt als süßem Geistestriebe
und deinem Urbild wieder strahlend treu. «

Zweiter Chor der Engel: Von Flügeln zugedeckt

Lieben und Leiden unter Engeln

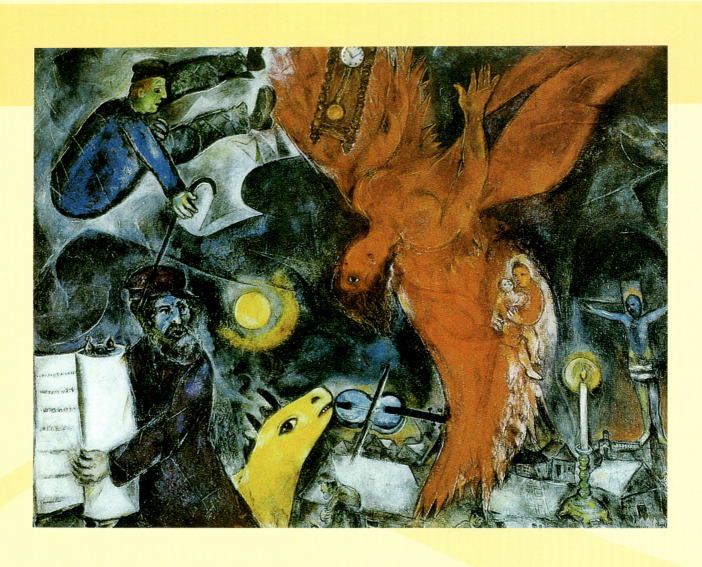

» So lieb, wie Schwabens Mägdelein
Gibts keine weit und breit.
Die Engel in dem Himmel freu'n
Sich ihrer Herzlichkeit. «

Friedrich Hölderlin

Die Liebe begleitet den Menschen vom Anfang her. Sie rief ihn ins Leben. Denn Gott ist Liebe, wissen die, die um Jesus waren, wissen die Propheten und Mystiker. Jesus lebte das Ideal der Nächsten- und Feindesliebe. Menschen lieben die Umwelt, die Tiere, den Mann, die Frau. Kennen Engel auch den zitternden Flügelschlag der Liebe?
Wir unterscheiden Sexualität, Eros und Agape. Nach kirchlicher Lehre leben Engel streng zölibatär. Sie sind Vorbild der geschlechtsfreien religiösen Liebe. Keusch wie ein Engel soll der Mönch leben. Gottfried Benn besingt die reine Stirn der Engel. Das sind zwei Stimmen in diesem Chor voll Liebeslust und Liebesleid. Lyrikerinnen entdecken den Engel als Gleichnis der Liebe zwischen Mann und Frau.

1 Deck' mich mit deinen Flügeln zu

Du bringst mir Licht in meine Zeiten
Fritz Baltruweit

Du bringst mir Licht in meine Zeiten.
Du schenkst mir neue Kraft.
Wenn du da bist, wird mein Leben leicht.
Du öffnest meine Tür zu einer andren Wirklichkeit,
die übersteigt Raum und Zeit. (Refrain)

Du gibst mir Schutz vor den Gefahren.
Du lässt mich nicht allein.
Wenn du da bist, wird mein Leben leicht.
Du öffnest eine Tür zu einer andren Wirklichkeit,
die übersteigt Raum und Zeit. (Refrain)

Du nimmst mich an die Hand am Ende
und führst mich in das Licht.
Wenn du da bist, wird mein Leben leicht.
Du öffnest deine Tür zu einer neuen Wirklichkeit,
die übersteigt Raum und Zeit. (Refrain)

Nun ruhen alle Wälder
Paul Gerhardt

Nun ruhen alle Wälder
Vieh, Menschen, Städt und Felder,
es schläft die ganze Welt;
ihr aber, meine Sinnen,
auf, auf, ihr sollt beginnen,
was eurem Schöpfer wohlgefällt.

Wo bist du, Sonne, blieben?
Die Nacht hat dich vertrieben,
die Nacht, des Tages Feind.
Fahr hin; ein andre Sonne,
mein Jesus, meine Wonne,
gar hell in meinem Herzen scheint.

Der Tag ist nun vergangen,
die güldnen Sternlein prangen
am blauen Himmelssaal;
also werd ich auch stehen,
wann mich wird heißen gehen
mein Gott aus diesem Jammertal.

Der Leib eilt nun zur Ruhe,
legt ab das Kleid und Schuhe,
das Bild der Sterblichkeit;
die zieh ich aus, dagegen
wird Christus mir anlegen
den Rock der Ehr und Herrlichkeit.

»Eros«
Armand Point (1861-1932).

Das Haupt, die Füß und Hände
sind froh, dass nun zum Ende
die Arbeit kommen sei.
Herz, freu dich, du sollst werden
vom Elend dieser Erden
und von der Sünden Arbeit frei.

Nun geht, ihr matten Glieder,
geht hin und legt euch nieder,
der Betten ihr begehrt.
Es kommen Stund und Zeiten,
da man euch wird bereiten
zur Ruh ein Bettlein in der Erd.

Mein Augen stehn verdrossen,
im Nu sind sie geschlossen.
Wo bleibt dann Leib und Seel?
Nimm sie zu deinen Gnaden,
sei gut für allen Schaden,
du Aug und Wächter Israel'.

Breit aus die Flügel beide,
o Jesu, meine Freude,
und nimm dein Küchlein ein.
Will Satan mich verschlingen,
so lass die Englein singen:
»Dies Kind soll unverletzet sein.«

Auch euch, ihr meine Lieben,
soll heute nicht betrüben
kein Unfall noch Gefahr.
Gott lass euch selig schlafen,
stell euch die güldnen Waffen
ums Bett und seiner Engel Schar.

Auszug aus: Schnee
Marie Luise Kaschnitz

Sagt mir doch nicht
Es gäbe keine Engel mehr
Wenn ihr die Liebe gekannt habt
Ihre rosigen Flügelspitzen
Ihre eherne Strenge.

Paradies
Heimo Schwilk

von sonne gesüßt
wiegen gelbe
birnen im
winde sich

lichtgedeckt
wartet der
tisch marmorn
im ölbaumschatten
zikaden
zirpen das
tischgebet

brich'
eine bresche
in die mauer
cherubim
und lass'
uns ein!

»Komm Engel …«
Rose Ausländer

*Komm Engel
treib uns
ins Paradies*

*Dort sind wir
zwei winzig
kleine Blumen*

Wenn ihr die Liebe gekannt habt …
Marc Chagall: Meiner Frau, 1933.

Ein fauler Hund
Uschi Neuhauser

Ich habe ihn gesehen. Ich weiß es ganz genau, es war in der Hamburger U-Bahn, da saß er mir gegenüber. Männlich. Und ohne Flügel. Das Weitere ist schon schwerer zu beschreiben. Aber ich erinnere mich, dass alles stimmte. Die Gesichtszüge, die Gestalt, die Haltung, Größe, Kleidung.

In seiner Nähe fühlte ich mich gut. Wohltemperiert. Entspannt. Totale Harmonie. Seine Augen strahlten derart, dass sie eigenartig farblos waren. Ich fixierte ihn, ohne verlegen zu werden. Nichts beunruhigte mich an ihm, störte mich. Ich war weder steif vor Schreck noch angeturnt. Ich befand mich in völliger Balance. Wir schwiegen sanft. Landungsbrücken stieg er aus.

Er hat nichts getan, was man von Engeln sonst erwarten darf: Er hat mich nicht gerettet. Er hat mich auch nicht auf den rechten Pfad geführt. Er hat meine dringendsten Probleme nicht gelöst. Ein fauler Hund. Für einen Flügelschlag lang bescherte er nichts als ein himmlisches Gefühl.

Ihr seht sie nicht
Nelly Sachs

*Ihr Ungeübten, die in den Nächten
nichts lernen.
Viele Engel sind euch gegeben
Aber ihr seht sie nicht.*

Deck mich mit deinen Flügeln zu

Menschen getroffen

Gottfried Benn

*Ich habe Menschen getroffen, die,
wenn man sie nach ihrem Namen fragte,
schüchtern – als ob sie gar nicht beanspruchen könnten,
auch noch eine Benennung zu haben –
»Fräulein Christian« antworteten und dann:
»wie der Vorname«, sie wollten einem die
Erfassung erleichtern,
kein schwieriger Name wie »Popiol« oder
»Babendererde« –
»wie der Vorname« – Bitte, belasten Sie Ihr
Erinnerungsvermögen nicht!*

*Ich habe Menschen getroffen,
die mit Eltern und vier Geschwistern
in einer Stube aufwuchsen,
nachts, die Finger in den Ohren,
am Küchenherde lernten,
hochkamen, äußerlich schön und ladylike
wie
Gräfinnen –
und innerlich sanft und fleißig wie Nausikaa,
die reine Stirn der Engel trugen.*

*Ich habe mich oft gefragt und keine Antwort
gefunden,
woher das Sanfte und das Gute kommt,
weiß es auch heute nicht und muss nun gehn.*

Mit einer unnennbaren Verheißung …
Giovanni di Paolo: Die Vertreibung aus dem Paradies, um 1445.

Drei Engel

Adam Zagajewski

Plötzlich erschienen den Passanten drei Engel in der St. Georg-Straße; gleich neben der Bäckerei;
ach, wieder eine soziologische Umfrage,
seufzte ein Mann gelangweilt.
Nein, erklärte der erste Engel mit Nachsicht,
wir hätten nur gern erfahren,
was jetzt aus eurem Leben wurde,
wie die Tage schmecken und weshalb Bange und Angst
die Nächte begleiten.

O ja, die Angst, warf eine schöne Frau ein
mit schläfrigem Blick; und ich weiß, warum.
Die Werke des Menschengeistes sind heute kraftlos,
angewiesen, wie es scheint, auf Hilfe,
auf Stütze,
die sie nicht haben. Bitte, mein Herr,
– sie sagte »mein Herr« zum Engel! –
zum Beispiel Wittgenstein. Unsere Weisen,
unsere Regierenden sind traurig und verwirrt
und sie wissen wahrscheinlich
noch weniger als wir,
die gewöhnlichen Leute (sie selbst aber war
nicht gewöhnlich).

Und die Abende, sagte ein Junge,
der Geigenunterricht nahm, sind auch nur
ein leerer Kasten,
eine Schachtel ohne Geheimnis,
am Morgen scheint der Kosmos wieder ganz
fremd und trocken,
wie ein Fernseh-Bildschirm.
Und außerdem gibt es nicht viele,
die Musik als solche begeistert.

Es kamen auch andre zu Wort, die Klagen wuchsen
zu einer gewaltigen Zorn-Sonate.
Wenn die Herren die Wahrheit erfahren wollen
– rief ein hagrer Student,
der unlängst seine Mutter verloren hatte –, wir haben es satt,
den Tod und die Grausamkeit, die Krankheiten,
die Verfolgungen
und die langen Perioden der Langeweile,
starr wie ein Schlangenauge.
Wir haben zu wenig Erde,
zu viel Feuer. Wir wissen nicht, wer wir sind.
Wir irren im Wald und über unseren Köpfen
schleppen sich träge die schwarzen Sterne,
als wären sie nur unser Traum.

Und dennoch,
sagte schüchtern der zweite Engel,
gibt's immer etwas Freude, selbst Schönheit
gibt's gleich nebenan, unter der Rinde
einer jeden Stunde, im stillen Herzen der Sammlung,
auch in jedem von euch ist ein universeller,
starker und unbesiegbarer Mensch verborgen.
In den Blüten der wilden Rose schweift
der Geruch der Kindheit,
an den Feiertagen gehn die Mädchen
spazieren wie früher, und in der Art,
wie sie die bunten Schals binden,
ist etwas Unsterbliches.
Das Gedächtnis lebt im Meer,
im Galopp des Bluts,
in den dunklen, verbrannten Steinen,
in Gedichten
und in jedem besinnlichen Gespräch.
Die Welt ist genauso, wie sie immer war,
voll Schatten und voll Erwartung.

Er hätte womöglich noch länger gesprochen,
aber die Menge wuchs
immer mehr und ein Grollen
der dumpfen Wut kam auf,
bis die Sendboten endlich sich leicht in die Luft
erhoben, woher sie, im Abflug bereits,
sanft wiederholten: Friede mit euch,
Friede den Lebenden und den Toten
und den Ungeborenen.
Nur der dritte Engel sagte kein Wort,
denn es war der Engel des langen Schweigens.

2 Keusch wie die Engel

Ein Streitgespräch

Matthäus 22,23-33

An demselben Tage traten die Sadduzäer zu ihm, die lehren, es gebe keine Auferstehung, und fragten ihn und sprachen: Meister, Mose hat gesagt (5 Mose 25,5.6): »Wenn einer stirbt und hat keine Kinder, so soll sein Bruder die Frau heiraten und seinem Bruder Nachkommen erwecken.«

Nun waren bei uns sieben Brüder. Der erste heiratete und starb; und weil er keine Nachkommen hatte, hinterließ er seine Frau seinem Bruder; desgleichen der zweite und der dritte bis zum siebenten.
Zuletzt nach allen starb die Frau.

Nun in der Auferstehung: Wessen Frau wird sie sein von diesen sieben? Sie haben sie ja alle gehabt.

Jesus aber antwortete und sprach zu ihnen: Ihr irrt, weil ihr weder die Schrift kennt noch die Kraft Gottes.

Denn in der Auferstehung werden sie weder heiraten noch sich heiraten lassen, sondern sie sind wie Engel im Himmel.

Habt ihr denn nicht gelesen von der Auferstehung der Toten, was euch gesagt ist von Gott, der da spricht (2 Mose 3,6): »Ich bin der Gott Abrahams und der Gott Isaaks und der Gott Jakobs«?

Gott ist nicht ein Gott der Toten, sondern der Lebenden.

Und als das Volk das hörte, entsetzten sie sich über seine Lehre.

St. Cecily
Edward Reginald Frampton
(1872-1923).

Caecilias römische Brautnacht

Ferdinand Holböck

Mag sein, dass die »Passio« (Märtyrerakten) dieser römischen, im ersten, römischen Hochgebet der hl. Messe ausdrücklich genannten Heiligen sehr viel Legendäres enthält; was aber den dabei auftauchenden Engel betrifft, ist es jedenfalls ein Hinweis auf den festen Schutzengelglauben der frühchristlichen Zeit.

Caecilia erscheint in der nach 486 entstandenen »Passio« als jungfräuliche Tochter einer christlichen Senatorenfamilie Roms aus dem römischen Adelsgeschlecht der Caecilier. Sie wird mit einem heidnischen Jungmann namens Valerianus vermählt. In der Hochzeitsnacht erklärt Caecilia ihrem heidnischen Gemahl, dass ein Engel ihre Jungfräulichkeit, die sie Christus geweiht habe, beschütze. Valerian wünscht diesen Engel zu sehen, sonst glaube er ihren Worten nicht. Er erhält von Caecilia den Bescheid, er könne den Engel sehen, müsse zuvor aber Christ werden. Er geht darauf ein, lässt sich von Papst Urban unterrichten und taufen.

Als Christ kehrt Valerian zu seiner edlen Gattin zurück. Nun erscheint der Engel den beiden und krönt sie mit Lilien und Rosen.

Valerian gewinnt nun auch seinen Bruder Tiburtius für den wahren Glauben. Die beiden Brüder betätigen sich fortan als wahre Jünger Christi, vor allem im Spenden von Almosen an die Armen und im Begraben der Märtyrer. Darauf verurteilt sie der Präfekt Turcius Almachius zum Tod. Maximus, der das Todesurteil vollziehen soll, bekehrt sich und stirbt mit ihnen den Märtyrertod.

Nun wird auch Caecilia ergriffen. Sie bestimmt ihr väterliches Haus zur Abhaltung des christlichen Gottesdienstes. Nach einem glorreichen Bekenntnis ihres Glaubens soll sie im Bad ihres eigenen Hauses erstickt werden. Sie bleibt aber unversehrt und soll auf Befehl des Präfekten enthauptet werden. Selbst mit dreimaligem Schwertschlag gelingt es dem Henker nicht, ihr Haupt vom Leib völlig zu trennen. Caecilia lebt noch drei Tage und trifft verschiedene Anordnungen zu Gunsten der Armen und der Kirche. Papst Urban setzt die Glaubensheldin dann bei unter den Bischöfen und Bekennern in den Katakomben von San Callisto in Rom. Später wurde die Heilige in ihrem in eine Kirche verwandelten Haus, in der Kirche Santa Caecilia in Trastevere in Rom, beigesetzt.

Mag sein, dass in der »Passio« der hl. Caecilia das Legendäre neben dem Historischen überwiegt, aber was hinter dem Legendären als historische Wirklichkeit aufleuchtet, ist die Tatsache, dass man in der frühchristlichen Zeit die gottgeweihte Jungfräulichkeit über alles schätzte und dabei wusste, dass zur Bewahrung der Jungfräulichkeit in allen Gefahren und Schwierigkeiten die heiligen Engel kostbare Helfer sein können.

Das hat J. Dillersberger in seinem Buch »Wer es fassen kann« in fast dichterischer Sprache so zur Darstellung gebracht:

»Eja, milites Christi! (Auf, Soldaten Christi!) Wie hell tönender Schlag auf silberblankem Schilde erklingt am Morgen des St. Caecilien-Tages diese der Heiligen in den Mund gelegte Antiphon zum ›Benedictus‹. Römische Jungfrau und Märtyrerin ist Caecilia. Als die Zeit der Morgenröte zu Ende ging, rief Caecilia mit heller Stimme: ›Auf, Streiter Christi, werft ab die Werke der Finsternis und ziehet an die Waffen des Lichtes!‹ Das ist Tagesbeginn, das ist Kampflosung für den Tag! Wie das aufrüttelt, wie das alle Mattigkeit und Schläfrigkeit auf einmal hellwach macht! Losung der Jungfrau-Märtyrerin, die ihren

Schutzengel an ihrer Seite weiß, ist dieses Wort. Sie hat ihre Brautnacht anders verbracht, als es bei Heiden und auch bei vielen Christen üblich war und ist. Jungfräulich hat sie das Brautgemach am Morgen mit Hilfe ihres Schutzengels wieder verlassen können. Ihre Brautnacht hat sie dazu benützt, um den Bräutigam Valerianus für Christus zu gewinnen. Er und sein Bruder wurden, als sie nach Empfang der Taufe ihren Schutzengel geschaut hatten, Blutzeugen für Christus, gewonnen durch die jungfräuliche Macht der Worte Caecilias. ›Wie eine emsige Biene‹, heißt es, hat sie dem Herrn gedient – das sind römische Brautnächte des Frühchristentums! Damals wehte dieser herbe, keusche Frühlingswind des christlichen Glaubens so frisch und herrlich in den Straßen der Ewigen Stadt, hinein in die Häuser der alten Patriziergeschlechter – verscheuchend alles, was nach Sinnlichkeit und Schwüle schmeckte. Was hat dieses christliche Früh-Rom jungfräuliche Blüten hervorgebracht! Caecilia und Agnes – wären es nur diese zwei, es wäre genug, um sich immer wieder nach diesen Zeiten zu sehnen! Mit unvergleichlich packender Gewalt hat die Kirche es verstanden, in dieser Antiphon ›Eja, milites Christi!‹ das drängende Beispiel jungfräulicher Tugend, die den Menschen den Engeln ähnlich macht, aufleuchten zu lassen. Geht nicht von diesen römischen Heldenjungfrauen frischer, kampfesfroher Mut zur Reinheit aus in die ganze christliche Welt?! Das ist der Sinn dieses hellen Rufes in der Morgenstunde des Caecilientages. Einst ist sie am Morgen nach ihrer Brautnacht aus dem Gemach getreten, strahlend in ihrer unbesieglichen lichten Tugend. Waffen des Lichtes an ihrem reinen Leib, einen mächtigen Kampfgefährten an ihrer Seite.«

Mathia ben Cheresch

Emanuel bin Gorion

Es wird von Mathia ben Cheresch, dem Sohne des Zimmermannes, erzählt, dass er fromm und gottesfürchtig gewesen sei und alle seine Tage im Gotteshaus über der Schrift gesessen habe. Es ging ein Leuchten von seinem Angesicht aus, dass es der Sonne glich, und nie noch hatte er sein Auge zu einem Weibe erhoben.

Eines Tages, als er so in die Lehre versenkt war, ging der Satan vorbei, erblickte den Frommen und ward voll Neid über ihn. Er sprach bei sich: Ist wohl ein Mensch auf Erden, der der Sünde nicht anheim fiele? Und er stieg in den Himmel, trat vor den Herrn und sprach: Herr der Welt! Mathia, der Sohn Chereschs, was ist der vor dir? Der Herr erwiderte: Er ist ein Gerechter ohne Fehl. Darauf sprach der Satan: Gib mir die Freiheit, dass ich ihn verderbe. Der Herr antwortete: Du vermagst nichts gegen ihn. Aber der Satan sprach: Dennoch, Herr, will ich es versuchen. Da sprach Gott: So magst du hingehen.

Also begab sich der Satan zu Mathia ben Cheresch und fand ihn abermals vor der Schrift sitzend. Was tat er? Er nahm die Gestalt eines Weibes an, das war so schön, dass es ihresgleichen nicht auf Erden gab seit den Tagen Naemas, der Schwester Tubal-Kains, der selbst die himmlischen Heerscharen gefolgt sind. Und das Weib kam und stellte sich hin gerade vor Mathia. Da der sie aber erblickte, wandte er sein Angesicht von ihr ab und drehte den Kopf nach rückwärts, da erschien sie ihm sogleich von der andern Seite; er drehte seinen Kopf nach rechts, und der Satan war bald an der

Engel der Ankunft
Aus dem Visconti-Stundenbuch, um 1430.

Keusch wie ein Engel 51

rechten Seite; er drehte den Kopf nach links, und das Weib stand wieder vor ihm. Da sprach Mathia: Wehe, dass der Satan nicht über mich siege und mich zur Sünde bringe. Was tat der Heilige? Er rief einen Jünger, der ihm alles darreichte, und sprach zu ihm: Geh hin, hole mir Feuer und Nägel. Der brachte das Gewünschte. Da nahm Mathia zwei Nägel, legte sie ins Feuer, und als sie zu glühen anfingen, stach er sich beide Augen aus. Da nun der Satan dies sah, erschauerte er und fiel rücklings nieder. Alsdann erhob er sich, kehrte in den Himmel zurück, stellte sich wieder vor den Herrn und sprach: Herr der Welt! So und so erging es mir mit Mathia. Da sprach der Herr: Sagte ich's dir nicht, dass du gegen ihn nichts ausrichten würdest?

In dieser Stunde rief der Allmächtige den Engel Raphael und sprach zu ihm: Geh hin und heile die Augen des Mathia. Und der Engel kam alsobald vor den Erblindeten. Da fragte ben Cheresch: Wer bist du, der da herkommt? Der Sendbote sprach: Ich bin Raphael, der Engel, den der Herr entsandt hat, dass er dir dein Augenlicht wiedergebe. Mathia ben Cheresch antwortete: Lass ab von mir, was nun geschehen ist, ist geschehen.

Da kehrte Raphael zurück, trat vor den Herrn und berichtete: Das und das gab mir Mathia zur Antwort. Da sprach der Herr: Geh hin und sage ihm: Ich bürge ihm dafür, nie wird der Satan über ihn Herrschaft haben. Alsbald ging Raphael und heilte den Mathia.

Nicht der Sinne wüste Lust

Jorge Luis Borges

Es sei der Mensch nicht unwürdig des Engels
dessen Schwert ihn hütet
seit ihn jene Liebe zeugte
die Sonne und Sterne bewegt
bis zum Jüngsten Tag da der Donner
in der Trompete dröhnt.
Er zerre ihn nicht in rote Bordelle
noch in Paläste errichtet von Hochmut
noch in besinnungslose Schänken.
Er erniedrige sich nicht zum Flehen
noch zur Schande des Jammerns
noch zu märchenhafter Hoffnung
noch zu den kleinen Magien der Angst
noch zum Trugbild des Gauklers;
der Andere sieht ihn.
Er bedenke, dass er nie allein sein wird.
Im offenen Tag oder im Schatten
bezeugt ihn der unablässige Spiegel;
keine Träne besudle dessen Glas.

Herr, möge ich am Ende meiner Tage
auf Erden
den Engel nicht entehren.

3 Die reine Stirn der Engel

Es müssen nicht Männer mit Flügeln sein

Rudolf Otto Wiemer

*Es müssen nicht
Männer mit Flügeln sein,
die Engel.
Sie gehen leise,
sie müssen nicht schrein,
oft sind sie alt
und hässlich und klein,
die Engel.
Sie haben kein Schwert,
kein weißes Gewand,
die Engel.
Vielleicht ist einer,
der gibt dir die Hand,
oder er wohnt neben dir,
Wand an Wand,
der Engel.
Dem Hungernden
hat er das Brot gebracht,
der Engel.
Dem Kranken
hat er das Bett gemacht,
und er hört, wenn du ihn rufst,
in der Nacht, der Engel.
Er steht im Weg und er sagt: Nein,
der Engel,
groß wie ein Pfahl
und hart wie ein Stein –
es müssen nicht Männer
mit Flügeln sein,
die Engel.*

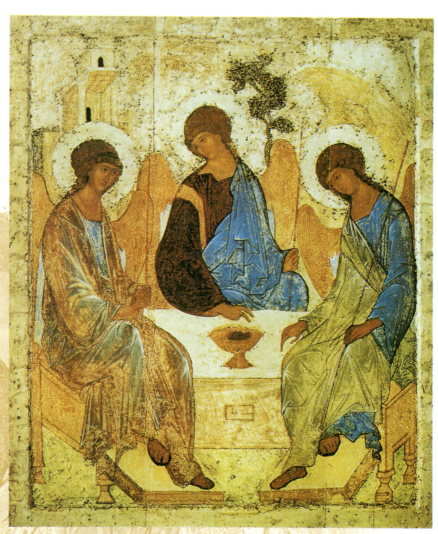

Da standen drei Männer vor ihm …
Andrej Rublev: Heilige Dreifaltigkeit, 1411.

Dritter Chor der Engel: Welt des Kindes

Schutzengel

> *Gebt dem Engel zwei warme Pantoffeln
> und 'n Teller mit Bratkartoffeln.«*

Italienisches Weihnachtslied

Die Bild-Zeitung hatte mit ihrer Schlagzeile »Himmelsforscher Uwe Wolff behauptet: Engel essen gerne Bratkartoffeln« (6.9.1993) den wahren Sachverhalt verzerrt wiedergegeben. Leichtgläubig kommentierte einen Tag später die Tageszeitung: »Ob's stimmt? Klar stimmt's! Stand schließlich in der Bild« (7.9.1993). Nicht alle Engel essen Bratkartoffeln, sondern nur die Weihnachtsengel italienischer Kinder. Zumindest behauptet dies das beliebte Lied »Jarivato l'ambasciadore«.

Ernst und Heiterkeit erheben im dritten Chor der Engel die Stimme. Erinnerungen an Kinderwelten und Schutzengelerfahrungen erklingen. Urerfahrung von Geborgenheit, Nachhall einer Gottesunmittelbarkeit aus frühester Zeit, Wegbegleitung durch das erwachende Selbstbewusstsein.

1 Erfahrungen und Erinnerungen

Die Engel
Elisabeth Noelle-Neumann

Eine Kindheitsgeschichte

Mitten in der Nacht wachte ich auf. Das Schlafzimmer war hell erleuchtet. Links, nach Osten, war das große Fenster, von weißen, gerafften Gardinen umrahmt, draußen in der Nacht lag der große Garten. In der Mitte eine Deckenlampe, mit weißem Stoff sanft verkleidet, aber das war nicht die Lichtquelle. Das Zimmer war einfach als Ganzes hell, ringsherum schloss eine breite Kante von Scherenschnitten mit Märchenmotiven nach oben hin die Tapete des Kinderzimmers ab. Meine Schwester, im Bett rechts von mir auf der gegenüberliegenden Seite des Zimmers, schlief.

Das Zimmer war hell, aber niemand war zu sehen. Fünf Jahre war ich alt. Aus irgendeinem Grund hat sich das mir eingeprägt. Ich sah mich um in dem hellen Schlafzimmer und immer wieder zu dem mit leichten weißen Vorhängen eingerahmten Fenster links. Aber es war nichts da. Es war einfach nur alles hell.

Am nächsten Morgen fing ich an zu fragen. Zuerst meine Mutter: Warst du in der Nacht in meinem Zimmer? – Ich? Wieso?

Mein Vater: Ich? Wieso?

Das Kindermädchen, die zwei Hausmädchen, die Köchin, alle wunderten sich: Ich in deinem Zimmer? Wieso?

Als ich alle gefragt hatte, und niemand war nachts in meinem Zimmer gewesen, da sagte ich mir: Dann müssen es die Engel gewesen sein.

Das war das Geheimnis. Von nun an behielt ich es bei mir – und bis heute ist es ein Geheimnis geblieben. Nie habe ich es vergessen, immer daran gedacht. Welch ein Trost.

Das letzte Gespräch
Marion Gräfin Dönhoff

Auf dem Tisch vorm Kamin stehen eine Kanne Tee, zwei Tassen und ein Teller mit Häppchen von Frau Ellermann, der Haushälterin. Das Feuer brennt. Felix, der Dackel, liegt langgestreckt davor.

Friedrich Dönhoff: Machst du dir eigentlich Gedanken über den Tod?

Marion Dönhoff: Ja … Das muss man jetzt auch. Früher bin ich gar nicht auf den Gedanken gekommen.

Und ist es unangenehm …?

Nein, mich stört es gar nicht. Aber ich bin ja jemand, der eine starke religiöse Bindung hat. Das hilft natürlich.

Glaubst du an ein Leben nach dem Tod?

Ich habe mir nie konkrete Vorstellungen gemacht. Ich gehe aber davon aus, dass da etwas kommt. Das habe ich immer getan. Aber ob ich da jemanden wiedertreffe, das habe ich nie konkretisiert. Nein, ich finde es auch ein bisschen anmaßend, sich darüber Gedanken zu machen, denn man kann eben nicht dahinterkommen. Wozu auch? Ich denke, dass alles seine Zeit und seinen Platz hat. Warum soll ich versuchen, mich vorher da einzumischen?

Aber kannst du dir nicht auch vorstellen, dass dann einfach alles vorbei ist?

Kann man sich auch vorstellen. Aber bedenke mal, wie viele Religionen sagen: Du stirbst hier, gehst weiter, und das, was du hier gemacht hast, wirkt sich woanders aus. Nein, ich finde, da darf man nichts ausschließen.

Du hast schon mal vom Schutzengel gesprochen. Glaubst du, dass es ihn gibt?

Natürlich gibt es ihn. Ich habe einen ganz engen Schutzengel. Davon bin ich überzeugt.

Ist das ein Mann oder eine Frau?

Auch meinen Schutzengel stelle ich mir nicht konkret vor. Es ist etwas Abstraktes. Ich

Breit aus die
Flügel beide!
Georges Rouault
(† 1958):
Der Schutzengel.

habe einfach die Gewissheit, dass mein Schutzengel da ist. Ich glaube an den Satz: »Wie man in den Wald ruft, so schallt es heraus.« Wenn du immerfort Katastrophen erwartest, dann werden sie auch kommen. Und wenn du Vertrauen in bestimmte Sachen hast, dann bekommst du es auch.

Aber wie denkst du über deinen Schutzengel, wenn Dinge mal nicht so laufen, wie du es gerne hättest?

Dann sage ich mir: Ich irre mich. Ich bin auf dem falschen Weg, und mein Schutzengel hat mir das gezeigt. Ich würde mir immer sagen, der Schutzengel hat Recht.

Hast du schon als Kind deinen Schutzengel gehabt?

Nee, bei Kindern wird immer nur vom lieben Gott gesprochen, nicht vom Schutzengel.

Hast du denn auch an deinen Schulengel in guten Zeiten gedacht?

Doch, da danke ich ihm.

Also, der wird nie vergessen?

Nein, nie!

Glaubst du eigentlich an Schicksal?

Ja, sicher.

Auch so eine Art Vorbestimmung?

Na ja, also, das weiß ich nicht. Das ist wohl ein Zusammenweben von Schicksal und eigenem Tun. Ich glaube schon, dass man viel selber dazu tun muss. (Felix steht auf und baut sich vor Marion auf. Die beiden sehen sich an) Ja, ja, du tust auch sehr viel. (Felix gibt einen lauten Ton von sich) Er ist außergewöhnlich intelligent. Seit Jahren versucht er, die Menschensprache zu erlernen. Er kann schon viel verstehen, aber es reicht ihm noch nicht. (Marion sieht ihn mitleidig an) Ja, ich weiß, es ist ein Jammer, dass du kein Mensch geworden bist.

Du hast mal gesagt, der Zufall hätte für dich eine besondere Bedeutung. Wieso eigentlich?

Ich kam darauf, als ich Ehrenbürgerin in Hamburg wurde und eine Dankesrede halten musste. Ein Freund sagte zu mir: Du musst deine Rede persönlich machen, sonst langweilen sich die Leute. Da habe ich zum ersten Mal darüber nachgedacht, wie geradlinig ich mein Leben lebe. Und da wurde mir klar, dass ich noch nie irgendetwas geplant hatte, sondern immer auf den Zufall gewartet habe – dann habe ich ihn gepackt und versucht, etwas Vernünftiges daraus zu machen. Viele Menschen meinen, man könne alles planen, aber das ist eben ein Irrtum. Wenn man Vertrauen in den Zufall hat und sich gewiss ist, dass es eine höhere Macht gibt, die das Leben ordnet – dann braucht man sich auch nicht so furchtbar aufzuregen. Der Zufall ist die Antithese der Planung. Es ist eine große Stütze, wenn man dieses Grundvertrauen in ihn hat und sich nicht intellektuell zu etwas überreden muss, sondern mit dem Herzen dabei ist.

Bist du denn zufrieden mit dem, was dir in deinem Leben zugefallen ist?

Doch, ich bin eigentlich zufrieden. Obgleich ziemlich viel Trauriges dabei war. Aber ich sage mir, wenn mir das so zugemutet worden ist, dann musste es so sein. Dann musste ich das durchleben, um irgendetwas daraus zu lernen.

Hast du das schon als Kind so empfunden?

Nein, überhaupt nicht. Bei uns spielte Religion natürlich eine große Rolle. Aber ich bin irgendwann selbst darauf gekommen. Ich hatte ja diesen Unfall, als ich 15 Jahre war. Wir kamen von der Ostsee, es war schon dunkel, der Fahrer passte nicht auf, und das Auto kam in einer Kurve von der Straße ab. Es fiel in den großen Fluss, und sofort schoss das Wasser hinein. Das Auto ging gleich runter bis auf den Grund. Wenn du da unten eingeschlossen bist und über dir zehn Meter Wasser sind – das ist schon beeindruckend. Einige sind gestorben, ich war die letzte Überlebende, die da rauskam. Ich sah die Scheinwerfer der Autos oben am Kai, die aufs Wasser leuchteten, und vor dem Licht die Silhouetten der aufgeregten Leute. Und dann hörte ich die Stimme von meinem Bruder Heini, der meinen Namen rief. Von oben haben sie Mäntel runtergehängt, ich habe mich festgehalten, mit letzter Kraft. Dann überlegt man irgendwann schon: Warum habe gerade ich überlebt?

Gibt es Dinge, von denen du denkst, schade, dass der Zufall mir das nicht zugespielt hat?

Nein, wüsste ich nicht. Also, zum Beispiel: Ich wollte ursprünglich in die Wissenschaft – aber durch Zufall bin ich zu einer Zeitung gekommen. Und da ich auch immer schreiben wollte, bin ich sehr zufrieden.

Was steckt für dich hinter dem Zufall?

Hinter dem Glauben an den Zufall steht die Gewissheit, dass dahinter etwas da ist, das das Ganze ordnet. Jemand, der nur ganz sachlich produziert, Geld verdient und konsumiert, für den ist das wohl anders. Es geht aber nicht ohne ein gewisses Maß an ethischem Minimalkonsens in einer Gesellschaft. Ich glaube aber, dass die Leute langsam dahinterkommen.

Und die Kirchen?

Die sind auch zu sehr eingeschlossen in das System. Also, da wird auch genau gezählt: Wie viele Leute kommen zu uns und nicht zu denen? Das ist ähnlich wie die Einschaltquoten beim Fernsehen oder die Auflage bei Zeitungen. Und dann haben die Kirchen am Anfang alles auch zu sehr bürokratisch betrachtet. Beide Kirchen.

Würdest du dich als religiösen Menschen bezeichnen?

Ja. Doch. Könnte ohne das nicht leben, glaube ich. Ist dein Glaube evangelisch?

Ob katholisch oder evangelisch, ist mir völlig egal. Ich kann mich auch nicht darüber aufregen, ob jemand ein Muselmane ist oder ein Buddhist oder so. Ich finde, sie sind alle gleich weit weg vom Zentrum.

Aber würdest du dich selbst als Christin einordnen?

Ja. Aber ich würde deswegen die anderen nicht ablehnen. Das meine ich.

Was meinst du denn mit Zentrum?

Das Göttliche, was alle anerkennen. Alle haben einen Bezug dazu, darum ist es das Zentrum. Wenn man nicht selber im Mittelpunkt steht, sondern das Zentrum über sich weiß, dann spielt die Frage, ob man sich wohl fühlt oder nicht, eigentlich keine Rolle. – Wir müssen nachher die Nachrichten sehen, ist wieder einiges los in Afghanistan.

Ich hab ja, nicht zuletzt auch auf deinen Rat hin, Zivildienst gemacht. Was würdest du heute raten?

Zivildienst, unbedingt.

Warum?

Weil ich alles, was mit Waffen zu tun hat, als eine Versuchung zu falscher Schlussfolgerung empfinde. Dass man denkt, mit mehr Bewaffnung könne man mehr erreichen, ist letztendlich Blödsinn. Natürlich kann man rüsten und reden – ich glaube, theoretisch ist das sogar richtig. Aber es kommt darauf an, wer es macht. Wenn einer wie der Bush das macht, dann hat es wenig Sinn. Alleine reden ist gut. Aber alleine rüsten ist ganz schlecht. Außerdem erlangt man mit vielen Waffen gar nicht so viel Macht, wie man denkt. Was nützt den Amerikanern ihre Atombombe? Sie können sie sowieso nicht abwerfen.

Wieso nicht?

Weil es ihr eigenes Ende bedeuten würde. Nein, Macht bekommt man anders, durch Energie zum Beispiel. Wer Öl hat, hat Macht. Oder was noch kommt: Wasser. Ich finde, durch den Zivildienst kann man lernen, dass die wichtigen Punkte ganz woanders sitzen als bei der Macht.

Du hast dich immer sehr für Chancengleichheit eingesetzt. Ist Deutschland da deiner Meinung nach weitergekommen?

Also, angeblich haben alle die gleichen Chancen. Trotzdem wird die Schere zwischen Arm und Reich immer größer. In Wahrheit ist es eine Klassenkampfsituation, die sich da heranbildet. Wenn ich morgens mit dem Taxi ins Büro fahre, spreche ich viel mit den Fahrern. Gestern waren beide ganz wütend über die hohen Abfindungen und Löhne, die diese Vorstände bekommen. Zehn Millionen Euro Abfindung für einen Chef, so eine Zahl hat man ja früher gar nicht erfahren. Ärgerlich finde ich nicht, dass die Reichen so viel bekommen. Entscheidend ist der große Unterschied zwischen den Armen und den Reichen – und der Unterschied wird ja immer größer. Das ist ein ganz wichtiges Thema – das kann allen Demokratien wirklich noch gefährlich werden. (Sie schiebt den Teller Häppchen zu mir rüber) Komm, die müssen wir aufessen, sonst ist Frau Ellermann traurig.

Am nächsten Tag liegt Marion schon auf dem Sofa, als ich reinkomme. Seit einiger Zeit hat sie Schmerzen im Arm, und wenn sie liegt, geht es besser. Das Feuer im Kamin brennt, allerdings nicht so gut. »Ich habe es genauso gebaut wie gestern«, sagt Marion, »aber Feuer hat seine eigenen Gesetze.« Sie sieht noch eine Weile hin, dann sagt sie: »Schmerzen sind wie Flammen, die schießen so durch den Arm.«

Hast du eigentlich die christlichen Rituale aus deinem Elternhaus übernommen?

Erfahrungen und Erinnerungen

Ich hab natürlich nicht dieses Bürokratische übernommen, also jeden Morgen Andacht und so. Aber ohne das kann man eben nicht leben. Heute hat man ja alles Religiöse abgeschafft, deswegen fallen die Leute auf so Sachen rein, die sie als Fabelhaften Fortschritt empfinden – dass sie irgendetwas mit den Genen entdeckt haben, dass sie nun alle Augen blau machen können, die Haut weiß oder braun. Aber worin sich die Gefühlswelt ausdrückt, was für die Intelligenz und die Vernunft verantwortlich ist, das scheint überhaupt keine Rolle zu spielen.

60 Dritter Chor der Engel: Welt des Kindes

Denkwürdigkeiten
Bernhard Fürst von Bülow

Meine geistige Ausbildung verdanke ich in allererster Linie meinem Vater. Er legte die Fundamente meiner Bildung. Als solche möchte ich einerseits die Bibel, andererseits Homer bezeichnen. Mein Vater gedachte der Worte, die der heilige Paulus an seinen rechtschaffenen Sohn im Glauben, den Timotheus, richtete, dem er schreibt, dass alle Schrift, von Gott eingegeben, nütze sei zur Lehre, zur Strafe, zur Besserung, zur Züchtigung in der Gerechtigkeit. Mein Vater hatte aber auch nicht vergessen, was Goethe zehn Jahre vor seinem Tode an seinen Freund I.S. Zauger schreibt: »Prüfen Sie sich immerfort an dem diamantenen Schild der Griechen, in welchem Sie Ihre Tugenden und Mängel jederzeit am klars-ten erblicken können.« Schon als Kind betrachtete ich mit Andacht die schönen Umrisszeichnungen von John Flaxman zur Odyssee und zur Ilias. Ich war kaum zehn Jahre alt, als ich beide las und damit eine Ahnung erhielt von der stillen Größe und der edlen Einfalt der Antike. So wurde ich zum Verständnis des homerischen Wesens erzogen und von früh an homerisch gestimmt. Darüber wurde die Heilige Schrift nicht vernachlässigt. Wir lasen täglich in der Bibel. Als ich auf die Schule kam, hatte ich schon das ganze Alte und natürlich auch das Neue Testament gelesen. Ich kannte an fünfzig Kernlieder auswendig, jene herrlichen geistlichen Lieder, die ein köstlicher Schatz der evangelischen Kirche sind. Viele von ihnen könnte ich noch heute aufsagen. Vor dem Einschlafen beteten wir das alte niederdeutsche Kindergebet von den vierzehn Engeln:

Abends, wenn ik slapen gah,
Viertein Engel bi mi stahn:
Twei tau min Haupten,
Twei tau min Feutten,
Twei tau mine Rechten,
Twei tau mine Linken,
Twei, di mi taudecken,
Twei, di mi upwecken,
Twei, di mi wiest
Int himmlisch Paradies
Un min Vadding un Mudding ok.

Bei einem der ersten Rendezvous nach dem Ausmarsch aus Bonn, vor Böckingen, waren Husaren und Jäger sich begegnet. In kurzer Ansprache hatte Oberst von La an die Waffenbrüderschaft der beiden Truppenteile von 1866 erinnert und mit den Worten geschlossen: »Wenn wir Königshusaren die Achten Jäger hinter uns wissen, ist uns nichts unmöglich.« Major von Oppeln-Bronikowski hatte geantwortet: »Gehen Sie voraus, wir folgen, wohin es auch sei.« Das sollte jetzt in Erfüllung gehen. Major von Bronikowski erklärte sich mit Freuden zum Sturm auf Daours bereit. Gefolgt von vier Kompagnien »Dreiunddreißig« und zwei Kompagnien »Fünfundsechzig« gingen die Jäger zum Angriff gegen Daours vor, das von dreitausend französischen Husaren, Marine und Linientruppen erbittert und zäh verteidigt wurde.

Während die 1. Eskadron, zu der ich wieder gestoßen war, nach wie vor in ziemlich heftigem Feuer einen günstigen Moment zum Vorgehen erwartete, war die Dämmerung eingebrochen. Die Lage auf der Schlachtlinie war folgendermaßen: Die 15. Division hatte die Franzosen aus allen Hallue-Dörfern zurückgeworfen. Zum Angriff auf die mit starker Artillerie besetzten Höhen musste die Einwirkung der 16. Division abgewartet werden, deren Kräfte aber zu einer Umgehung nicht ausreichten. Es kam also für heute nur darauf an, die eroberten Abschnitte fest in der Hand zu behalten. Das gelang. Wiederholte und mit starken Kräften unternommene französische Vorstöße wurden von Oberst Loë mit den Jägern, den Dreiunddreißigern und den Fünfundsechzigern abgeschlagen. Daours blieb in unserer Hand.

Nachtquartier in Querrieux

Die Nacht war schon hereingebrochen, als die 1. Eskadron den Befehl Nachtquartier erhielt, Nachtquartier in Querrieux zu beziehen. Wir marschierten langsam in Querrieux in der Richtung des brennenden Querrieux. Die Pferde waren müde, wir waren müde. Es ist dies das einzige Mal in meinem Leben, dass ich im Sattel schlief.

Querrieux brannte an fünf Stellen. Fast alle Einwohner waren geflohen. In den Häusern waren die Fenster und Türen demoliert. Da es bitterkalt war und da die Kälte, je später es wurde, umso mehr zunahm, wärmten sich die Husaren an der Brandstätte. Zu meiner Freude fand ich Hafer für meine brave Grete, auch eine halbe Flasche Wein für mich. Ich leerte sie auf einen Zug, dann warf ich mich in einem verlassenen Ziegenstall auf die Erde. Wie in meinen Kindertagen betete ich:

»*Abends, wenn ik slapen gah,*
Viertein Engel bi mi stahn:
Twei tau min Haupten,
Twei tau min Feutten,
Twei tau mine Rechten,
Twei tau mine Linken,
Twei, di mi taudecken,
Twei, di mi upwecken,
Twei, di mi wiest
Int himmlisch Paradies,
Un min Vadding un Mudding ok.«

Und dann verfiel ich nach diesem ereignisreichen Tag, während durch die Stille der Nacht in der Ferne die französischen Signale ertönten, immer leiser tönten und schließlich verstummten, in den tiefsten Schlaf, den ich je geschlafen habe.

Die Begegnung mit dem Engel

Erwin Wickert

Ich erinnere mich.
Am Anfang war die Begegnung mit dem Engel. Alles, was vorher war, liegt in durchsonntem Nebel. Es bewegt sich etwas darin, aber es bleibt undeutlich, und ich kann nichts erkennen; ich höre Stimmen, aber sie sind gedämpft, und ich kann sie nicht verstehen.

Ich kam aus diesem Licht, war darin warm und behütet, und ich war ohne Zeit. Aber was da war und wer da war, ich habe es vergessen, ich weiß es nicht mehr. Doch an den Engel erinnere ich mich. Damals konnte ich schon laufen, die Klinken herunterdrücken und die Türen öffnen. Ich spielte mit der Puppe im Kinderzimmer, und das lag im ersten Stock. Ich wollte hinuntergehen, vielleicht zu meiner Mutter.

Ich konnte Treppen auf allen vieren hinauf- und notfalls auch rückwärts hinabkriechen; aber jetzt wollte ich sie hinuntergehen wie die Erwachsenen. Mit einer Hand hielt ich mich am Geländer fest. Da kam Polen-Irma, das Kindermädchen, das eigentlich auf mich hatte aufpassen sollen, aus dem Bügelzimmer, sah mich und schrie, weil sie glaubte, ich fiele jetzt die Treppe hinunter.

Aber ein Engel hob mich sanft auf, trug mich und setzte mich sechs oder sieben Stufen tiefer auf dem nächsten Absatz sanft nieder, sanft wie eine Feder. Ich fühle noch heute, wie behutsam er mich aufnahm, mit mir hinabschwebte und mich wieder hinstellte.

Gesehen habe ich ihn nicht, und er sprach auch nicht, aber ich hatte ihn doch gefühlt.

Polen-Irma aber, oben an der Treppe stehend, schrie immer noch schrill und hob die Hände verzweifelt in die Höhe, auch ein anderes Dienstmädchen kam aus einer Tür und schrie. Dann sprangen sie endlich die paar Stufen herab und hielten mich fest, obwohl ich starr und sprachlos dastand und weder weitergehen wollte noch konnte.

»Es war ein Engel«, sagten die Mädchen, »der hat dich getragen.«

Meine Mutter hatte das Geschrei gehört und kam schnell herauf. Sie fürchtete ein entsetzliches Unglück.

»Was ist ein Engel?«, fragte ich, und sie erklärte es mir. Polen-Irma, mit der ich polnisch sprach, redete noch oft von dem Schutzengel.

Bleibt ihr Engel, bleibt bei mir!
Beate Heinen: Schutzengel, 1984.

Erfahrungen und Erinnerungen

Sie war die Einzige von uns, die ihn auch gesehen hatte.

Noch Jahrzehnte später, als ich den Glauben an die Wunder der Bibel, leider auch an die Auferstehung Christi, längst verloren hatte, wollte ich doch nicht von dem Glauben an den Engel lassen, der mich einst getragen hatte. Ich fühlte ja immer noch, wie er mich sanft die Treppenstufen hinabtrug.

Dabei war er später durchaus nicht immer auf seinem Posten. Schon einige Jahre nach seinem Erscheinen zum Beispiel, da ließ er zu, dass ich den rechten Mittelfinger, als ich in einem leeren Eisenbahnwagen spielte und die Tür zuknallte, so quetschte, dass der Fingernagel abgenommen werden musste. Und später, in Schanghai, als ich dort bei meinem zweiten Aufenthalt zu Boden gegangen war, hat er mir keinen Finger gereicht. Etwa mit Absicht? Vielleicht um meinen Übermut zu dämpfen?

Aber wenn später im Leben größeres Unglück dicht an meinen Ohren vorbeipfiff oder wenn Unheil wie ein Blitz dicht neben mir einschlug, fragte ich mich doch, ob er es wohl gewesen war, der den Blitz eine Handbreit abgelenkt hatte. Ob ich wirklich an ihn glaubte? Wohl nicht im Ernst. Ich ließ die Frage jedoch offen, ließ sie auch vor mir selbst im Zwielicht und fand das ganz amüsant. Man wird mich deshalb tadeln müssen. Ernsthaften, entschiedenen Menschen wie, sagen wir, Kierkegaard, wäre dieser Unernst ein Gräuel gewesen. Auch Karl Jaspers hätte schweigend missbilligt, wenn ich ihm von diesem nur halb geglaubten Engel erzählt hätte.

Das habe ich aber natürlich nicht getan. Ich habe überhaupt nie und mit niemand von dem Engel gesprochen, habe das Geheimnis in mir verborgen, habe manchmal selbst den Kopf darüber geschüttelt wie über eine unschuldige Marotte, die ich mir aus ästhetischem Leichtsinn leistete, aber ich hielt lange an ihm fest. Sprach nie von ihm. Denn ich wusste, wenn ich von ihm spreche, ist er mir verloren. Über ihn lächeln? Nein. Er hatte mich doch ausgezeichnet.

Jugenderinnerungen eines alten Mannes

Wilhelm von Kügelgen

Die neunziger Jahre des vorigen Jahrhunderts waren für das Rheinland verhängnisvoll geworden. Unter den Hammerschlägen der Französischen Revolution begannen die Stützen des alten Staatenbaus zu sinken. Unordnung und wüster Streit erfüllten das schöne Land, und mancher Mann, der dort zu Hause war, entfremdete seiner Heimat.

So auch mein Vater. Von Rom, wo er als Maler seine Studien beendet hatte, zog es ihn nicht zurück nach seinem Vaterlande, vielmehr wandte er sich infolge der Einladung eines Freundes dem Norden zu. Da lernte er in Reval meine Mutter kennen, gewann ihre Hand und zog mit ihr nach Petersburg, wo er viel Arbeit fand.

Aus dieser Ehe bin ich das zweite Kind, da meine Eltern kurz vor meiner Geburt ein älteres Töchterchen verloren hatten. Nach den Erzählungen der Mutter und noch vorhandenen Bildern glich die verstorbene Schwester einem überirdischen kleinen Wesen, wie man das wohl bei Kindern findet, denen ein kurzes Lebensziel gesteckt ist. Sie ist auf dem ländlichen Gottesacker bei Pawlosky begraben, und auf den kleinen Hügel setzten die Eltern ein Kreuz mit dem Namen »Maria«.

Doch war ihr Gedächtnis nicht mitbegraben und lebte namentlich in der Erinnerung der Mutter so lebhaft fort, als sei sie nie gestorben. Ja mehr als ihr Gedächtnis: die selige Schwester selbst soll ab und zu noch segnend in den Kreis der Familie eingetreten sein. Wenigstens erzählte meine Mutter des Öftern, wie bald nach der Geburt ihrer jüngeren Kinder eine Lichtgestalt erschienen sei und die neuen Ankömmlinge umleuchtet und begrüßt habe. Diese Erscheinung hatte in der sichtbaren Welt nichts Analoges, dennoch erkannte die Mutter ihr heimgegangenes Kind. Sie hatte sich ja die Selige als Schutzengel erbeten für die Kinder, die durch Gottes Gnade etwa folgen sollten, und zweifelte an der Erhörung ihrer Bitte nicht.

Dem sei nun wie ihm wolle, die Mutter hatte nach der Geburt meiner jüngeren Schwester sogar noch eine Zeugin für dieses liebliche Erlebnis, indem die Wärterin, die allein mit ihr im Zimmer war, dasselbe sah. So war denn oft die Rede von der Dahingeschiedenen und wohl erinnere ich mich, dass ich als kleiner Junge manche Übertretungen mied, um den Engel nicht zu betrüben, der mir beigegeben war.

Wenn wir im Garten spielten, schloss sich uns häufig als Dritter im Bunde noch ein kleiner Barfüßler von unserem Alter, der Sohn des Gärtners, an. Er hieß Fritz Pezold und gewann durch folgenden Vorfall für mich Bedeutung.

Eines schönen Morgens nämlich weiß ich nicht, wo Frau Benus hingekommen war, genug, sie ließ uns ohne Aufsicht; wir aber amüsierten uns mit einigen zugelaufenen Nachbarskindern, welkes Laub aufzulesen und dieses über das Geländer der kleinen Brücke in die Katzbach zu werfen. Dann liefen wir einige dreißig Schritte abwärts, wo zum Behuf des Wasserschöpfens an tiefer Stelle ein schmales Brett über den Bach gelegt war, um auf diesem lauernd, die kleinen goldenen Schiffchen wieder aufzufangen. Mit welchem Eifer wir dies trieben und wie wir dabei schrien und uns erhitzten, wird jeder ermessen können, der auch einmal ein kleiner Junge war. Ich war den anderen vorausgeeilt und hockte bereits jubelnd auf dem schwanken Stege, als dieser umschlug und ich kopfüber ins Wasser schoss. Die erschrockenen Freunde stoben auseinander, verschwanden durch Hecken und Zäune, wo sie hergekommen waren, und ich selbst gab mich sogleich verloren.

Nicht so Fritz Pezold. In dem Augenblicke, als ich versank, sprang er entschlossen auf den Steg, griff in die Tiefe, packte meine Haare und schrie, dass ihm die Lungen bersten wollten, nach seinem Vater. Zwar brachte er mich mit dem Kopfe übers Wasser, doch nicht weiter, und ich dachte jeden Augenblick, samt meinem Freunde zu ertrinken, denn das kleine Brettchen schwankte hin und wieder wie eine Schaukel.

Dennoch erinnere ich mich sehr deutlich, dass ich keine Angst empfand, mich vielmehr freute, nun allsogleich in den Himmel einzugehen und mit meiner lieblichen Schwester Maria vereint zu werden. Fast glaube ich, dass ich bereits Wasser geschluckt hatte und halb tot war, denn ich verhielt mich völlig leidend und tat selbst nicht das Geringste zu meiner Rettung. Aber das weiß ich, dass mir's zu Mute war wie Kindern, die am Weihnachtsabend in dunkler Kammer an der Türe drängen: Gleich wird sie aufgehen und der Baum in seinem Glanze stehen.

Indessen sollten mir die Paradiespforten noch verschlossen bleiben, und der Cherub, der den Eintritt wehrte, war Fritz Pezold. Sein Mark und Bein durchdringendes Zetergeschrei hatte endlich das Ohr des Vaters erreicht, der nun wie ein angeschossener Kater mit weiten Sätzen über seine Gemüsebeete herbeiflog und mich herauszog. Triefend und mit schwarzem Schlamm überzogen hing ich wie ein erschlagener kleiner Maulwurf in seinen Händen, als er mich den Eltern brachte.

Ob diese Lebensrettung ein Glück für mich gewesen, muss ich dahingestellt sein lassen, da allerdings Fritz Pezold die Regel meiner Mutter gröblich übertreten hatte; denn nicht nur hatte er überlaut geschrien bei einem Sterbenden, sondern diesen sogar bei den Haaren gerauft. Die Mutter war freilich deshalb nichts weniger als ungehalten, beschenkte vielmehr den guten Jungen nach ihren Kräften, und unsere Kinderherzen blieben lange treu verbunden.

Ein tiefer Friede
Ein Engel trägt einen Prinzen davon, türkisch (?).

Gottes Gegenwart

Hermann Sudermann

Zu derselben Zeit war es auch, dass ich Gott zum ersten Male erlebte. Natürlich sprach ich schon lange in Mutters gefaltete Hände hinein mein Abendgebet, auch sonst hatte ich mancherlei vom lieben Gott erfahren, doch ohne mir etwas Rechtes dabei denken zu können. Über Papas Macht ging nichts, und wie der Mann beschaffen war, der immer da war und den man doch nie zu sehen bekam, ließ sich nicht vorstellen. Furcht hatte ich nicht vor ihm, aber neugierig war ich.

Eines Sonnabendabends – es war ein Sonnabend, das weiß ich ganz genau – da saß ich am Fenster über einem Bande »Gartenlaube« und besah Bilder. (…) Da blieb mein Blick an einer Zeichnung – wenn ich nicht irre, von Ludwig Richter – hängen, ein Engelsgärtchen darstellend, und in mir erwachte eine nicht zu bändigende Sehnsucht, mit unter den spielenden Engeln zu sein. Und da sah ich zum Himmel hinauf, über den das Abendrot einen lichtdurchwirkten Vorhang breitete. Der Vorhang tat sich auseinander, und auf den Strahlen, die bis zur Erde herabreichten, kletterten leibhaftig die kleinen Engelchen in ganzen Reihen lustig hernieder. Dass sie in Wirklichkeit kämen, mit mir zu spielen, das glaubte ich nicht mehr, dazu war ich schon zu groß, aber dass ich sie schauen durfte, war Wonne genug. Und plötzlich streckte sich eine Hand aus dem Himmelsfenster, nicht drohend, nur mahnend – und dann war es auch keine Hand mehr, sondern war ein Auge, ein Gottesauge, und passte auf, dass den Engelchen unten kein Leid geschah.

Und nun wusste ich mit einem Male, wie es zugehen konnte, dass Gott da war und nicht da war und dass ich immer unter seiner Obhut stand. Und in mich zog ein tiefer Friede, wie wenn ich auf der Mutter Schoße saß und an ihrer Brust einschlafen durfte. An jenem Abend bin ich fromm geworden und blieb es lange.

Jemand nahm mich bei der Hand

Winfried Maas

Im Sommer 1944, ich war damals Luftwaffenhelfer, half ich nach einem schweren Bombenangriff in meiner Heimatstadt Stettin zusammen mit meinem Klassenkameraden Manfred Farnung bei Löscharbeiten. Der Dachstuhl eines Verwaltungsgebäudes stand in Flammen. Mit Sand und Wasser gelang es uns, sie fast zu ersticken. Doch dann wurden sie durch den Feuersturm über der Stadt erneut angefacht und erfassten bald das ganze Obergeschoss. Es war nichts mehr zu machen.

Manfred Farnung, der als Fernmelder ausgebildet war, sagte, er werde jetzt auf Leitungssuche gehen, und verschwand. Auch ich wollte aus dem brennenden Gebäude fort, wurde aber vom Hausmeister aufgehalten. Der Mann, ein Kriegsversehrter mit nur einem Bein, bat mich, Sachen aus seiner Dachgeschosswohnung zu retten. Ich ging hinein, konnte aber vor lauter Rauch nichts sehen, so dass ich bald orientierungslos durch die Zimmer torkelte.

Da tauchte neben mir eine Gestalt auf. Jemand nahm mich bei der Hand und führte mich zu einer hellen Stelle. Eine Tür ging auf, ich wankte ins Treppenhaus und stolperte nach draußen.

Abends wurde Manfred Farnung in der Flakbatterie vermisst. Ich entschuldigte ihn mit dem Hinweis, dass er vermutlich noch mit dem Überprüfen von Telefonleitungen beschäftigt sei.

Vier oder fünf Wochen später wurden in der Ruine des Hauses, das wir zu löschen versucht hatten, die verkohlten Reste eines Menschen und die Erkennungsmarke gefunden, die Manfred Farnung um den Hals getragen hatte. Er muss mir unbemerkt in die brennende Wohnung gefolgt sein. Nur er kann es gewesen sein, der mich zur rettenden Tür führte, bevor er in dem Rauch selber zusammenbrach. Er war 15, als er starb, genauso alt wie ich.

Drei Männer und ein Engel im Feuerofen

Daniel 3,1-30

Der König Nebukadnezar ließ ein goldenes Bild machen sechzig Ellen hoch und sechs Ellen breit und ließ es aufrichten in der Ebene Dura im Lande Babel.

Und der König Nebukadnezar sandte nach den Fürsten, Würdenträgern, Statthaltern, Richtern, Schatzmeistern, Räten, Amtleuten und allen Mächtigen im Lande, dass sie zusammenkommen sollten, um das Bild zu weihen, das der König Nebukadnezar hatte aufrichten lassen.

Da kamen zusammen die Fürsten, Würdenträger, Statthalter, Richter, Schatzmeister, Räte, Amtleute und alle Mächtigen im Lande, um das Bild zu weihen, das der König Nebukadnezar hatte aufrichten lassen. Und sie mussten sich vor dem Bild aufstellen, das Nebukadnezar hatte aufrichten lassen.

Und der Herold rief laut: Es wird euch befohlen, ihr Völker und Leute aus so vielen verschiedenen Sprachen:

Wenn ihr hören werdet den Schall der Posaunen, Trompeten, Harfen, Zithern, Flöten, Lauten und aller andern Instrumente, dann sollt ihr niederfallen und das goldene Bild anbeten, das der König Nebukadnezar hat aufrichten lassen.

Wer aber dann nicht niederfällt und anbetet, der soll sofort in den glühenden Ofen geworfen werden.

Als sie nun hörten den Schall der Posaunen, Trompeten, Harfen, Zithern, Flöten und aller andern Instrumente, fielen nieder alle Völker und Leute aus so vielen verschiedenen Sprachen und beteten an das goldene Bild, das der König Nebukadnezar hatte aufrichten lassen.

Da kamen einige chaldäische Männer und verklagten die Juden, fingen an und sprachen zum König Nebukadnezar: Der König lebe ewig!

Du hast ein Gebot ergehen lassen, dass alle Menschen niederfallen und das goldene Bild anbeten sollten, wenn sie den Schall der Posaunen, Trompeten, Harfen, Zithern, Flöten,

Lauten und aller andern Instrumente hören würden; wer aber nicht niederfiele und anbetete, sollte in den glühenden Ofen geworfen werden.

Nun sind da jüdische Männer, die du über die einzelnen Bezirke im Lande Babel gesetzt hast, nämlich Schadrach, Meschach und Abed-Nego; die verachten dein Gebot und ehren deinen Gott nicht und beten das goldene Bild nicht an, das du hast aufrichten lassen.

Da befahl Nebukadnezar mit Grimm und Zorn, Schadrach, Meschach und Abed-Nego vor ihn zu bringen. Und die Männer wurden vor den König gebracht.

Da fing Nebukadnezar an und sprach zu ihnen: Wie? Wollt ihr, Schadrach, Meschach und Abed-Nego, meinen Gott nicht ehren und das goldene Bild nicht anbeten, das ich habe aufrichten lassen?

Wohlan, seid bereit! Sobald ihr den Schall der Posaunen, Trompeten, Harfen, Zithern, Flöten, Lauten und aller andern Instrumente hören werdet, so fallt nieder und betet das Bild an, das ich habe machen lassen! Werdet ihr's aber nicht anbeten, dann sollt ihr sofort in den glühenden Ofen geworfen werden. Lasst sehen, wer der Gott ist, der euch aus meiner Hand erretten könnte!

Da fingen an Schadrach, Meschach und Abed-Nego und sprachen zum König Nebukadnezar: Es ist nicht nötig, dass wir dir darauf antworten.

Wenn unser Gott, den wir verehren, will, so kann er uns erretten; aus dem glühenden Ofen und aus deiner Hand, o König, kann er erretten.

Und wenn er's nicht tun will, so sollst du dennoch wissen, dass wir deinen Gott nicht ehren und das goldene Bild, das du hast aufrichten lassen, nicht anbeten wollen.

Da wurde Nebukadnezar voll Grimm, und der Ausdruck seines Angesichts veränderte sich gegenüber Schadrach, Meschach und Abed-Nego, und er befahl, man sollte den Ofen siebenmal heißer machen, als man sonst zu tun pflegte.

Und er befahl den besten Kriegsleuten, die in seinem Heer waren, Schadrach, Meschach und Abed-Nego zu binden und in den glühenden Ofen zu werfen.

Da wurden diese Männer in ihren Mänteln, Hosen, Hüten, in ihrer ganzen Kleidung, gebunden und in den glühenden Ofen geworfen.

Weil das Gebot des Königs so streng war, schürte man das Feuer im Ofen so sehr, dass die Männer, die Schadrach, Meschach und Abed-Nego hinaufbrachten, von den Feuerflammen getötet wurden.

Aber die drei Männer, Schadrach. Meschach und Abed-Nego, fielen hinab in den glühenden Ofen, gebunden wie sie waren.

Aber der Engel des Herrn war zugleich mit Asarja und denen, die bei ihm waren, in den Ofen gestiegen, hatte die Feuerflamme aus dem Ofen herausgestoßen und ließ es mitten im Ofen so sein, als ob ein Wind wehte, der kühlen Tau bringt. So rührte das Feuer sie überhaupt nicht an und fügte ihnen weder Schmerz noch Schaden zu.

Da fingen die drei wie mit einem Munde an zu singen, priesen und lobten Gott in dem Ofen.

[…]

Da entsetzte sich der König Nebukadnezar, fuhr auf und sprach zu seinen Räten: Haben wir nicht drei Männer gebunden in das Feuer werfen lassen? Sie antworteten und sprachen zum König: Ja, König.

Er antwortete und sprach: Ich sehe aber vier Männer frei im Feuer umhergehen, und sie sind unversehrt; und der vierte sieht aus, als wäre er ein Sohn der Götter.

Und Nebukadnezar trat vor die Tür des glühenden Ofens und sprach: Schadrach, Meschach und Abed-Nego, ihr Knechte Gottes des Höchsten, tretet heraus und kommt her! Da traten Schadrach, Meschach und Abed-Nego heraus aus dem Feuer.

Und die Fürsten, Würdenträger, Statthalter und Räte des Königs kamen zusammen und sahen, dass das Feuer den Leibern dieser Männer nichts hatte anhaben können und ihr Haupthaar nicht versengt und ihre Mäntel nicht versehrt waren; ja, man konnte keinen Brand an ihnen riechen.

Da fing Nebukadnezar an und sprach: Gelobt sei der Gott Schadrachs, Meschachs und Abed-Negos, der seinen Engel gesandt und seine Knechte errettet hat, die ihm vertraut und des Königs Gebot nicht gehalten haben, sondern ihren Leib preisgaben; denn sie wollten keinen andern Gott verehren und anbeten als allein ihren Gott!

So sei nun dies mein Gebot: Wer unter allen Völkern und Leuten aus so vielen verschiedenen Sprachen den Gott Schadrachs, Meschachs und Abed-Negos lästert, der soll in Stücke gehauen und sein Haus zu einem Schutthaufen gemacht werden. Denn es gibt keinen andern Gott als den, der so erretten kann.

Und der König gab Schadrach, Meschach und Abed-Nego große Macht im Lande Babel.

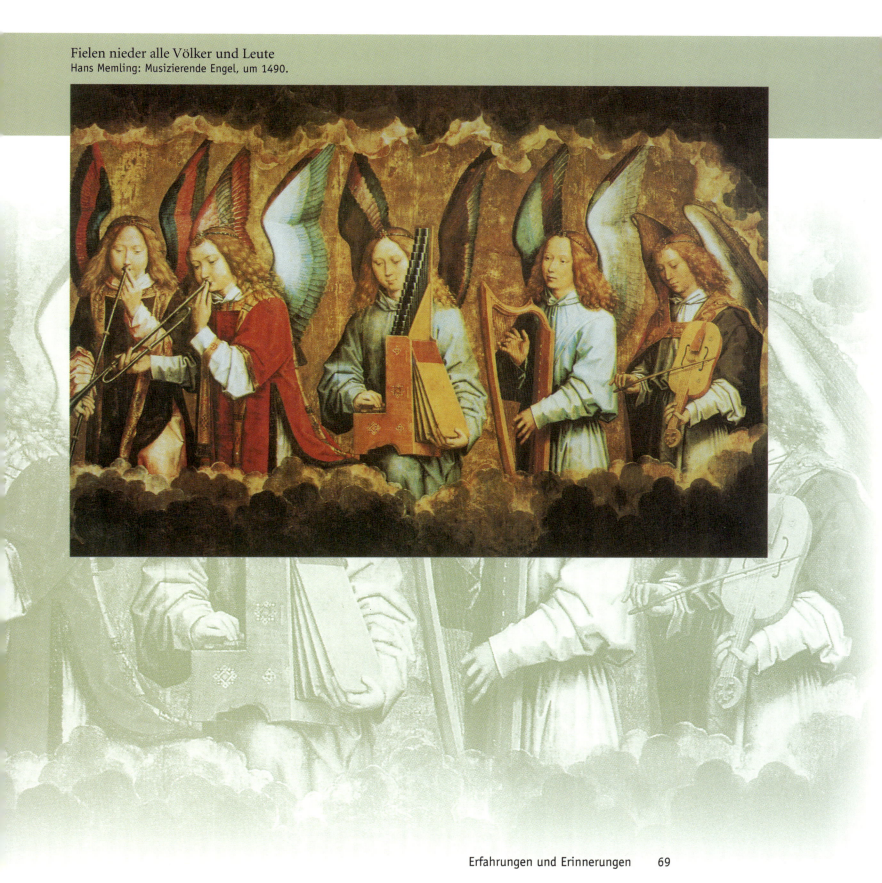

Fielen nieder alle Völker und Leute
Hans Memling: Musizierende Engel, um 1490.

Erfahrungen und Erinnerungen

Der Engel befreit Petrus aus dem Gefängnis

Apostelgeschichte 12,1-25

Um diese Zeit legte der König Herodes Hand an einige von der Gemeinde, sie zu misshandeln. Er tötete aber Jakobus, den Bruder des Johannes, mit dem Schwert.

Und als er sah, dass es den Juden gefiel, fuhr er fort und nahm auch Petrus gefangen. Es waren aber eben die Tage der Ungesäuerten Brote.

Als er ihn nun ergriffen hatte, warf er ihn ins Gefängnis und überantwortete ihn vier Wachen von je vier Soldaten, ihn zu bewachen. Denn er gedachte, ihn nach dem Fest vor das Volk zu stellen.

So wurde nun Petrus im Gefängnis festgehalten; aber die Gemeinde betete ohne Aufhören für ihn zu Gott.

Und in jener Nacht, als ihn Herodes vorführen lassen wollte, schlief Petrus zwischen zwei Soldaten, mit zwei Ketten gefesselt, und die Wachen vor der Tür bewachten das Gefängnis.

Und siehe, der Engel des Herrn kam herein, und Licht leuchtete auf in dem Raum; und er stieß Petrus in die Seite und weckte ihn und sprach: Steh schnell auf! Und die Ketten fielen ihm von seinen Händen.

Und der Engel sprach zu ihm: Gürte dich und zieh deine Schuhe an! Und er tat es. Und er sprach zu ihm: Wirf deinen Mantel um und folge mir!

Und er ging hinaus und folgte ihm und wusste nicht, dass ihm das wahrhaftig geschehe durch den Engel, sondern meinte, eine Erscheinung zu sehen.

Sie gingen aber durch die erste und zweite Wache und kamen zu dem eisernen Tor, das zur Stadt führt; das tat sich ihnen von selber auf. Und sie traten hinaus und gingen eine Straße weit, und alsbald verließ ihn der Engel.

Und als Petrus zu sich gekommen war, sprach er: Nun weiß ich wahrhaftig, dass der Herr seinen Engel gesandt und mich aus der Hand des Herodes errettet hat und von allem, was das jüdische Volk erwartete. Und als er sich besonnen hatte, ging er zum Haus Marias, der Mutter des Johannes mit dem Beinamen Markus, wo viele beieinander waren und beteten.

Als er aber an das Hoftor klopfte, kam eine Magd mit Namen Rhode, um zu hören, wer da wäre.

Und als sie die Stimme des Petrus erkannte, tat sie vor Freude das Tor nicht auf, lief hinein und verkündete, Petrus stünde vor dem Tor.

Sie aber sprachen zu ihr: Du bist von Sinnen. Doch sie bestand darauf, es wäre so. Da sprachen sie: Es ist sein Engel.

Petrus aber klopfte weiter an. Als sie nun aufmachten, sahen sie ihn und entsetzten sich.

Er aber winkte ihnen mit der Hand, dass sie schweigen sollten, und erzählte ihnen, wie ihn der Herr aus dem Gefängnis geführt hatte, und sprach: Verkündet dies dem Jakobus und den Brüdern. Dann ging er hinaus und zog an einen andern Ort. Als es aber Tag wurde, entstand eine nicht geringe Verwirrung unter den Soldaten, was wohl mit Petrus geschehen sei.

Als aber Herodes ihn holen lassen wollte und ihn nicht fand, verhörte er die Wachen und ließ sie abführen. Dann zog er von Judäa hinab nach Cäsarea und blieb dort eine Zeit lang.

Er war aber zornig auf die Einwohner von Tyrus und Sidon. Sie aber kamen einmütig zu ihm und überredeten Blastus, den Kämmerer des Königs, und baten um Frieden, weil ihr Land seine Nahrung aus dem Land des Königs bekam.

Und an einem festgesetzten Tag legte Herodes das königliche Gewand an, setzte sich auf den Thron und hielt eine Rede an sie.

Das Volk aber rief ihm zu: Das ist Gottes Stimme und nicht die eines Menschen!

Alsbald schlug ihn der Engel des Herrn, weil er Gott nicht die Ehre gab. Und von Würmern zerfressen, gab er den Geist auf.

Und das Wort Gottes wuchs und breitete sich aus.

Barnabas und Saulus aber kehrten zurück, nachdem sie in Jerusalem die Gabe überbracht hatten, und nahmen mit sich Johannes, der den Beinamen Markus hat.

Ein Engel – eine Erscheinung?
Hendrick Terbrugghen († 1629): Die Befreiung des Petrus.

2 Kinderwelten

Was Kinder über Engel denken

Engel dürfen nicht lügen, sonst kriegen sie Ärger mit dem Nikolaus.

Wenn Gewitter ist, und es donnert, dann sagt man ja auch, die Engel spielen im Weltraum Kegel.

Die Engel, die singen immer. Das sind welche, die haben Chorengel gelernt. Und der Ober-Chorengel hat es vom Weihnachtsmann beigebracht bekommen.

Es gibt manche Engel, die passen im Himmel auf, die sind von der Bibelpolizei. Die beschützen die Leute. Es gibt auch Schutzengel, wenn einer auf der Autobahn zu schnell fährt. Dann kann der Engel manchmal helfen, manchmal auch nicht.

Mit seinem Schutzengel reden kann man nur in Gedanken. Denn den Engel kann man nicht sehen, weil er unsichtbar ist. Aber es reicht schon, wenn man ganz viel an ihn denkt, dann versteht er einen schon.

Engel, das sind Kinder und Erwachsene. Denn ein Engel kann man werden, wenn man stirbt. Das ist dann nicht so traurig. Und es sterben ja auch Kinder und Erwachsene.

Die Engel sind unsterblich. Sie sehen immer jung aus und werden nicht alt wie wir.

Im Herbst, da kommen die Engel raus. Da gehen sie in die Stube, wo sie basteln können und sägen. Das machen sie dann bis zum Heiligen Abend. Danach ruhen sich die Engel das ganze Jahr aus.

Die Engel, die haben weiße Nachthemden an mit lauter Spitze. Und die haben goldene und silberne Flügel und goldene Haare.

Ich würde gern einmal wissen, was die Engel für Geschenke kriegen. Und dann kriegen die vielleicht selbst gar nichts. Denen müsste man auch mal was schicken. Aber vielleicht können die auch gar nichts kriegen, weil die unsichtbar sind. Und der Nikolaus kann ihnen im Himmel auch nichts geben, weil die Päckchen nämlich runterfallen würden.

Im Winter, wenn der Himmel rot ist, heißt es ja auch, die Englein im Himmel backen Kuchen.

Warum bin ich hier und nicht dort?
Aus dem Film von Wim Wenders »Der Himmel über Berlin«.

Der Engel Damiel spricht

Wim Wenders / Peter Handke

*Als das Kind Kind war,
war das die Zeit der folgenden Fragen:
Warum bin ich Ich und
warum nicht Du?
Warum bin ich hier und
warum
nicht dort?
Wann beginnt die Zeit
und wo endet der Raum?
Ist das Leben unter der Sonne
nicht bloß ein Traum?
Ist, was ich sehe und höre und rieche,
nicht bloß der Schein
einer Welt vor der Welt?
Gibt es tatsächlich das Böse
und Leute, die wirklich die Bösen sind?
Wie kann es sein, dass ich, der Ich bin,
bevor ich wurde, nicht war
und dass einmal ich,
der Ich bin, nicht mehr der,
der Ich bin, sein werde.*

Das Engelgespräch

Ernst Heimeran

Im Wohnzimmer zur Adventszeit

VATER (eintretend): Da steckst du? Eigentlich sollst du ja schlafen. Das ganze Haus hält Mittagsschlaf; nur Nele, die Allerjüngste, gibt keine Ruhe.

NELE: Und Dati, der Alleräleste, auch nicht.

VATER: Weil du ihn nicht lässt, du freche Kröte. Will ich mich in meinen Lehnstuhl setzen, will ein bisschen schlafen, wer sitzt bereits darin? Fräulein Nele!

NELE: Gell, genau wie im buckligen Männlein: Will ich in mein' Lehnstuhl gehn, will ein bisschen schlafen, sitzt bereits die Nele drin, fängt gleich an zu … fängt gleich an zu … zu was, Dati?

VATER: Zu wafen.

NELE: Was ist denn das Komisches, wafen?

VATER: Schwätzen. So sagt man für schwätzen, wo ich her bin.

NELE: Du bist doch nicht her, Dati, du bist doch da! Komm nur da her, wir haben schon miteinander Platz, wir zwei, zum Vorlesen.

VATER: So, zum Vorlesen. Was kommt denn heut dran? Schon wieder Busch?

NELE: Der ist halt so beschaulich, mit den vielen Bildern.

VATER: Meinetwegen. Aber erst putz dir mal die Nase. Du schnorgelst wieder entsetzlich.

NELE: Das ist nicht die Nase. Der Schlamm sitzt hinten im Mund.

VATER: Weil du dich eben nie richtig mit dem Taschentuch schnäuzt.

NELE: Mit dem Taschentuch geht's nicht. Mir ist doch gar nicht schnäuzerisch, nur bobelig, weißt du, so mit dem Finger, als ich noch klein war.

VATER: Das brauchst du mir gar nicht erst vorzuführen.

NELE: War ich sehr klein, als ich noch klein war?

VATER: Ja, aber jetzt bist du groß genug zum Schnäuzen. Du hast wohl einfach kein Taschentuch?

NELE: Eventuell schon. Aber ich bring's nicht heraus. Zieh mal!

VATER: Wenn du auch wunder was alles in die Tasche stopfst. Was ist denn das Scheußliches?

NELE: Nichts Scheußliches, Dati, was Gutes. Eine saure Gurke. Hab ich mir heut beim Essen aufgehoben.

VATER: Na hör mal, seit wann wickelt man Essen ins Taschentuch? Und noch dazu saures, das macht doch den Stoff kaputt.

NELE: Ich hab doch bloß gemeint, das wird Saurerstoff. Wird das keiner?

VATER: Wo hast du denn das aufgeschnappt, mit dem Sauerstoff?

NELE: Ach, halt vom Till. Unten im Teich, da ist nämlich viel Saurerstoff drin! Sonst können die Frösche nicht leben.

VATER: Die leben auch in der Luft.

NELE: Ja, in der Luft ist auch Saurerstoff. Überall ist Saurerstoff, und man sieht ihn gar nicht. Aber wenn er nicht da ist, dann muss man husten.

VATER: Na husten – es bleibt einem halt die Puste weg.

NELE: Die Spucke auch?

VATER: Natürlich. Man kann einfach nicht mehr atmen.

NELE: Der Till hat oft keinen Saurenstoff. Dem Till bleibt oft die Spucke weg.

VATER: Der sagt nur so. Buben sagen das. Mädchen sagen das besser nicht. Das ist nicht fein.

NELE: Warum ist Spucke nicht fein, Dati?

VATER: Findest du vielleicht, dass Spucke fein ist?
(Räuspert sich demonstrativ)

NELE: Aber Puste ist fein. Das darf man sagen. Da ist Sauerstoff drin. Wo Sauerstoff drin ist, das ist fein.

VATER: Jedenfalls kann ohne Sauerstoff nichts leben, Du nicht, ich nicht, kein Tier, keine Pflanze, nichts. Nicht mal die Kerzen im Kranz da können brennen und kein Feuer im Ofen. Deshalb kann auf sehr hohen Bergen nichts mehr wachsen, und die Flieger müssen Sauerstoff mitnehmen, wenn sie sehr hoch fliegen; denn je höher es geht, desto weniger Sauerstoff ist in der Luft.

NELE: Und ganz oben im Himmel? Da ist gar kein Sauerstoff mehr? Aber Dati, dann können die Engel ja nicht leben!

VATER: Doch, doch, die Engel leben trotzdem, nur anders als wir.

NELE: Ohne Sauerstoff?

VATER: Ich glaube.

NELE: Gar kein bisschen Sauerstoff im ganzen Himmel? Warum macht denn der liebe Gott keinen Sauerstoff?

VATER: Weil er's nicht braucht. Er muss ja auch nicht essen, nicht trinken und nicht schlafen, das weißt du doch selber, und ist doch immer und überall.

NELE: Aber die Engel, Dati, wenn die jetzt auf die Erde herunterfliegen, da ist doch Sauerstoff, können sie denn da leben?

VATER: Freilich, die Engel leben im Himmel wie auf Erden.

NELE: Wie die Frösche vielleicht, im Wasser und in der Luft? Und wenn die Frösche Engel werden, Engelsfrösche, dann können sie's schon, gelt? Aber wenn du einmal ein Engelchen wirst, Dati, ein kolossal großes Engelchen, ein richtiger Engelsmann, dann musst du's erst lernen ohne Sauerstoff? Du lernst es schon, Dati, du wirst es schon lernen! (Zärtliche Umarmung) Hast du schon mal ein Engelsfröschle gesehen?

VATER: Nein.

NELE: Aber einen Engel, einen gewöhnlichen, ohne Sauerstoff?

VATER: Leider auch nicht, mein Kind. Man kann sie nicht sehen.

NELE: Aber hören kann man sie! Ich hab mal einen vorbeifliegen hören. Es war so finster, so finster – nur die Finsternis rauschte vorbei. Das war er, Dati, bestimmt. Aber du hast doch das Christkind gesehen, Dati. Ist das denn kein Engel?

VATER: Gewissermaßen schon.

NELE: Und den Geburtstagsengel? Und den Gutenachtengel? Und den Schutzengel? Wenn ich rasch hinter mich lange, erwisch ich manchmal so was Warmes. Weißt, so wie im Bett, wenn ich neben der Mammi schlafe. Dann lange ich im Finstern ganz heimlich hinüber, und husch, so warm, dann weiß ich: sie ist da. So ist das mit dem Schutzengel. (Pause) Dati ...

VATER: Was denn, Nelkele?

NELE: Haben die Teufel auch Sauerstoff?

VATER: Damit sie recht gut pusten können, meinst du?

NELE: Ja. Und da braucht ihnen der liebe Gott nur einfach den Sauerstoff abdrehen – schwupps, sitzen sie da, und es bleibt ihnen die Spucke weg! Entschuldige: die Puste, mein ich. Das wär fein!

Der Engel mit der Fahne – Eine Simchat-Thora-Erinnerung

Schalom Ben-Chorin

Ein altes jüdisches Sprichwort sagt, dass man erst dann weiß, ob man einem Engel ins Gesicht gesehen hat, wenn er wieder gegangen ist.

Von einer solchen Begegnung mit einem Malach (Engel) habe ich zu berichten, und es war kein gewöhnlicher Engel, sondern ein ganz besonderer: ein Engel mit einer Fahne.

Ja, das liegt nun über zwanzig Jahre zurück, und mein Sohn war damals noch ein kleiner Junge, der sich im Kindergarten spielend und bastelnd auf die Schule vorbereitete. Das Sukkoth-Fest ging seinem Ende entgegen, und der kleine Tovia hatte zur Ausschmückung seiner Sukka entsprechend durch bunte Ketten und allerlei Klebearbeiten beigetragen. Nun winkte als Belohnung eine schöne Fahne zu Simchat-Thora.

Es gab damals vielleicht noch nicht ganz so prächtige Fahnen, wie sie jetzt hergestellt werden; das Staatswappen Israels war noch nicht geboren, aber immerhin gab es Fahnen, auf denen Moses und Aaron abgebildet waren: der eine mit den Gesetzestafeln, der andere mit dem blühenden Stab seiner Priesterwürde. Die unsterblichen Amram-Söhne flankierten eine Heilige Lade, die man öffnen konnte, und dann fand sich in dieser Nische eine prächtige Thora-Rolle, und fromme Sprüche waren ringsumher angebracht, auch ein Adler und Löwe fehlten nicht – es war eine Pracht.

Es gab auch billigere Fahnen, die nur mit Sprüchen und Emblemen geschmückt waren. Wir aber hatten uns bereits für eine erstklassige Fahne mit zu öffnender Lade entschlossen. Es war von mir versprochen – aber der Ankauf des Prunkstückes sollte aus pädagogischen Gründen noch verschoben werden, war ich doch sicher, dass der Junge sonst die Fahne bis zum Augenblick des feierlichen Umzuges in der Synagoge längst verdorben haben würde.

Hoschana-Rabba-Tag, und ich hatte noch keine Fahne gekauft! Der Vormittag verging mit allerlei geschäftlichen Erledigungen, und so vergaß ich im Drange solcher Obliegenheiten die Fahne. Als wir mittags zum letzten Male in der Sukka saßen, fragte der Junge erwartungsvoll nach der Fahne, und da fiel es mir ein, dass sie noch nicht besorgt war. Wo aber wäre der Vater, der den Mut hätte, einem Fünfjährigen zu antworten: »Ach, die Fahne habe ich ganz vergessen – wir werden schon noch eine bekommen!« Ich sagte es nicht. Ich gab mir den Anschein der treusorgenden Zuverlässigkeit und bemerkte: »Heute Abend wirst du deine Fahne haben – eine sehr schöne Fahne.« Und dann legte ich mich nieder zu einem kurzen Nachmittags-Schläfchen.

Aber der Satan, der es nicht gern sieht, dass die Kinder Israels mit ihren herrlichen Fahnen zu Ehren der heiligen Thora umherziehen und so das Banner des Gesetzes hochhalten, ließ mich glatt verschlafen. Als ich erwachte, senkte sich der Abend schon über die ewige Stadt Jerusalem. Ich warf mich rasch in meinen Feiertagsanzug, nahm das Gebetbuch in die eine und meinen kleinen Jungen an die andere Hand, steckte auch noch ein paar Piaster für die Fahne ein, und weg waren wir. »Abba, epho Hadegel?«, (Vater, wo ist die Fahne?) fragte mich mein Sohn und sah aus erwartungsvollen Augen zu mir auf. Es war mir ausgesprochen peinlich, aber ich wahrte meine Würde und bemerkte nur: »Die Fahne habe ich dir versprochen und du wirst sie heute Abend haben.«

Und wir gingen. Ausgestorben waren bereits die Straßen und verödet lagen die Verkaufsbuden von Machane-Jehuda, und ich rezitierte traurig den ›Kalliope‹ genannten Gesang aus ›Hermann und Dorothea‹, der so sinnvoll-bezüglich ›Schicksal und Anteil‹ überschrieben ist: »Hab ich den Markt und die Straßen doch nie so einsam gesehen! Ist doch die Stadt wie gekehrt, wie ausgestorben!«

Diese Hexameter umrissen genau die Situation. Und, ja – Schicksal und Anteil, auch sie waren hier tragisch gegeben: Das Schicksal zog sich drohend über meinem Jungen zusammen – nirgends war eine Fahne zu sehen und meines Anteils daran durfte er sicher sein.

»Abba, epho Hadegel?«, mahnte eine piepsende, schon etwas mit den Tränen kämpfende Stimme. »Du bekommst die Fahne, eine sehr schöne sogar«, murmelte ich, und es war mir nicht sehr wohl zumute.

Die Geschäfte, in denen es heute den ganzen Tag über Fahnen in allen Farben und Preislagen gegeben hatte, waren geschlossen und sogar die kleinen Jemeniten-Jungen, die als fliegende Fahnenjunker ihre Ware auf der Straße verkauft hatten, waren verschwunden.

Aber andere Kinder gingen an der Hand ihrer Eltern an uns vorüber und sie trugen ih-

Young girl and her guardian angel
Charles Maurin (1856-1949).

Kinderwelten 77

re Fähnchen stolz vor sich her. Mir wurde recht unangenehm zumute, wenn ich den begehrlichen Blick meines Söhnchens sah, mit dem er nach den Fahnen der anderen blickte.

Da kam ein hellblondes kleines Mädchen auf uns zu und schwenkte ein besonders prächtiges Exemplar von Fahne siegessicher im strahlenden Herbstnachmittag. »Abba, bekomme ich auch so eine Fahne?«, fragte Tovia, und ich schluckte ein unverbindliches Ja hinunter.

Und dann erstrahlten vor uns die Lichter der Synagoge. Zögernd trat ich ein! Festlich wogte die Menge, und, da der Gottesdienst noch nicht begonnen hatte, schnatterten die Kinder wie eine Schar junger Entlein.

Alle Kinder hatten Fahnen, und was für herrliche. Einige Vorzugsschüler hatten sogar Äpfel auf der Spitze ihrer Wimpel aufgespießt und obenauf gar noch eine Kerze. Andere zeigten jene bereits von uns – im Prinzip – erwählte Flagge, mit Moses, Aaron, der Bundeslade, Adler und Löwe, und weniger wohlhabende Kinder hatten immerhin Fähnchen mit weißer und blauer Farbe und dem Stern Davids darauf. Nur mein Sohn war ganz und gar ohne Fahne und seine großen verwunderten Augen füllten sich mit Tränen, und er sah mich mit einem Blick abgrundtiefer Enttäuschung an.

Wie machtvoll ist doch das Wort eines Vaters, aufgenommen von einem Fünfjährigen; und nun sollte es trügen! Die Fahne war versprochen und das Versprechen gebrochen!

Sagt nicht: Ach, es ist doch nur eine Papierfahne, die fünf Piaster kostete. Sagt das nur nicht. Es war die Fahne des Vertrauens und der Liebe, die die kleinen patschigen Bubenhände nicht hochhalten durften. Mir war nicht minder weh zumute als einem Fähnrich, dem die Fahne seines Regimentes entrissen worden ist. Ich stand als ein Lügner und Versager vor meinem Kind – und die Fahnen der anderen Kinder erhoben sich gegen mich, wie etwas Feindliches, dem ich nicht wehren konnte.

Verzweifelt blickte ich um mich. Eine Fahne, dachte ich, ein Königreich für eine Simchat-Thora-Fahne. Und im Herzen betete ich, es möchte doch ein Engel mit einer Fahne kommen und meinem, nun bereits bitterlich weinenden Kind eine Fahne geben, irgendeine, nur dass es nicht mit leeren Händen dastehen sollte.

Und ich erhob meine Augen und siehe: Da stand ein freundlich lächelnder Herr und hatte ein kleines Mädchen an der Hand und zwei, jawohl, zwei Fahnen bei sich.

Es war der Würde des Ortes nicht ganz angemessen, aber ich sprang geradezu auf den Mann los und stammelte verlegen: »Ach, entschuldigen Sie, ich sehe, Sie haben zwei Fahnen. Könnten Sie mir nicht eine für meinen Jungen überlassen?« Der Mann blickte ein wenig verwundert auf mich, dann reichte er mir die Fahne und meinte: »Bitte, ich hatte noch ein zweites Kind mitnehmen wollen, aber es hat sich den Magen verdorben und konnte nicht kommen.«

Ich hielt die Fahne in meiner leicht zitternden Hand! Es war die Fahne mit Moses und Aaron, mit der Lade und dem Adler und dem Löwen! Ich reichte die Fahne meinem Jungen, der sie freudestrahlend entgegennahm und sich nun, ein Gleicher unter Gleichen, den anderen Kindern zugesellte.

»Es ist noch nicht Nacht«, sagte ich zögernd, »darf ich Ihnen die Fahne bezahlen?« – »Nein, danke!«, sagte der Fremde. »Geben Sie es in irgendeine Büchse.«

Und schon begann der Kantor das große, feierliche ›Barechu‹, und die Großen beugten sich vor Gott, und die Kleinen winkten ihrem Vater im Himmel mit ihren Fähnchen, und ich – ich dankte dem Himmel für eine Fahne, die fünf Piaster kostete, aber mir in diesem Augenblick wertvoller war als ein Banner aus Seide und Brokat.

Dann aber zogen die Kinder hinter den Thora-Rollen her und schwenkten ihre Fahnen im Takt der frohen Lieder – und mein Kind zog mit und zeigte mir seine Fahne, stolz und beglückt.

Den alten Herrn habe ich nie mehr getroffen. Ich bin sicher, dass er gar kein alter Herr war, sondern ein »Malach«, ein Engel mit einer Kinderfahne.

Engel der Werbung.

Stimme des Kindes

Nikolaus Lenau

Ein schlafend Kind! o still! in diesen Zügen
Könnt ihr das Paradies zurückbeschwören;
Es lächelt süß, als lauscht' es Engelschören,
Den Mund umsäuselt himmlisches Vergnügen.

O schweige Welt, mit deinen lauten Lügen,
Die Wahrheit dieses Traumes nicht zu stören!
Lass mich das Kind im Traume sprechen hören,
Und mich, vergessend, in die Unschuld fügen!

Das Kind, nicht ahnend mein bewegtes Lauschen,
Mit dunklen Lauten hat mein Herz gesegnet,
Mehr als im stillen Wald des Baumes Rauschen;

Ein tiefres Heimweh hat mich überfallen,
Als wenn es auf die stille Heide regnet,
Wenn im Gebirg die fernen Glocken hallen.

3 Schutzengel in der Bibel

Wer unter dem Schirm des Höchsten sitzt
Psalm 91

Wer unter dem Schirm des Höchsten sitzt und unter dem Schatten des Allmächtigen bleibt, der spricht zu dem HERRN: Meine Zuversicht und meine Burg, mein Gott, auf den ich hoffe.
Denn er errettet dich vom Strick des Jägers und von der verderblichen Pest.
Er wird dich mit seinen Fittichen decken, und Zuflucht wirst du haben unter seinen Flügeln. Seine Wahrheit ist Schirm und Schild, dass du nicht erschrecken musst vor dem Grauen der Nacht, vor den Pfeilen, die des Tages fliegen,
vor der Pest, die im Finstern schleicht, vor der Seuche, die am Mittag Verderben bringt,
Wenn auch tausend fallen zu deiner Seite und zehntausend zu deiner Rechten, so wird es doch dich nicht treffen.
Ja, du wirst es mit eigenen Augen sehen und schauen, wie den Gottlosen vergolten wird.
Denn der HERR ist deine Zuversicht, der Höchste ist deine Zuflucht.
Es wird dir kein Übel begegnen, und keine Plage wird sich deinem Hause nahen.
Denn er hat seinen Engeln befohlen, dass sie dich behüten auf allen deinen Wegen, dass sie dich auf den Händen tragen und du deinen Fuß nicht an einen Stein stoßest. [...]
»Er liebt mich, darum will ich ihn erretten; er kennt meinen Namen, darum will ich ihn schützen.
Er ruft mich an, darum will ich ihn erhören; ich bin bei ihm in der Not, ich will ihn herausreißen und zu Ehren bringen.«

Ich bin bei ihm in der Not
Rembrandt: Die Opferung Isaaks, 1635.

Dritter Chor der Engel: Welt des Kindes

Jesu Schutzengel

Aus Matthäus 1-4

Die Geburt Jesu Christi geschah aber so: Als Maria, seine Mutter, dem Josef vertraut war, fand es sich, ehe er sie heimholte, dass sie schwanger war von dem heiligen Geist.

Josef aber, ihr Mann, war fromm und wollte sie nicht in Schande bringen, gedachte aber, sie heimlich zu verlassen.

Als er das noch bedachte, siehe, da erschien ihm der Engel des Herrn im Traum und sprach: Josef, du Sohn Davids, fürchte dich nicht, Maria, deine Frau, zu dir zu nehmen; denn was sie empfangen hat, das ist von dem heiligen Geist.

Und sie wird einen Sohn gebären, dem sollst du den Namen Jesus geben, denn er wird sein Volk retten von ihren Sünden.

Das ist aber alles geschehen, damit erfüllt würde, was der Herr durch den Propheten gesagt hat, der da spricht (Jesaja 7,14):

»Siehe, eine Jungfrau wird schwanger sein und einen Sohn gebären, und sie werden ihm den Namen Immanuel geben«, das heißt übersetzt: Gott mit uns. Als nun Josef vom Schlaf erwachte, tat er, wie ihm der Engel des Herrn befohlen hatte, und nahm seine Frau zu sich.

Und er berührte sie nicht, bis sie einen Sohn gebar; und er gab ihm den Namen Jesus.

Als Jesus geboren war in Bethlehem in Judäa zur Zeit des Königs Herodes, siehe, da kamen Weise aus dem Morgenland nach Jerusalem und sprachen:

Wo ist der neugeborene König der Juden? Wir haben seinen Stern gesehen im Morgenland und sind gekommen, ihn anzubeten.

Als das der König Herodes hörte, erschrak er und mit ihm ganz Jerusalem, und er ließ zusammenkommen alle Hohenpriester und Schriftgelehrten des Volkes und erforschte von ihnen, wo der Christus geboren werden sollte.

Und sie sagten ihm: In Bethlehem in Judäa; denn so steht geschrieben durch den Propheten (Micha 5,1): Und du, Bethlehem im jüdischen Lande, bist keineswegs die kleinste unter den Städten in Juda; denn aus dir wird kommen der Fürst, der mein Volk Israel weiden soll.«

Da rief Herodes die Weisen heimlich zu sich und erkundete genau von ihnen, wann der Stern erschienen wäre, und schickte sie nach Bethlehem und sprach: Zieht hin und forscht fleißig nach dem Kindlein; und wenn ihr's findet, so sagt mir's wieder, dass auch ich komme und es anbete.

Als sie nun den König gehört hatten, zogen sie hin. Und siehe, der Stern, den sie im Morgenland gesehen hatten, ging vor ihnen her, bis er über dem Ort stand, wo das Kindlein war.

Als sie den Stern sahen, wurden sie hoch erfreut und gingen in das Haus und fanden das Kindlein mit Maria, seiner Mutter, und fielen nieder und beteten es an und taten ihre Schätze auf und schenkten ihm Gold, Weihrauch und Myrre.

Und Gott befahl ihnen im Traum, nicht wieder zu Herodes zurückzukehren; und sie zogen auf einem andern Weg wieder in ihr Land.

Als sie aber hinweggezogen waren, siehe, da erschien der Engel des Herrn dem Josef im Traum und sprach: Steh auf, nimm das Kindlein und seine Mutter mit dir und flieh nach Ägypten und bleib dort, bis ich dir's sage; denn Herodes hat vor, das Kindlein zu suchen, um es umzubringen.

Da stand er auf und nahm das Kindlein

Schutzengel in der Bibel

Da traten Engel zu ihm
Duccio di Bouninsegna: Versuchung Christi auf dem Berg, um 1310.

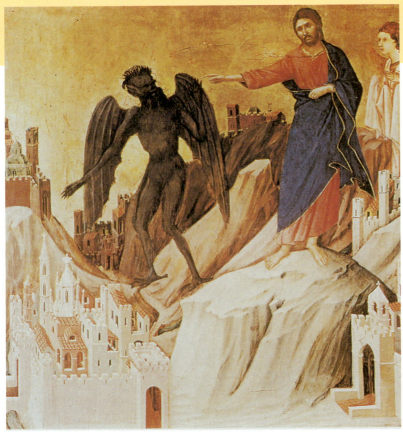

und seine Mutter mit sich bei Nacht und entwich nach Ägypten und blieb dort bis nach dem Tod des Herodes, damit erfüllt würde, was der Herr durch den Propheten gesagt hat, der da spricht (Hosea, 11,1): »Aus Ägypten habe ich meinen Sohn gerufen.«

Als Herodes nun sah, dass er von den Weisen betrogen war, wurde er sehr zornig und schickte aus und ließ alle Kinder in Bethlehem töten und in der ganzen Gegend, die zweijährig und darunter waren, nach der Zeit, die er von den Weisen genau erkundet hatte. Da wurde erfüllt, was gesagt ist durch den Propheten Jeremia, der da spricht (Jeremia 31,15): »In Rama hat man ein Geschrei gehört, viel Weinen und Wehklagen; Rahel beweinte ihre Kinder und wollte sich nicht trösten lassen, denn es war aus mit ihnen.«
Als aber Herodes gestorben war, siehe, da erschien der Engel des Herrn dem Josef im Traum in Ägypten und sprach: Steh auf, nimm das Kindlein und seine Mutter mit dir und zieh hin in das Land Israel; sie sind gestorben, die dem Kindlein nach dem Leben getrachtet haben.
Da stand er auf und nahm das Kindlein und seine Mutter mit sich und kam in das Land Israel. Als er aber hörte, dass Archelaus in Judäa König war anstatt seines Vaters Herodes, fürchtete er sich, dorthin zu gehen. Und im Traum empfing er Befehl von Gott und zog ins galiläische Land und kam und wohnte in einer Stadt mit Namen Nazareth, damit erfüllt würde, was gesagt ist durch die Propheten: Er soll Nazoräer heißen.

Da wurde Jesus vom Geist in die Wüste geführt, damit er von dem Teufel versucht würde. Und da er vierzig Tage und vierzig Nächte gefastet hatte, hungerte ihn.
Und der Versucher trat zu ihm und sprach: Bist du Gottes Sohn, so sprich, dass diese Steine Brot werden.
Er aber antwortete und sprach: Es steht geschrieben (5 Mose 8,3): »Der Mensch lebt nicht vom Brot allein, sondern von einem jeden Wort, das aus dem Mund Gottes geht.«
Da führte ihn der Teufel mit sich in die heilige Stadt und stellte ihn auf die Zinne des Tempels und sprach zu ihm: Bist du Gottes Sohn, so wirf dich hinab; denn es steht geschrieben (Psalm 91,11.12): »Er wird seinen Engeln deinetwegen Befehl geben; und sie werden dich auf den Händen tragen, damit du deinen Fuß nicht an einen Stein stößt.«
Da sprach Jesus zu ihm: Wiederum steht auch geschrieben (5 Mose 6,16): »Du sollst den Herrn, deinen Gott, nicht versuchen.«
Darauf führte ihn der Teufel mit sich auf einen sehr hohen Berg und zeigte ihm alle Reiche der Welt und ihre Herrlichkeit und sprach zu ihm: Das alles will ich dir geben, wenn du niederfällst und mich anbetest.
Da sprach Jesus zu ihm: Weg mit dir, Satan! denn es steht geschrieben (5 Mose 6,13): »Du sollst anbeten den Herrn, deinen Gott, und ihm allein dienen.«
Da verließ ihn der Teufel. Und siehe, da traten Engel zu ihm und dienten ihm.

Ihre Engel im Himmel schauen Gott
Andachtsbilder aus Irland, um 1950.

Die Engel der Kinder

Matthäus 18,1-10

Zu derselben Stunde traten die Jünger zu Jesus und fragten: Wer ist doch der Größte im Himmelreich?

Jesus rief ein Kind zu sich und stellte es mitten unter sie und sprach: Wahrlich, ich sage euch: Wenn ihr nicht umkehrt und werdet wie die Kinder, so werdet ihr nicht ins Himmelreich kommen.

Wer nun sich selbst erniedrigt und wird wie dies Kind, der ist der Größte im Himmelreich.

Und wer ein solches Kind aufnimmt in meinem Namen, der nimmt mich auf.

Wer aber einen dieser Kleinen, die an mich glauben, zum Abfall verführt, für den wäre es besser, dass ein Mühlstein an seinen Hals gehängt und er ersäuft würde im Meer, wo es am tiefsten ist.

Weh der Welt der Verführungen wegen! Es müssen ja Verführungen kommen; doch weh dem Menschen, der zum Abfall verführt!

Wenn aber deine Hand oder dein Fuß dich zum Abfall verführt, so hau sie ab und wirf sie von dir. Es ist besser für dich, dass du lahm oder verkrüppelt zum Leben eingehst, als dass du zwei Hände oder zwei Füße hast und wirst in das ewige Feuer geworfen.

Und wenn dich dein Auge zum Abfall verführt, reiß es aus und wirf's von dir. Es ist besser für dich, dass du einäugig zum Leben eingehst, als dass du zwei Augen hast und wirst in das höllische Feuer geworfen.

Seht zu, dass ihr nicht einen von diesen Kleinen verachtet. Denn ich sage euch: Ihre Engel im Himmel sehen allezeit das Angesicht meines Vaters im Himmel.

Schutzengel in der Bibel

Vierter Chor der Engel: Verwandlungen

Abschied, Schmerz und große Fahrten

*Viel zu fern für Nächstenliebe
sind die Nachbarn, Brüder,
Slawen, Engel fürchten zu verderben,
flögen sie hin. Menschen sterben.*

Joseph Brodsky

»Himmelhochjauchzend – zu Tode betrübt«, eine Achterbahn der Gefühle ist die Jugendzeit. Es gilt, Abschied zu nehmen von der Kindheit und von Illusionen. So wandelt sich die Gestalt des allmächtigen Schutzengels. Nicht nur vom Erwachsenwerden ist die Rede, sondern generell von Lebensphasen im Übergang und Warten auf bessere Zeiten.

Im vierten Chor der Engel erklingen Lieder von Abschied und Aufbruch zu phantastischen Fahrten. Eigenes Leiden spiegelt sich in der Gestalt von Engeln mit gebrochenen Flügeln, von getriebenen Geistern, die selbst Hilfe brauchen. Engel unterwegs als Tramper. Sie schlucken Rum und LSD, Engel als unerkannte Wegbegleiter durch das Land der Pubertät, ohnmächtige Engel in New York und Bosnien.

1 Ende des Kinderhimmels

Kindheit I

Rose Ausländer

*Vor vielen Geburtstagen
als unsre Eltern
den Engeln erlaubten
in unsern Kinderbetten zu schlafen –
ja meine Lieben
da ging es uns gut*

*In jedem Winkel
war ein Wunder untergebracht:
Heinzelwald Berg aus Marzipan
Fächer in dem der Himmel
gefaltet lag*

*Ja meine Lieben
da hatten wir viele Freunde
Begüterte wir konnten's uns leisten
einen Stern zu verschenken
eine Insel
sogar einen Engel*

*Vor vielen Geburtstagen
als die Erde noch rund war
(nicht eckig wie jetzt)
liefen wir um sie herum
auf Rollschuhen
in einem Schwung
ohne Atem zu schöpfen*

*Ja meine Lieben
im Eswareinmalheim
da ging es uns gut
Die Eltern flogen mit uns
in den bestirnten Fächer
kauften uns Karten ins Knusperland
und spornten uns an
die Welt zu verschenken*

Engelruf
Pierre Georges Pouthiér

Um seinen Mund die Hände
ruft der Engel ruft

Wie oft grünten die Bäume
bis ich sein erstes Wort vernahm?
Wie lang umdunkelte mich Bitternis
bis ich verstand: Es lautet LIEBE

Der Engel ruft und ruft durch jede Nacht
Was ich verstehe ist so kläglich nur
so zaghaft auch der kleinste Schritt

Ich geh mit nacktem Herzen
Engel, bin nur Frage, Wunde
weiß kaum woher, wohin
Ich bitte: Bleib mit deinem Rufen, bleib

Dein Wort allein gibt Zuversicht

Ein Häufchen Unglück
Marie Luise Kaschnitz

Und was ist über den Sternen?, fragte ich, als der Lehrer seine ganz unprogrammäßige Himmelskunde schon abgeschlossen hatte und nach dem Rechenbuch griff. Da sind, sagte er etwas ungeduldig, auch noch Sterne, ganze Sternsysteme, Sternnebel, das versteht ihr noch nicht …

Und darüber?, fragte ich zitternd. Darüber ist nichts, sagte der Lehrer, nur eben der Weltraum, also nichts. Bei diesen Worten sah er mich böse an, er machte auch eine Bewegung mit der Hand, vielleicht tat er das ganz bewußt, und es war ihm auch bewußt, was er da wegfegte, nämlich einen ganzen Kinderhimmel, ein dickes Wolkenpodest, auf dem die heilige Dreifaltigkeit, die Engel und die Heiligen saßen. Wir rechnen jetzt, sagte er, du kannst anfangen, und ich nahm mich zusammen, obwohl da eigentlich gar nichts mehr zusammenzunehmen war, ein Häufchen Unglück, Staub …

Gott ist Geist, und einmal muß jedes Kind das erfahren. Ich habe aber noch niemanden getroffen, für den diese Erfahrung eine ähnliche Katastrophe gewesen ist, jedenfalls niemanden, der davon gesprochen hätte.

Meine Mutter

Else Lasker-Schüler

*War sie der große Engel,
Der neben mir ging?*

*Oder liegt meine Mutter begraben
Unter dem Himmel von Rauch –
Nie blüht es blau über ihrem Tode.*

*Wenn meine Augen doch hell schienen
Und ihr Licht brächten.*

*Wäre mein Lächeln nicht versunken im
Antlitz,
Ich würde es über ihr Grab hängen.*

*Aber ich weiß einen Stern,
Auf dem immer Tag ist;
Den will ich über ihre Erde tragen.*

*Ich werde jetzt immer ganz allein sein
Wie der große Engel,
Der neben mir ging.*

Gebet

Else Lasker-Schüler

*Ich suche allerlanden eine Stadt,
Die einen Engel vor der Pforte hat.
Ich trage seinen großen Flügel,
Gebrochen schwer am Schulterblatt,
Und in der Stirne seinen Stern als Siegel.*

*Und wandle immer in die Nacht …
Ich habe Liebe in die Welt gebracht –
Dass blau zu blühen jedes Herz vermag,
Und hab ein Leben müde mich gewacht,
In Gott gehüllt den dunklen Atemschlag.*

*O Gott, schließ um mich deinen Mantel
fest;
Ich weiß, ich bin im Kugelglas der Rest,
Und wenn der letzte Mensch die Welt vergisst,
Du mich nicht wieder aus der Allmacht
lässt
Und sich ein neuer Erdball um mich
schließt.*

Ich will euch helfen, wartet!
Arnulf Rainer: Ohne Titel, 1992.

Schwebend auf Weltenbahnen

Rose Ausländer

Schwebend
auf Weltenbahnen
Wartend
auf ein Wunderwort

Schweigen

Ich bleib
stumm

Engel
warum
hilfst du nicht

Ende des Kinderhimmels

Lead, kindly light

John Henry Kardinal Newman

Lead, kindly Light, amid the encircling gloom,
Lead thou me on;
The night is dark, and I am far from home,
Lead thou me on.
Keep thou my feet; I do not ask to see
The distant scene; one step enough for me.

I was not ever thus, nor prayed that thou
Shouldst lead me on;
I love to choose and see my path; but now
Lead thou me on.
I loved the garish day, and, spite of fears,
Pride ruled my will: remember not past years.

So long thy power hath blest me, sure it still
Will lead me on
O'er moor and fen, o'er crag and torrent, till
The night is gone,
And with the morn those angel faces smile,
Which I have loved long since, and lost awhile.

Führ, liebes Licht

John Henry Kardinal Newman

Führ, liebes Licht, im Ring der Dunkelheit,
Führ du mich an:
Die Nacht ist tief, noch ist die Heimat weit,
Führ du mich an!
Behüte du den Fuß: Der fernen Bilder Zug
Begehr ich nicht zu sehn – ein Schritt ist mir genug.

Ich war nicht immer so, hab nicht gewusst
Zu bitten: du führ an!
Den Weg zu schaun, zu wählen war mir Lust –
Doch nun: Führ du mich an!
Den grellen Tag hab ich geliebt, und manches Jahr

Regierte Stolz mein Herz trotz Furcht:
Vergiss, was war.
So lang gesegnet hat mich deine Macht, gewiss
Führst du mich weiter an
Durch Moor und Sumpf, durch Fels und Sturzbach bis
Die Nacht verrann
und morgendlich der Engel Lächeln glänzt am Tor,
Die ich seit je geliebt, und unterwegs verlor.

(Deutsch von Ida Friederike Görres)

Ein Sturm weht vom Paradiese her

Walter Benjamin

Der Engel, Ursprung und Ziel
Paul Klee: Engel, noch tastend, 1939, 1193 (MN13).

Mein Flügel ist zum Schwung bereit,
ich kehre gern zurück,
denn blieb ich auch lebendige Zeit,
ich hätte wenig Glück.
Gerhard Scholem: Gruß vom Angelus

Es gibt ein Bild von Klee, das Angelus Novus heißt. Ein Engel ist darauf dargestellt, der aussieht, als wäre er im Begriff, sich von etwas zu entfernen, worauf er starrt. Seine Augen sind aufgerissen, sein Mund steht offen, und seine Flügel sind ausgespannt. Der Engel der Geschichte muss so aussehen. Er hat das Antlitz der Vergangenheit zugewendet. Wo eine Kette von Begebenheiten vor uns erscheint, da sieht er eine einzige Katastrophe, die unablässig Trümmer auf Trümmer häuft und sie ihm vor die Füße schleudert. Er möchte wohl verweilen, die Toten wecken und das Zerschlagene zusammenfügen. Aber ein Sturm weht vom Paradiese her, der sich in seinen Flügeln verfangen hat und so stark ist, dass der Engel sie nicht mehr schließen kann. Dieser Sturm treibt ihn unaufhaltsam in die Zukunft, der er den Rücken kehrt, während der Trümmerhaufen vor ihm zum Himmel wächst. Das, was wir den Fortschritt nennen, ist dieser Sturm.

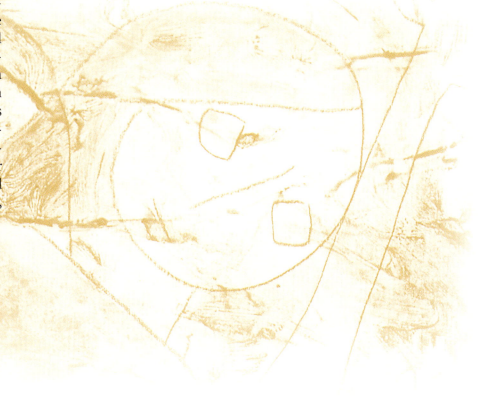

2 Auch Engel leiden

Engel
Marie Drücker

*Ohne Engel könnten wir Menschen nicht
sein
Engel sind kleine zarte Wesen,
die uns helfen,
die immer für
uns da sind, wenn wir sie brauchen
aber wir können sie nur mit unserem
inneren Auge sehn,
wir
können sie spüren*

*Gestern hatte ich einen Traum
Ich weiß es noch ganz genau, ich hatte
Angst und niemand
war da um mir zu helfen
ich habe mir in diesem Moment so sehr
gewünscht, dass ein
Engel kommt und mir hilft, doch nichts ist
passiert
Ich habe mich so verraten gefühlt
von den Menschen
von den Engeln
von GOTT*

*dann bin ich aufgewacht
Es war warm und die Sonne hat
geschienen
es war so schön
und da wusste ich, dass es sie doch gibt
ENGEL, die Wesen die Gott auf die Erde
geschickt hat um
den Menschen das Lachen zurück zu geben*

An meinen Schutzengel
Mascha Kaléko

Den Namen weiß ich nicht. Doch du bist
einer der Engel aus dem himmlischen Quartett,
Das einstmals, als ich kleiner war und reiner,
Allnächtlich Wache hielt an meinem Bett.

Wie du auch heißt – seit vielen Jahren schon
Hältst du die Schwingen über mich gebreitet
Und hast, der Toren guter Schutzpatron,
Durch Wasser und Feuer mich geleitet.

Du halfst dem Taugenichts, als er zu spät
Das Einmaleins der Lebensschule lernte.
Und meine Saat, mit Bangen ausgesät,
Ging auf und wurde unverhofft zur Ernte.

Seit langem bin ich tief in deiner Schuld.
Verzeih mir noch die eine – letzte – Bitte:
- Erstrecke deine himmlische Geduld
Auch auf mein Kind und lenke seine Schritte.

Er ist mein Sohn. Das heißt: Er ist gefährdet.
Sei um ihn tags, behüte seinen Schlaf.
Und füg es, dass mein liebes schwarzes Schaf
Zu Sich dann und wann ein wenig weiß
gebärdet.

Gib du dem kleinen Träumer das Geleit.
Hilf ihm vor Gott und vor der Welt bestehen.
Und bleibt dir dann noch etwas freie Zeit,
Magst du bei mir auch nach dem Rechten
sehen.

An die Engel meiner erwachsenen Kinder

Anonym

Ich spreche zu den Engeln meiner erwachsenen Kinder:
Seid ihr immer noch bei ihnen und habt ihre Wünsche in euren Händen?
Wisst ihr etwas von ihrer kampferfüllten Einsamkeit?
Und wenn sie nun euch und das Leben ablehnen,
Wendet ihr euch dann ab und weit, oder bleibt ihr trotzdem bei ihnen?
Sie brauchen euch, mehr noch als damals, als sie klein waren;
Sie brauchen euch ganz dringend!
Denn die Jugend ist die schwerste Zeit.
Alles muss eigenständig geregelt werden, man muss sich freikämpfen,
Alles selbst durchdenken,
Und von den Engeln will man nichts wissen.
Oh, ihr Engel meiner erwachsenen Kinder!
Eine Mutter darf nicht länger eingreifen,
Aber ihr dürft!
Eine Mutter darf nicht länger Rat geben,
Aber eure Weisheit kommt von Gott.
Bleibt bei meinen erwachsenen Kindern, ihr Engel!
Helft ihnen, im Gestrüpp zu wandern und den rechten Weg zu finden,
ihren eigenen Weg!

Kind und Engel – Ein Gespräch

Gwendolin Fischer

Die Vorstellung von dem Schutzengel, der vor allem Bösem behütet, ist für den Erwachsenen furchtbar banal. Für viele Kinder ist die Anwesenheit der Engel fraglos gegeben. Wie erleben Kinder die Engel? Wie kann der Erzieher mit den Engeln zusammenwirken? Worin unterscheiden sich himmlisches und irdisches Dasein? Mit dem folgenden Interview wollen wir Anregungen zur Beantwortung dieser Fragen geben.

Birgit Diebel: Wir sollten uns in unserem Gespräch auf die Engel konzentrieren, die Angeloi, die den einzelnen Menschen begleiten. Dabei soll die Beziehung des Kindes zu den Engeln im Mittelpunkt stehen. Das Kind steht ganz anders im Leben als der Erwachsene. Es hat eine sehr enge, vertraute Beziehung zur geistigen Welt. Um dem näher zu kommen, möchte ich Sie bitten, etwas darüber zu sagen, wie Kinder Engel erleben.

Gwendolyn Fischer: Da würde ich zwei Schwerpunkte setzen, die sich vielleicht zunächst zu widersprechen scheinen: Für Kinder, bei denen es durch ihre menschliche Umwelt nicht ins Schweigen zurückgedrängt wird, ist es ganz selbstverständlich, dass es Engel gibt. Sie beziehen sie auf ganz natürliche Weise in ihr Tagesgeschehen, ihre Wünsche und Vorstellungen mit ein. Ein Junge zum Beispiel hoffte mit fünf Jahren inständig, dass der liebe Gott großzügig sei. Er wollte sich nämlich, wenn er selber wieder Engel würde, die Federn für die Flügel selbst aussuchen dürfen. Pfauenfedern sollten es sein! Und gerne ein paar Fasanenfedern dazu, damit er besser fliegen könne!

Sie sehen daran, wie Erdenwelt und Engelwelt heiter durcheinander spielen. Und wie

Kinder ganz ungezwungen mit der Tatsache leben, dass sie selbst ein Geistwesen waren und wieder sein werden. Also: das ist das eine, was ich betonen möchte, dass es eigentlich selbstverständlich für Kinder ist, dass es Engel gibt. Dennoch kommen sie als konkrete Wesen wohl nur selten ins wie soll ich sagen – „Vorderstübchen-Bewusstsein". Konkrete Engelerlebnisse sind auch für Kinder seltene Begleit-Erlebnisse von besonderen, oft schweren Schicksalsereignissen, zum Beispiel von Angst- und Einsamkeitserlebnissen. Auch ein Unfall kann durch die Erschütterung ein inneres Aufwachen dafür bewirken. Wenn Kinder dann etwas davon formulieren, merkt man eine andere Dichte, als wenn sie im Spiel Himmel und Erde verweben.

B.D.: Warum ist es für Kinder eine Selbstverständlichkeit, dass es eine geistige Welt gibt? Sie reden so nüchtern darüber, dass es uns Erwachsene manchmal erstaunt. Woher kommt diese Verbundenheit mit den geistigen Wesen, die so weit geht, dass die Kinder sie mit in ihr Alltagsleben einbeziehen?

G. Fischer: Da möchte ich gern einen Moment ausholen und einiges Menschenkundliche berühren. Wir müssen uns deutlich machen, was wir alle durchgemacht, aber vergessen haben: Denken wir nur einmal an die fundamentale Bedeutung der Schwerkraft, die wir vorfinden, wenn wir aus dem schwerelosen Zustand im Mutterleibe heraustreten, und mit der nun vom ersten Erdenaugenblick an eine Auseinandersetzung beginnt.

DIE AUSEINANDERSETZUNG MIT DER SCHWERKRAFT

A.K.: Wirkt die Schwerkraft erst nach der Geburt?

G. Fischer: Erlebt wird sie erst nach der Geburt. Die Arbeit mit ihr beginnt erst nach der Geburt. Die Schwerkraft wirkt fortwährend auf unsere Leiblichkeit, zieht sie nach unten, zur Erde hin. Diesem Zug entgegen wirkt nun eine andere Kraft: der Impuls des Menschen, sich aufzurichten und sich gegen die Schwerkraft zu behaupten. Dabei findet diese Auseinandersetzung mit der Schwerkraft nicht nur im Aufrichten selbst statt, sondern bei jeder Bewegung der Finger, der Gliedmaßen, des Köpfchens, bei jeder Bewegung des ganzen Leibes. Jede Bewegung übt mit am Erwerb der aufrechten Haltung, die die Grundlage schafft, die Welterscheinungen sortieren, erkennen, benennen zu können.

Es bedarf der aufrechten Haltung, um ein im eigenen Inneren verankertes Bewusstsein bilden zu können, was dann sein Verhältnis zur Welt erkennen und bestimmen kann.

A.K.: Wo kommt dieser Impuls zur Aufrichtung her?

G. Fischer: Das ist eine spannende Frage! Wenn man sich das Ergebnis der tragischen Experimente mit Kindern durch Friedrich II. oder die Schicksale von Wolfskindern klar macht, dann kann man daran sehen, dass der Mensch zwar die Möglichkeit mitbringt, die Aufrechte zu erwerben, dass er sie aber nie ausbilden würde, wenn er nicht aufrecht gehende Menschen in seiner Umgebung vorfände. Dasselbe gilt für das Sprechen und das Denken. Das Kind braucht aufrecht gehende, sprechende, denkende Menschen in seiner Umgebung, um selbst auch diese allein den Menschen charakterisierenden Fähigkeiten von Gehen, Sprechen, Denken entwickeln zu können. Es bringt sie nicht mit. Was es aber wohl mitbringt, und zwar in einem ungeheuerlich großen Maße, das ist die Kraft der Nachahmung. Es ahmt nach, was es sieht, hört und merkt, und macht sich im Nachahmen das Nachgeahmte zu Eigen. Das heißt, dass der ganze Akt der Erdenmensch Werdung im Laufe der Kindheit ein Nachahmungsvorgang ist, der aus dem tiefen Vertrauen hervorgeht, das das Kind zur Welt hat.

IN DEN UNTERGRÜNDEN SEINES WISSENS KENNT DAS KIND DIE DASEINSFORM DES ENGELS

B.D.: Woher schöpft das Kind diese Vertrauenskräfte?

G. Fischer: Vertrauenskraft, das ist die Fähigkeit, die es aus seinem vorgeburtlichen Dasein mitbringt. Das ist die seelische Gebärde, die das Leben des Menschen im Vorgeburtlichen bestimmt. Mit dieser Kraft, die sich also in Hingabe zur Erdenwelt erweitert, zur

Hingabe an alles, was ihm nahe kommt, von der Mutter und dem Vater zum Beispiel, zur Hingabe an alles, was riecht und schmeckt, hell ist, sich bewegt etc. – mit dieser Kraft schmilzt es in einem unermüdlichen Lernprozess all das in irdische Fähigkeiten um, was es als selbstverständliche Himmelsfähigkeiten hatte. Als geistiges Wesen hatte es selbstverständlich Orientierung, Kommunikation, Bewusstsein. Nun wird unter irdischen Bedingungen alles in einer irdischen Leiblichkeit neu erworben. Was nun das Kind mit seinem Schutzengel verbindet, ist also nicht nur das Bewusstsein, dass es geistige Wesen gibt, sondern der Mensch kennt in den Untergründen seines Wissens die Daseinsform des Engels. Der Engel bleibt in der Daseinsart, die der Mensch verlässt, wenn er sich inkarniert.

A.K.: Ist es dann so, dass das Kind kurz nach der Geburt noch in der Erinnerung dieser himmlischen Daseinsform lebt, und je irdischer das Kind wird – dadurch dass es das Aufrichten, Sprechen und Denken lernt –, desto mehr die Erinnerung an die geistige Daseinsform verdämmert?

G. Fischer: An die Stelle des Himmelsbewusstseins tritt das Erdenbewusstsein. Mit dem Wachwerden für die Erde verdämmert das Bewusstsein für die geistige Welt. [...]

B.D.: Welche Eigenschaften des Engels sind es, die dem Kind das Erlebnis von Schutz und Hilfe geben?

G. Fischer: Der Schutzengel begleitet den Menschen nicht nur, er verbindet sich mit dem Menschen, der zu ihm gehört, in allerintensivster Weise. Jede große und kleine, helle und dunkle Stunde lebt er unser Leben mit, ein Bewusstsein darüber bildend, bewahrend und verbindend mit seiner Fähigkeit zur Überschau über unseren ganzen weiteren Werdegang und über unsere zukünftigen Werde-Möglichkeiten. Er kennt unsere Aufgaben, Hoffnungen, Hinderungen. Aus diesem umfassenden Überblick trägt er nicht nur Sorge um die richtigen Schicksalswege und Begegnungen, sondern auch für das richtige Maß dessen, was uns widerfährt. Es kommt ja wahrlich nicht alles an Proben und Schwerem aus der Engelsphäre – manches wird sehr wohl von den Mitmenschen beigesteuert. Aber Kräfte zum Bestehen aller Nöte erwachsen dem Kind sicher nicht, wenn wir sein Vertrauen in die Mitwelt schwächen, sondern nur wenn wir das Vertrauen in die Engelkräfte stärken.

Also das Kind kann erstens das Erlebnis haben: Der Engel kennt mich durch und durch. Mir widerfährt nur, was zu mir gehört, was mich stärker machen will. Er will mir dazu Kraft geben. Zweitens: In dieser Führung und immerwährenden Anwesenheit ist der Schutzengel absolut verlässlich. Er schläft nie. Drittens: Wenn ich zu ihm aufschaue, weiß ich, wie ich auch selber werden will: wie er, durch und durch wahrhaftig; wie er, aus hellem Bewusstsein heraus gütig; wie er, aus Liebe zum Ziel des Menschen mutig und opferwillig. Das heißt sein ganzes Wesen ist Vorbild für den Menschen. Die Aufrichtung des Leibes setzt sich in die Aufrichtung der Seele fort. All dies, glaube ich, „weiß" ein Kind. Ein Kind weiß so viel mehr, als es formulieren kann.

B.D.: Worin liegt denn ein Opfer der Engel?

G. Fischer: Zum Beispiel darin, dass er sich auch in den Niederungen unseres Wesens mit anwesend macht, im Zorn, in der Leidenschaft, in der Unwahrhaftigkeit.

A.K.: Das kommt sehr stark zum Ausdruck in einem Gedicht von Christian Morgenstern:

Der Engel

*Oh wüsstest du, wie sehr dein Antlitz sich
veränderst, wenn du mitten in dem Blick,
dem stillen, reinen, der dich mir vereint,
dich innerlich verlierst und von mir kehrst!
Wie eine Landschaft, die noch eben hell,
bewölkt es sich und schließt mich von dir aus.
Dann warte ich. Dann warte schweigend ich
oft lange. Und wär ich ein Mensch wie du,
mich tötete verschmähter Liebe Pein.
So aber gab unendliche Geduld
der Vater mir und unerschütterlich
erwarte ich dich, wann immer du kommst.
Und diesen sanften Vorwurf selber nimm
als Vorwurf nicht, als keusche Botschaft nur.*

G. Fischer: In den Schwächen der Menschen lebt der Engel mit der Hoffnung, dass sich gerade in der Verdunkelung die Sehnsucht nach dem Lichten wieder stärker entfacht. So bleibt er im Verhältnis zum Menschen nie in dessen Schwächen stehen, sondern lebt auf eine nächste Stufe in ihm zu. Das ist tätige nüchterne Liebe.

A.K.: Dann kann sich der Erwachsene ja auch den Engel in seiner Selbsterziehung und für seine Aufgabe als Erzieher zum Vorbild nehmen. Wie betet man für ein Kind?

DIE SEELENSTIMMUNG DES STAUNENS

G. Fischer: Wenn wir als Eltern für ein Kind beten, zum Beispiel das Gebet für das noch recht kleine Kind abends am Bettchen sprechen, dann spricht sich in den Worten aus, dass wir, obwohl wir nur wenig Wissen von der geistigen Welt haben – doch ein Vertrauen zum Wirken der Engel haben:

Und heute fliegen wir
Engel der Werbung.

In dich ströme Licht, das dich ergreifen kann.
Ich begleite seine Strahlen, mit meiner Liebe werde.
Ich denke mit meines Denkens besten Frohgedanken
An deines Herzens Regungen.
Sie sollen dich stärken,
Sie sollen dich tragen,
Sie sollen dich klären.
Ich möchte sammeln vor deinen Lebensschritten
Meine Frohgedanken,
Dass sie sich verbinden deinem Lebenswillen
Und er in Stärke sich finde
In aller Welt
Immer mehr,
Durch sich selbst.
(Rudolf Steiner)

Ja, welches Licht? Das formende, bildende, ordnende Geisteslicht aus der Welt, das den Menschen tragen, stärken, klären will. An dem Verhältnis der Engelwelt zu ihrem Kinde orientiert sich die betende Mutter, in dieses Niveau von Gesinnung stellt sie sich hinein in der Hoffnung, auch das zu entdecken, was sie selbst beitragen soll zur Stärkung ihres Kindes. Vielleicht wird sie sich auch in Krisen an den Schutzengel des Kindes mit der Frage wenden können, wie er darauf schaut, ob es tieferen Anlass zur Sorge gibt, oder ob unbeirrtes Vertrauen die wirksamste Hilfe ist. Nicht, dass es nicht auch fatales Unheil gäbe – aber wenn man das Vertrauen aufgibt, gibt man noch einen Schubs extra mit in den Abgrund. Die folgenden Worte über die Treue sind zusammenfassend für diese Gesinnung:

»Über die Treue«
»Schaffen Sie sich eine neue, starkmutige Anschauung von Treue. Was die Menschen sonst ›Treue‹ nennen, verweht so schnell. Das aber machen Sie zu ihrer Treue: An dem anderen Menschen werden Sie Augenblicke erleben, schnell dahingehende. Da wird er Ihnen erscheinen, wie erfüllt, wie durchleuchtet von dem Urbild seines Geistes. Und dann können, ja werden andere Augenblicke, lange andere Zeiten kommen, da verdüstern sich die Menschen. Sie aber wollen lernen, in solchen Zeiten zu sagen: der Geist mache mich stark. Ich denke an das Urbild. Ich sah es doch einmal, kein Trug, kein Schein raubt es mir. – Ringen Sie immer um dieses Bild, das Sie sahen. Dieses Ringen ist Treue, und so nach Treue strebend wird der Mensch dem Menschen wie mit Engel-Hüter-Kräften nahe sein.«
(Worte Rudolf Steiners, die dem Gedächtnis nach von Christoph Boy, Lehrer an der ersten Waldorfschule, aufgeschrieben wurden.)

B.D.: Durch diese Gesinnung und durch Gebet kann man also das Wirken der Engel im Leben des Kindes unterstützen?

G. Fischer: Ja, und ferner durch alles interessevolles Hinschauen auf die Naturerscheinungen, durch alles tiefere Interesse an anderen Menschen, durch Staunen und Ehrfurcht vor dem Höheren über uns – neben uns – in uns. Verehrung ist ja schon sehr schwer für uns heute. Da muss man sich schon bewusst schulen und die Kruste von Kritik und Hetze abbauen, die wir alle in uns haben. Aber schon das Staunen öffnet die Augen für die tieferen Schichten, veranlagt die Güte.

B.D.: Ist solch aufmerksames Hinschauen vielleicht für denjenigen eine Möglichkeit, der zum Beten noch nicht recht Zugang hat?

G. Fischer: Da muss ich an eine Großmutter denken, die von ihrem achtjährigen Enkel gefragt wurde: »Glaubst du an den lieben Gott? In meiner Klasse der Jörn nämlich nicht.« Sie machte gar nicht viel Worte, sondern nahm das Kind bei der Hand, ging mit ihm in den Garten und bestaunte mit ihm die Frühlingswiese in allen ihren wunderbaren Einzelheiten und Schönheiten. Dann fragte sie das Kind: »Und wer, glaubst du, hat das alles gemacht?«

Die Seelenstimmung des Staunens hat die Frage beantwortet, tiefer und wirksamer, als alle Worte es gekonnt hätten.

Wiegenlied
Johannes Brahms

Guten Abend, gut' Nacht,
von Englein bewacht,
die zeigen im Traum
dir Christkindleins Baum.
Schlaf nur selig und süß,
schau im Traum 's Paradies,
schlaf nur selig und süß,
schau im Traum 's Paradies.

Vom Himmel auf die Erden
Hugo Simberg: Der verwundete Engel, 1903.

3 Phantastische Fahrten

Angel Child
Julchen Oasis

Ich weiß, dass sie da sind
Denn ich bin das Engelskind
Sie halten mich
Kennen mich
Führen mein Leben
Helfen beim Geben
Sie werden immer bei mir bleiben
Sie werden an meinen Augen reiben
Wenn die Welt untergeht
Und mein Leben immer noch steht
Träumen kann ich alleine
Doch zum Leben brauche ich Beine
Die sie sind

Ich bin das Engelskind

This is your life
Angelchild

»Engel als Anhalter undenkbar«
Frankfurter Allgemeine Zeitung

MÜNCHEN, 20. Oktober (KNA/dpa).

Das Erzbischöfliche Ordinariat in München hat sich veranlasst gesehen, zu, wie es sagt, »abwegigen Engelserscheinungen« Stellung zu nehmen, über die am Mittwoch in Zeitungen berichtet worden ist. Manches Gemüt, so das Ordinariat, sei mit solchen Erscheinungen erheblich beschäftigt.

Den Sachverhalt (ein Anhalter in Jeans und mit Rucksack steigt in Oberbayern zu einer dreißigjährigen Frau aus Rosenheim in das Fahrzeug, teilt während der Fahrt mit, er sei der Erzengel Gabriel, kündigt für 1984 den Weltuntergang mittels einer Atomkatastrophe an und verschwindet schließlich) nennt der Sprecher des Erzbischöflichen Ordinariats, Domkapitular Prälat Dr. Curt M. Genewein, weiß Gott eine düstere Botschaft, so recht geeignet, verängstigte Gemüter noch mehr zu schrecken, manchem Schreiber als Vorlage für literarisches Amüsement zu dienen, manchem auch nur als willkommene Abwechslung nach dem Motto: »Mal was anderes als Ufos«.

Mit ein paar schlichten Informationen über die Lehre der Kirche von den Engeln versucht Genewein, die mit solchen Meldungen erzeugten Reaktionen zu besänftigen. Der Name Engel komme aus dem lateinischen »Angelus« (Bote) und sei verwandt mit dem griechischen Wort »Eu angelion«, der guten Botschaft, dem Namen für die Schriften des Neuen Testamentes. In diesem Namen seien auch die Funktionen des Engels gegenüber dem Menschen bezeichnet: »Sie sind Boten Gottes, die etwas mitzuteilen und zu bewirken haben«. Undenkbar sei, sagte der Prälat, dass ein Engel irgendwo irgendjemandem in der Gestalt eines Anhalters erscheine, dass er mitteile, die Welt werde untergehen, und dass er sich darauf wieder in Luft auflöse (ohne, wie es berichtet worden war, den Sicherheitsgurt im Auto zu lösen). Dagegen sollte man die alte, in der Tradition oft bezeugte Lehre der Kirche von den Engeln durchaus ein wenig ernst nehmen, anstatt sich über sie lustig zu machen. Kardinal Ratzinger habe einmal über den Schutzengel gesagt, dass er der persongewordene Gedanke der Liebe Gottes für den Menschen sei. Der Glaube vermöge darin viel Bewegendes und Erschütterndes zu erspüren, das unser menschliches Fassungsvermögen durchaus übersteige. »Allerdings ist eine solche im Glauben bezeugte Existenz der Engel etwas ganz anderes als die in der Presse berichtete Geisterfahrerei.«

Die Polizei setzt inzwischen die Suche nach jenem »Geisterbeifahrer«, dem geheimnisvollen Anhalter, fort. Denn inzwischen haben sich ein halbes Dutzend Opfer des »Erzengels« hilfesuchend an die Behörden gewandt.

LSD-Engel

Nina Hagen

1975 studierte ich Schlagersängerin im Zentralen Studio für Unterhaltungskunst in Ost-Berlin und bekam Besuch aus Polen. Zwei Boys aus Warschau brachten mir LSD. Ich hatte schon viel darüber in Erfahrung gebracht und nahm es nun zum ersten Mal.

Zuerst war es ganz, ganz schlimm. Ich hatte die größten Schmerzen, die man sich überhaupt vorstellen kann! Ich konnte nicht mehr leben, und ich wollte doch nicht sterben! Da habe ich mich endlich an GOTT erinnert und ihn gerufen: »Oh, mein GOTT! Hilf!« SEINE liebe Stimme kam zuerst in meinen Kopf und sagte, dass die Hilfe darin bestünde, dass ich jetzt sterben darf! Mein ostdeutsches Nina-Hagen-Bewusstsein meckerte noch kurz auf und meinte was von »zu jung, um zu sterben«, aber der ewige Schmerz, den ich wieder höllisch spürte, und SEINE Gegenwart machten es einfach: Ich legte mich hin zum Sterben, mit dem Gedanken: »Ich gebe mich zu Gott, schlimmer, als es jetzt ist, kann es nicht werden!« Es war nämlich das Schlimmste vom Schlimmen, das Allerärgste, was ich gerade durchgemacht hatte: der ewigwährende Aufenthalt in der tiefsten, schmerzvollsten Hölle … Alles ist up to God!!!

Da löste sich mein »Nina« aus dem Körper und stieg auf, immer höher! Visionsmäßig verließ ich meinen Körper, ließ zur gleichen Zeit ein sehr real wirkendes Krankenhauspersonal auf einem OP-Tisch im Krankenhaus zurück.

Ja, um den Weggang von der Erden-Körperdimension zu verdeutlichen, arrangierte GOTT diese letzte »irdische« Krankenhaus-Szene, die aber »nur« astral stattfand. Ich lag die ganze Zeit auf meinem Bett. Die OP-Schwestern schrien und rannten rum: »Die ist weg!« »Hol die Strommaschine!« »Frau Hagen!!!«, klatschten mir im Gesicht rum … »Nee, die kommt nicht mehr …« Ich sah zu meinem Entsetzen beim Hochsteigen so 'ne Art Komposthaufen auf dem Krankenhausgelände mit amputierten Armen, Beinen, viele tote Körper. Ich dachte: »Da komm ich auch hin!« Dieser Gedanke veranlasste mich aber nicht die Bohne, wieder runter in den Körper zu gehen. Ich amüsierte mich köstlich dabei und dachte: »Die haben keine Ahnung, wie toll es ist, aus dem Körper raus zu sein! Oh no, ich komm nicht zurück!!!« Es war ein unbeschreiblich schönes Glücksgefühl: Exstasy!

Da hörte ich SEINE Stimme again: »Mach die Augen auf!« Ich dachte, die wären die ganze Zeit aufgewesen, aber nee! Jetzt erst öffnete ich die Augen, und irgendwie saß ich immer noch auf meinem Bett, aber die Welt war völlig anders geworden: alles voller fließender, sprießender, beseelter Farben, von denen jede ihre eigene Powerfrequenz hatte, ganz und total beseelt von Leben … Die Farben vereinigten sich zu den wunderschönsten Mustern und Girlanden. Unvorstellbar! Die Farben, die es auf der physikalischen Ebene gibt, sind nur eine Imitation ihrer wahren Herrlichkeit! Ihre Heimat liegt in der nichtphysikalischen Welt, und alle zusammen formen ewige Muster und Bilder, zu schön, um sie zu beschreiben! Sie sind durchdrungen von Bewusstsein! Selbstbewusstsein! Ganz beseelt von dieser Farbenpracht, hörte ich IHN weiter sagen: »Dreh dich um!« SEINE Stimme kam von seitwärts. Was dann passierte, ist echt too much: ER, saß mir gegenüber!!! Mit einer Liebesausstrahlung in solch einem Ausmaß, wie nur ER lieben kann! Unbeschreiblich!!! Es war so stark, dass ES sogar zitterte, so als ob es ziemlich schwer war, dimensionsdurchbrechungsmäßig diesen einzigartigen Kontakt herzustellen. ES zitterte vor lauter Liebe!!! ER schaute mich an und liebte mich mit einem Ausmaß, wie ich noch nie zuvor geliebt worden war. So geliebt zu sein! Geliebt!

Die erste Frage, die sich in meiner Seele formte, war: »Gehst du etwa wieder weg wie all die andern?«

ER sprach: »Ich bin immer da, ich war immer da, und ich werde immer da sein!«

Ein Riesenstein fiel von meinem Herzen! Zweite Frage: »Wer bist du?«

Schmunzelnd sagte ER: »Ich bin dein Trip.« Er ist mein Trip, mein Weg, meine Reise, meine Wahrheit, meine Liebe. Oh, my my!

Und schon schoss Frage Nummer drei raus aus mir: »Wie heißt du?«

Und er schloss seine Augen, als ob er sagen wollte: »No name«, aber himmlische Wesen um ihn herum, die ich nicht sehen, aber hören konnte, riefen mit unendlicher Liebe, Vertrauen und Respekt: »Michi! Michiel!!!« Mir ist mein Michi erschienen! Menschenskinder! Michi ist GOTT! Wisst ihr, wie sehr GOTT euch liebt? Und wie unbeschreiblich toll ER ist? Und alle streiten sich um SEINEN Namen! Ich nicht. Ich sage Halleluja! Amen!

In der jiddischen Kabbala ist »Michiel« the Lord of the Sun (Herr der Sonne). Bei den Katholiken ist der Cherub Michael der Erzengel des Herrn. Bei den New Agelern bedeutet Michael bzw. Michiel »Lord des 12. Sonnensystems und der zentralen Sonne«. Und meine God-nose/Dognose sagt mir, dass Jesus Christus und Krsna auch der Michi ist!

Das ist ER/ES. Das war meine erste Einweihung! Hab danach wieder LSD geschluckt, aber umsonst … Ich muss IHN anderswo finden, anderswie, wie Nena gesungen hat: »Irgendwie, irgendwo, irgendwann …«

Eine unbestimmte Sehnsucht

Ernst Jünger

Eine unbestimmte Sehnsucht nach anderen Welten ist so alt wie der Mensch selbst. Heut trägt sie technische Züge; die Erwartung fremder Gäste und deren Landung beschäftigt seit einiger Zeit die Einbildung. Wir müssen das ernst nehmen, zunächst als Symptom.

Seltsame Flugkörper werden geschildert, in Frage gestellt, als Augentrug entlarvt. Sie dienen als Köder und Spielwerk der Phantasie; andererseits zeigen sie Wunschträume an. Dem Zeitgeist entspricht die automatische Apparatur.

Auch der Weltuntergang, eine Vision der Jahrtausendwenden, stellt sich als technische Katastrophe dar.

Merkwürdig ist die Erwartung fremder Gäste gerade heute, wo die astronautische Erkundung nicht nur die Unbewohntheit, sondern auch die Unbewohnbarkeit der Sterne erwiesen zu haben scheint. Hier eben deutet sich die Tiefe der Sehnsucht an. Immer stärker wird gefühlt, dass die reine Macht und der Genuss der Technik nicht befriedigen. Was früher Engel waren und was Engel gaben, wird vermisst.

Übrigens denke ich nicht, dass die Technik der großen Wende widerspricht. Sie wird an die Zeitmauer heranführen und verwandelt werden in sich. Das Ziel der Raketen sind nicht fremde Welten, sondern ihr Sinn ist es, den alten Glauben zu erschüttern; sein Jenseits hat nicht genügt.

Weg, Reise, Wahrheit, Liebe
Arthur A. Houghton Jr.: Der Saki (Kelchträger), o.J.

Eine kaiserliche Botschaft

Franz Kafka

Der Kaiser – so heißt es – hat dir, dem Einzelnen, dem jämmerlichen Untertanen, dem winzig vor der kaiserlichen Sonne in die fernste Ferne geflüchteten Schatten, gerade dir hat der Kaiser von seinem Sterbebett aus eine Botschaft gesendet. Den Boten hat er beim Bett niederknien lassen und ihm die Botschaft ins Ohr geflüstert: so sehr war ihm an ihr gelegen, dass er sich sie noch ins Ohr wiedersagen ließ. Durch Kopfnicken hat er die Richtigkeit des Gesagten bestätigt. Und vor der ganzen Zuschauerschaft seines Todes – alle hindernden Wände werden niedergebrochen und auf den weit und hoch sich schwingenden Freitreppen stehen im Ring die Großen des Reichs – vor allen diesen hat er den Boten abgefertigt. Der Bote hat sich gleich auf den Weg gemacht; ein kräftiger, ein unermüdlicher Mann: einmal diesen, einmal den andern Arm vorstreckend schafft er sich Bahn durch die Menge; findet er Widerstand, zeigt er auf die Brust, wo das Zeichen der Sonne ist; er kommt auch leicht vorwärts, wie kein anderer. Aber die Menge ist so groß; ihre Wohnstätten nehmen kein Ende. Öffnet sich freies Feld, wie würde er fliegen und bald wohl hörtest du das herrliche Schlagen seiner Fäuste an deiner Tür. Aber stattdessen, wie nutzlos müht er sich ab; immer noch zwängt er sich durch die Gemächer des inneren Palastes; niemals wird er sie überwinden; und gelänge ihm dies, nichts wäre gewonnen; die Treppen hinab müsste er sich kämpfen; und gelänge ihm dies, nichts wäre gewonnen; die Höfe wären zu durchmessen; und nach den Höfen der zweite umschließende Palast; und wieder Treppen und Höfe; und wieder ein Palast; und so weiter durch Jahrtausende; und stürzte er endlich aus dem äußeren Tor – aber niemals, niemals kann es geschehen –, liegt erst die Residenzstadt vor ihm, die Mitte der Welt, hochgeschüttet voll ihren Bodensatzes: Niemand dringt hier durch und gar mit der Botschaft eines Toten. – Du aber sitzt an deinem Fenster und erträumst sie dir, wenn der Abend kommt.

Elegie

Gerald Zschorsch

Engel erscheinen, um zu verschwinden.
Sind Mittler zwischen Dunkel und Licht.
Sichtbar im Kommen; im Gehen unsichtbar nicht.

Engel tragen niemals eine Krone.
Im Reigen schwach und ohne Würde.
Sind Flügel Rucksack. Tragriemen der Bürde.

Engel zwitschern vernehmlich keine Lieder.
Sie hausen mit uns; mental beglückt.
Sind ähnlich lebenden Personen ausgerückt.

Phantastische Fahrten

Es war einmal ein Mann mit Namen Tobias

Das Buch Tobit

Es war ein Mann mit Namen Tobias aus dem Stamme Naftali, aus einer Stadt in Obergaliläa, zu der man kommt, wenn man von Hazor nach Westen geht und Safed zur Linken hat.

Der wurde mit in die Gefangenschaft geführt zur Zeit Salmanassars, des Königs von Assyrien; und obwohl er dort unter Fremden leben musste, ist er dennoch von Gottes Wort nicht abgefallen.

Darum teilte er alles, was er hatte, Tag für Tag mit seinen gefangenen Brüdern und Verwandten. Und als er noch einer der jüngsten Männer des Stammes Naftali war, hatte er bereits bewiesen, dass er kein Kind mehr war: während alle andern den goldnen Kälbern dienten, die Jerobeam, der König von Israel, hatte machen lassen, schied er sich von der Gemeinschaft mit ihnen und hielt sich als Einziger zum Tempel des Herrn in Jerusalem und diente dort dem Herrn und betete den Gott Israels an. Er gab auch alle Erstlinge und Zehnten mit solcher Treue, dass er sogar jedes dritte Jahr den Fremdlingen, Witwen und Waisen ihren Zehnten gab.

Das alles hielt er von Jugend auf nach dem Gesetz des Herrn.

Als er nun erwachsen war, nahm er eine Frau, auch aus dem Stamm Naftali, mit Namen Hanna und zeugte mit ihr einen Sohn, den er auch Tobias nannte; und er lehrte ihn von Jugend auf Gott fürchten und die Sünde meiden.

Als er nun mit Frau und Sohn und mit seinem ganzen Stamm in die Gefangenschaft nach Ninive kam und alle von den Speisen der Heiden aßen, hütete er sich und machte sich nicht unrein mit solcher Speise.

Und weil er von ganzem Herzen den Herrn fürchtete, ließ ihn der Herr bei König Salmanassar Gnade finden, so dass er ihm erlaubte, überallhin zu gehen, wohin er wollte, und zu tun, was ihm gut schien.

So besuchte er nun alle, die in der Gefangenschaft lebten, und ermahnte sie, Gottes Wort treu zu bleiben.

Und er kam in die Stadt Rages in Medien und hatte zehn Talente Silber bei sich, mit denen ihn der König beschenkt hatte.

Und als er unter den vielen Israeliten einen Armen aus seinem Stamm mit Namen Gabaël sah, lieh er ihm das Geld und nahm einen Schuldschein von ihm.

Lange danach aber, nach dem Tod des Königs Salmanassar, als sein Sohn Sanherib regierte, dem die Israeliten verhasst waren, ging Tobias wieder bei allen Israeliten umher und tröstete sie und gab ihnen von seinem Vermögen, so viel er konnte: Die Hungrigen speiste er, die Nackten kleidete er, die Toten und Erschlagenen begrub er.

Dann aber kam König Sanherib aus Judäa zurück, als er hatte fliehen müssen, weil ihn Gott um seiner Lästerung willen geschlagen hatte. Darüber war er sehr zornig und ließ viele Israeliten töten. Da war es Tobias, der sie begrub.

Als aber der König das erfuhr, befahl er, ihn zu töten, und nahm ihm all sein Hab und Gut.

Tobias aber floh mit seinem Sohn und seiner Frau und konnte sich, völlig mittellos, verborgen halten, weil viele ihn liebten und ihm halfen.

Aber nach fünfundvierzig Tagen wurde der König von seinen eigenen Söhnen erschlagen, und Tobias kam wieder heim, und sein ganzes Vermögen wurde ihm wiedergegeben.

Als Tobias danach an einem Fest des Herrn in seinem Hause ein herrliches Mahl bereitet hatte, sagte er zu seinem Sohn: Geh und lade einige gottesfürchtige Männer aus unserm Stamme ein, mit uns zu essen!

Und als er wieder heimkam, sagte er seinem Vater, einer der Israeliten liege erschlagen auf der Gasse. Da stand Tobias sogleich vom Tisch auf, ließ das Essen stehen, ging zu dem Toten, hob ihn auf und trug ihn unbemerkt in sein Haus, um ihn nachts heimlich zu begraben.

Und nachdem er die Leiche versteckt hatte, aß er sein Brot voll Trauer und Entsetzen und dachte an das Wort, das der Herr durch den Propheten Amos geredet hatte: Eure Feiertage sollen zu Trauertagen werden.

Und in der Nacht ging er hin und begrub den Toten.

Alle seine Freunde aber schalten ihn und sprachen: Erst neulich wollte dich der König aus demselben Grunde töten lassen, und du bist seinem Mordbefehl kaum entkommen; und doch begräbst du schon wieder die Toten!

Tobias aber fürchtete Gott mehr als den König und holte weiterhin die Erschlagenen weg und verbarg sie in seinem Hause, bis er sie tief in der Nacht begraben konnte.

Es begab sich aber eines Tages, als er Tote begraben hatte und müde heimkam, dass er sich im Schutz einer Mauer niederlegte und einschlief.

Da ließ eine Schwalbe aus ihrem Nest ihren heißen Dreck auf seine Augen fallen; davon wurde er blind.

Diese Prüfung aber ließ Gott über ihn kommen, damit die Nachwelt an ihm ein Beispiel der Geduld hätte wie an dem heiligen Hiob.

Denn wie er von Jugend auf Gott gefürchtet und seine Gebote gehalten hatte, so wurde er auch jetzt nicht bitter gegen Gott, weil er ihn hatte blind werden lassen, sondern blieb beständig in der Furcht Gottes und dankte Gott sein ganzes Leben lang.

Und wie die Könige den heiligen Hiob verhöhnten, so verlachten den Tobias seine nächsten Verwandten und sagten: Wo bleibt nun, worauf du gehofft hast? wofür du deine Almosen gegeben und so viele Tote begraben hast?

Tobias fragt den Engel aus
Rembrandt (um 1645/50).

Phantastische Fahrten 105

Aber Tobias wies sie zurecht und sagte: Redet nicht so! Denn wir sind Kinder der Heiligen und warten auf ein Leben, das Gott denen geben wird, die im Glauben treu und fest an ihm bleiben.

Seine Frau Hanna aber ging alle Tage zum Weben und ernährte ihn mit ihrer Hände Arbeit, so gut sie konnte.

So begab es sich, dass sie ein Ziegenböcklein heimbrachte, das sie bekommen hatte. Und als ihr Mann Tobias es blöken hörte, sprach er: Wenn das nur nicht gestohlen ist! Gebt's dem Besitzer zurück; denn es ist uns nicht erlaubt, von gestohlenem Gut zu essen oder es auch nur anzurühren.

Über diese Worte wurde seine Frau zornig und antwortete: Da sieht man, dass deine Hoffnung nutzlos war und dass deine Almosen uns nichts einbringen.

Mit solchen und andern Worten mehr warf sie ihm sein Elend vor.

Da seufzte Tobias tief auf, fing an zu weinen und zu beten und sprach: Herr, du bist gerecht, und alle deine Gerichte sind lauter Güter und Treue.

Und nun, mein Herr, sei mir gnädig und strafe meine Sünden nicht, denke nicht daran, was ich oder meine Väter Böses getan haben.

Denn weil wir deine Gebote nicht gehalten haben, hast du uns unsern Feinden preisgegeben, die uns berauben, gefangen halten und töten, und hast uns zu Spott und Hohn all der Völker gemacht, unter die du uns zerstreut hast.

Ach, Herr, schrecklich sind deine Gerichte, weil wir deine Gebote nicht gehalten und nicht aufrichtig gelebt haben vor dir.

Und nun, Herr, erweise mir Gnade und nimm meinen Geist weg in Frieden; denn ich will viel lieber tot sein als leben.

Es begab sich nun an demselben Tage, dass Sara, die Tochter Raguëls, in einer Stadt der Meder von einer Magd ihres Vaters auch geschmäht und gescholten wurde.

Man hatte sie nämlich sieben Männern nacheinander gegeben, aber ein böser Geist, Aschmodai genannt, hatte sie alle getötet, sobald sie zu ihr eingehen wollten.

Als nun Sara die Magd wegen eines Fehlers zurechtwies, gab die ihr zurück: Wenn wir nur von dir nicht auch einen Sohn oder eine Tochter auf Erden sehen müssen, du Männermörderin!

Willst du mich auch töten, wie du schon sieben Männer getötet hast?

Auf diese Worte hin ging Sara in eine Kammer oben im Haus, aß nicht und trank nicht drei Tage und drei Nächte lang, betete aber unablässig und flehte Gott unter Tränen an, sie von ihrer Schmach zu befreien.

Als sie aber am dritten Tage ihr Gebet vollendete, lobte sie Gott und sprach: Gelobt sei dein Name, Herr, du Gott unsrer Väter, denn wenn du gezürnt hast, erweist du Gnade und Güte, und in der Zeit der Trübsal vergibst du Sünde denen, die dich anrufen.

Zu dir, mein Herr, kehre ich mein Angesicht, zu dir hebe ich meine Augen auf und bitte dich, dass du mich erlöst aus dieser schweren Schmach oder mich von der Erde wegnimmst.

Du weißt, Herr, dass ich niemals einen Mann begehrt und meine Seele rein erhalten habe von aller bösen Lust und mich nie zu zuchtloser und leichtfertiger Gesellschaft gehalten habe.

Ich war bereit, einen Mann zu nehmen, weil ich dich fürchtete, und nicht, weil ich nach Lust gierig war.

Entweder bin ich ihrer oder sie sind meiner nicht wert gewesen, und du hast mich vielleicht einem andern Mann vorbehalten.

Denn dein Ratschluss ist von Menschen nicht zu ergründen.

Das weiß ich aber fürwahr; jeder, der dir dient, wird nach der Anfechtung gekrönt und aus der Trübsal erlöst, und nach der Züchtigung findet er Gnade.

Denn du hast nicht Gefallen an unserm Verderben: Nach dem Gewitter lässt du die Sonne wieder scheinen, und nach Klagen und Weinen überschüttest du uns mit Freuden. Deinem Namen sei ewig Ehre und Lob, du Gott Israels.

In derselben Stunde wurden die Gebete dieser beiden von dem Herrn im Himmel erhört.

Und der heilige Rafael, der Engel des Herrn, wurde gesandt, beiden zu helfen, weil ihr Gebet zu gleicher Zeit dem Herrn vorgebracht worden war.

Als nun Tobias dachte, sein Gebet wäre erhört und er würde sterben, rief er seinen Sohn Tobias zu sich und sagte zu ihm: Lieber Sohn, höre meine Worte und behalte sie fest in deinem Herzen.

Wenn Gott meine Seele zu sich nehmen wird, so begrabe meinen Leib und ehre deine Mutter, solange sie lebt; denke daran, was für Gefahren sie ausgestanden hat, als sie dich unter dem Herzen trug; und wenn sie gestorben ist, so begrabe sie neben mir.

Und dein Leben lang habe Gott vor Augen und im Herzen und hüte dich davor, jemals in eine Sünde einzuwilligen und gegen die Gebote unsres Gottes zu handeln.

Mit deinem Hab und Gut hilf den Armen und wende dich auch nicht von einem einzigen ab, dann wird sich das Angesicht des Herrn auch von dir nicht abwenden.

Wo du kannst, da hilf den Bedürftigen.

Hast du viel, so gib reichlich; hast du wenig, so gib doch das Wenige von Herzen.

Denn so wirst du dir einen guten Lohn für den Tag der Not sammeln.

Denn Almosen erlösen von allen Sünden, auch vom Tode, und lassen die Seele nicht in die Finsternis geraten. Almosen schaffen große Zuversicht vor dem höchsten Gott.

Hüte dich, mein Sohn, vor aller Hurerei, und außer mit deiner eignen Frau lass dich mit keiner andern ein.

Hoffart lass weder in deinem Herzen noch in deinen Worten herrschen, denn mit ihr hat alles Verderben seinen Anfang genommen.

Wer für dich arbeitet, dem gib sogleich seinen Lohn und enthalte dem Tagelöhner den Lohn nicht vor.

Was du nicht willst, dass man dir tu, das füg auch keinem andern zu.

Teile dein Brot mit den Hungrigen und bedecke die Nackten mit Kleidern von dir.

Gib von deinem Brot und Wein beim Begräbnis der Frommen; aber iss und trink nicht davon mit den Sündern.

Suche deinen Rat immer bei den Weisen.

Preise Gott allezeit und bete, dass er dich leite und dass alles, was du dir vornimmst, durch seine Hilfe gelingt.

Du sollst auch wissen, mein Sohn, dass ich, als du noch ein Kind warst, dem Gabaël in der Stadt Rages in Medien zehn Talente Silber geliehen habe; seinen Schuldschein habe ich hier. Darum überlege dir, wie du zu ihm gelangen, das Geld von ihm bekommen und ihm seinen Schuldschein zurückgeben kannst!

Sorge dich nur nicht, mein Sohn! Wir führen zwar jetzt ein armes Leben, aber wir werden viel Gutes empfangen, wenn wir Gott fürchten, die Sünde meiden und Gutes tun.

Da antwortete der junge Tobias seinem Vater: Alles, was du mir gesagt hast, mein Vater, das will ich tun.

Wie ich aber versuchen soll, das Geld zu bekommen, weiß ich nicht. Dieser Gabaël kennt mich nicht, und ich kenne ihn auch nicht. Was für ein Zeichen soll ich ihm vorweisen, damit er mir Glauben schenkt? Aber auch den Weg dorthin kenne ich nicht.

Da antwortete ihm sein Vater: Seinen Schuldschein habe ich hier; wenn du ihm den vorlegst, wird er dir sogleich das Geld geben.

Geh aber hin und suche dir einen zuverlässigen Begleiter, der gegen Entgelt mit dir geht, damit du das Geld noch bei meinen Lebzeiten zurückbekommst.

Da ging der junge Tobias hinaus und fand einen stattlichen jungen Mann, der stand da gegürtet und wie bereit zu reisen. Und er wusste nicht, dass es ein Engel Gottes war, grüßte ihn und fragte: Woher bist du, guter Freund?

Er antwortete: Von den Israeliten.

Und Tobias fragte ihn: Kennst du den Weg nach Medien?

Er antwortete: Ich kenne ihn gut und bin ihn oft gegangen und habe Herberge genommen bei unserm Bruder Gabaël, der in der Stadt Rages in Medien wohnt, die auf dem Gebirge von Ekbatana liegt.

Und Tobias sagte zu ihm: Warte doch einen Augenblick auf mich, damit ich das meinem Vater sagen kann.

Da ging Tobias hinein und sagte das alles seinem Vater; und der Vater wunderte sich und bat, der junge Mann solle zu ihm hereinkommen.

So kam er herein, grüßte ihn und sagte: Gott gebe dir allezeit Freude!

Aber Tobias sagte: Was soll ich für Freude haben, wenn ich im Finstern sitzen muss und das Licht des Himmels nicht sehen kann?

Einer kennt den Weg
Jacopo Palma († 1528): Tobias und der Engel, Raphael auf der Wanderschaft.

Und der junge Mann sagte zu ihm: Hab Geduld, Gott wird dir bald helfen.

Und Tobias sagte zu ihm: Kannst du meinen Sohn zu Gabaël hinführen, in die Stadt Rages in Medien? Wenn du wiederkommst, will ich dir deinen Lohn geben. Und der Engel sagte zu ihm: Ich will ihn hinführen und wieder zu dir zurückbringen.

Und Tobias sagte zu ihm: Ich bitte dich: Sage mir, aus welchem Geschlecht oder aus welchem Stamme bist du?

Und der Engel Rafael sagte: Sei doch zufrieden! Reicht es dir nicht, dass du einen Begleiter für deinen Sohn gefunden hast? Wozu willst du auch noch wissen, woher ich bin?

Doch um dir die Sorge zu nehmen, will ich dir's sagen: Ich bin Asarja, der Sohn des großen Hananja. Und Tobias sagte: Du bist aus einem guten Geschlecht. Ich bitte dich: Zürne mir nicht, dass ich nach deiner Herkunft gefragt habe.

Der Engel aber sagte zu ihm: Ich will deinen Sohn wohlbehalten hin- und zurückbringen.

Tobias antwortete: So zieht hin! Gott sei mit euch auf dem Wege, und sein Engel geleite euch!

Da rüstete sich Tobias mit allem aus, was er mitnehmen wollte, nahm Abschied von Vater und Mutter und zog mit seinem Begleiter davon.

Und als sie fort waren, fing seine Mutter an zu weinen und klagte: Den Trost unsres Alters hast du uns genommen und weggeschickt!

Ich wollte, dass das Geld nie gewesen wäre, dessentwegen du ihn weggeschickt hast.

Wir hätten wohl zufrieden sein können in unserer Armut und es für großen Reichtum halten sollen, dass wir unsern Sohn bei uns hatten.

Aber Tobias sagte: Weine nicht! Unser Sohn wird frisch und gesund hin- und zurückkommen, und deine Augen werden ihn sehen.

Denn ich glaube, dass ein guter Engel Gottes ihn geleitet und alles zum Besten lenkt, was ihm begegnet, so dass er in Freuden wieder heimkehren wird. Da schwieg seine Mutter still und gab sich zufrieden.

Tobias zog dahin, und sein Hündlein lief mit ihm. Und nach der ersten Tagereise blieb er über Nacht am Ufer des Tigris.

Er ging zum Fluss, um seine Füße zu waschen; und siehe, ein großer Fisch schoss hervor und wollte ihn verschlingen. Tobias erschrak und schrie mit lauter Stimme: O Herr, er will mich fressen!

Und der Engel sagte zu ihm: Pack ihn bei den Kiemen und zieh ihn heraus!

Und er zog ihn aufs Land; da zappelte er vor seinen Füßen.

Da sagte der Engel zu ihm: Nimm den Fisch aus und behalte das Herz, die Galle und die Leber; denn sie sind sehr gut als Arznei.

Tobias tat das, und einige Stücke vom Fisch briet er für unterwegs, das Übrige salzten sie ein, damit sie genug für die Reise hatten, bis sie in die Stadt Rages in Medien kamen.

Da fragte Tobias den Engel: Ich bitte dich, mein Bruder Asarja, sage mir, welche Heilkraft in den Stücken des Fisches liegt, die ich von dem Fisch behalten sollte.

Da antwortete der Engel: Wenn du ein Stücklein vom Herzen oder von der Leber auf glühende Kohlen legst, so vertreibt der Rauch alle bösen Geister, so dass sie weder Mann noch Frau mehr schaden können.

Und die Galle des Fisches ist eine gute Salbe für die Augen, um sie vom Star zu heilen.

Und Tobias fragte: Wo wollen wir einkehren? Und der Engel antwortete: Hier wohnt ein Mann, der heißt Raguël; er ist ein Verwandter aus deinem Stamm und hat nur eine einzige Tochter; die heißt Sara; und sonst hat er kein Kind.

Dir wird all ihr Hab und Gut zufallen, denn du bist verpflichtet, die Tochter zur Frau zu nehmen. Darum wirb um sie bei ihrem Vater, so wird er sie dir zur Frau geben.

Da antwortete Tobias: Ich habe gehört, dass sie bereits sieben Männern angetraut war; die sind alle tot, und man sagt, ein böser Geist habe sie getötet.

Gott sei mit euch auf dem Wege
Adam Elsheimer († 1610): Tobias und der Engel.

Darum fürchte ich, dass mir's auch so gehen könnte; dann würden meine betagten Eltern vor Leid sterben, weil ich ihr einziger Sohn bin.

Da sprach der Engel Rafael: Hör auf mich! Ich will dir sagen, was das für Leute sind, über die der böse Geist Gewalt gewinnen kann: nämlich solche, die ihre Ehe eingehen als Menschen, die von Gott nichts wissen wollen und sich allein von ihrer Lust leiten lassen, als wären sie ohne Verstand wie Rosse und Maultiere. Über solche Leute hat der böse Geist Gewalt.

Wenn du aber mit Sara ins Brautgemach kommst, dann sollst du sie drei Tage lang nicht berühren, sondern mit ihr zusammen nur dem Gebet leben.

In der ersten Nacht sollst du die Leber des Fisches auf glühende Kohlen legen, dann wird der böse Geist vertrieben werden.

Durch die zweite Nacht aber werden dir die Verheißungen der heiligen Patriarchen zuteil.

Durch die dritte Nacht wirst du den Segen erlangen, dass euch gesunde Kinder geboren werden.

Wenn aber die dritte Nacht vorüber ist, sollst du dich mit der Jungfrau verbinden in der Furcht des Herrn, mehr aus Liebe zu den Kindern als aus Lust, damit du mit deinen

Phantastische Fahrten 109

Kindern den Segen erlangst, der den Nachkommen Abrahams zugesagt ist.

Sie kehrten bei Raguël ein, und der empfing sie mit Freuden.

Und er sah Tobias an und sagte zu Hanna, seiner Frau: Wie gleicht der junge Mann doch meinem Vetter!

Und als er das gesagt hatte, fragte er: Woher stammt ihr, liebe Brüder?

Sie sagten: Aus dem Stamm Naftali sind wir, Weggeführte, aus Ninive.

Raguël sagte zu ihnen: Kennt ihr Tobias, meinen Bruder? Sie antworteten: Ja, wir kennen ihn gut.

Als nun Raguël viel Gutes von Tobias redete, sagte der Engel zu ihm: Der Tobias, nach dem du fragst, ist sein Vater.

Und Raguël eilte auf ihn zu, fiel ihm um den Hals, küsste ihn unter Tränen und sagte: O mein lieber Sohn, gesegnet seist du, denn du bist der Sohn eines tüchtigen und frommen Mannes!

Und Hanna, seine Frau, und Sara, ihre Tochter, fingen auch an zu weinen.

Danach ließ Raguël einen Widder schlachten und das Mahl bereiten.

Als er sie bat, sich zu Tisch zu setzen, sagte Tobias: Ich will heute weder essen noch trinken, ehe du mir nicht meine Bitte gewährst und zusagst, mir Sara, deine Tochter, zu geben.

Als das Raguël hörte, erschrak er; denn er dachte daran, was den sieben andern Männern widerfahren war, und er fürchtete, es könnte diesem auch so ergehen.

Und als er zögerte und ihm keine Antwort geben wollte, sagte der Engel zu ihm: Scheue dich nicht, diesem frommen Mann deine Tochter zu geben; denn ihm ist sie zur Frau bestimmt; darum hat sie auch kein anderer bekommen können.

Da sagte Raguël: Ich zweifle nicht, dass Gott meine heißen Tränen und Gebete erhört hat, und glaube, dass er euch hat zu mir kommen lassen, weil meine Tochter nach dem Gesetz des Mose einen Mann aus ihrem Stamm heiraten sollte; nun sei gewiss: ich will sie dir geben.

Und er nahm die rechte Hand seiner Tochter und legte sie Tobias in die rechte Hand und sprach: Der Gott Abrahams, der Gott Isaaks und der Gott Jakobs sei mit euch! Er gebe euch zusammen und schenke euch seinen reichen Segen!

Und sie nahmen eine Schriftrolle und schrieben den Ehevertrag; und sie lobten Gott und hielten das Mahl.

Und Raguël rief seine Frau Hanna zu sich und ließ sie eine zweite Kammer herrichten.

Und sie führte ihre Tochter Sara hinein; und sie weinte.

Und sie sagte zu ihr: Sei getrost, meine Tochter! Der Herr des Himmels gebe dir nun Freude, nachdem du so viel Leid erlitten hast.

Nach dem Abendessen aber führten sie den jungen Tobias zu ihr in die Kammer.

Und Tobias dachte an den Rat des Engels und nahm aus seiner Tasche ein Stück von der Leber des Fisches und legte es auf die glühenden Kohlen. Da nahm der Engel Rafael den bösen Geist gefangen und band ihn fest in der Wüste von Oberägypten.

Danach forderte Tobias die Jungfrau auf: Sara, steh auf, wir wollen heute, morgen und übermorgen zu Gott beten und in diesen drei Nächten nur Gott gehören; nach der dritten Nacht aber wollen wir als Eheleute einander gehören.

Denn wir sind Kinder der Heiligen und können unsere Ehe nicht beginnen wie die Heiden, die Gott nicht kennen.

Und sie standen auf und beteten beide inständig, dass Gott sie behüten wolle.

Und Tobias sprach: Herr, du Gott unsrer Väter, dich sollen loben Himmel, Erde, Meer, alle Quellen und Flüsse und alle deine Geschöpfe, die darin leben.

Du hast Adam aus Erde vom Acker gemacht und hast ihm Eva zur Gehilfin gegeben.

Und nun, Herr, du weißt, dass ich nicht aus böser Lust meine Schwester zur Frau nehme, sondern nur, weil ich gerne Kinder haben möchte, durch die dein heiliger Name auf ewig gepriesen werde. Und Sara sprach: Erbarme dich unser, Herr, erbarme dich und lass uns beide gesund bleiben und alt werden.

Und als der Hahn krähte, rief Raguël seine Diener und ging mit ihnen, ein Grab auszuheben.

Denn er dachte: Es könnte dem Tobias vielleicht auch ergangen sein wie den sieben andern, die mit ihr vermählt waren.

Und als sie das Grab ausgehoben hatten, kam Raguël zu seiner Frau zurück und sagte: Schick eine Magd hin und lass nachsehen, ob auch er tot ist, damit ich ihn begraben kann, bevor es Tag wird.

Da schickte sie eine Magd; die trat leise in die Kammer und fand sie beide gesund und frisch im Schlaf.

Und sie kam zurück und brachte ihnen die gute Nachricht.

Und Raguël und seine Frau Hanna dankten Gott und sprachen: Wir danken dir, Herr, du Gott Israels, dass nicht geschehen ist, was wir befürchtet haben. Denn du hast uns deine Barmherzigkeit erwiesen und den Feind, der uns verfolgte, vertrieben.
Du hast dich erbarmt über diese beiden einzigen Kinder. Und nun, Herr, gib ihnen, dass sie dir noch lange danken und dich loben können mit dem Leben, das du ihnen erhältst, damit alle Völker an ihnen erkennen, dass du allein Gott bist in aller Welt. Und sogleich befahl Raguël seinen Dienern, das Grab wieder zuzuschütten, ehe es Tag würde.

Seiner Frau aber trug er auf, ein Mahl herzurichten und alles vorzubereiten, was man auf der Reise braucht.

Er ließ auch zwei fette Rinder und vier Schafe schlachten und ein Festmahl zubereiten für alle seine Nachbarn und Freunde.

Und Raguël bat Tobias dringend, zwei Wochen bei ihm zu bleiben.

Und von all seinen Gütern gab er dem Tobias die Hälfte und legte schriftlich fest, dass nach seinem Tode und dem Tode seiner Frau auch die andre Hälfte dem Tobias zufallen sollte.

Da rief Tobias den Engel zu sich – denn er hielt ihn für einen Menschen – und sagte zu ihm: Asarja, mein Bruder, ich bitte dich, höre mich an!

Selbst wenn ich dein Sklave würde, könnte ich dir doch deine Fürsorge nicht entgelten.

Dennoch bitte ich dich: Nimm dir Knechte und Kamele und zieh zu Gabaël nach Rages in Medien; gib ihm diesen Schuldschein zurück und nimm das Geld entgegen und bitte ihn, zu meiner Hochzeit zu kommen.

Denn du weißt, mein Vater zählt die Tage; und wenn ich einen Tag zu lange fortbliebe, so wäre er betrübt.

Du siehst auch, wie sehr mich Raguël gebeten hat, so dass ich's ihm nicht abschlagen kann.

Da nahm Rafael vier Knechte Raguëls und zwei Kamele und zog nach der Stadt Rages in Medien und fand Gabaël und gab ihm den Schuldschein zurück und empfing von ihm das ganze Geld.

Und er berichtete ihm alles, was der jüngere Tobias erlebt hatte, und brachte ihn mit auf die Hochzeit.

Und als Gabaël in das Haus Raguëls kam, fand er Tobias bei Tisch; der sprang auf, und sie küssten sich. Und Gabaël weinte und lobte Gott und sprach: Es segne dich der Gott Israels! Denn du bist der Sohn eines frommen, gerechten und gottesfürchtigen Mannes, der den Armen viel Gutes getan hat.

Gesegnet seien auch deine Frau und eure Eltern!

Und Gott gebe, dass ihr eure Kinder und eure Kindeskinder seht bis ins dritte und vierte Glied; und eure Nachkommen seien gesegnet vom Gott Israels, der in Ewigkeit herrscht und regiert!

Und als alle Amen gesagt hatten, setzten sie sich zu Tische; und auch das Hochzeitsmahl feierten sie in der Furcht des Herrn.

Als aber der junge Tobias wegen seiner Hochzeit lange ausblieb, fing sein Vater Tobias an, sich zu sorgen, und sagte: Warum bleibt mein Sohn so lange aus, und was hält ihn auf?

Vielleicht ist Gabaël gestorben, und niemand will ihm das Geld zurückgeben?

Und Tobias und seine Frau Hanna wurden sehr traurig und fingen beide an zu weinen, weil ihr Sohn zur bestimmten Zeit nicht heimgekommen war.

Und seine Mutter weinte und wollte sich nicht trösten lassen und klagte: Ach, mein Sohn, ach, mein Sohn! Warum haben wir dich auf die Reise geschickt, du Licht unsrer Augen, unsere Stütze im Alter, du Trost unsres Lebens, von dem wir uns Nachkommen erhofften!

Du warst unser Ein und Alles; wir hätten dich nicht fortschicken dürfen.

Und Tobias sagte zu ihr: Sei still und sorge dich nicht! Unserm Sohn geht's, so Gott will, gut; er hat einen zuverlässigen Begleiter.

Sie aber wollte sich nicht trösten lassen, sondern lief alle Tage hinaus und blickte dahin und dorthin und suchte auf allen Straßen, auf denen er kommen konnte, um ihn möglichst schon von ferne zu sehen.

Raguël aber sagte zu seinem Schwiegersohn: Bleib bei uns; ich will einen Boten zu deinem Vater Tobias schicken und ihn wissen lassen, dass dir's gut geht.

Und Tobias antwortete: Ich weiß, dass mein Vater und meine Mutter jetzt die Tage zählen und in großer Sorge um mich sind.

Als Raguël Tobias mit vielen Worten bat, ohne dass dieser einwilligte, gab er ihm Sara mit und dazu die Hälfte von all seinem Hab und Gut: Knechte und Mägde, Vieh, Kamele und viel Geld; dann ließ er ihn gesund und fröhlich ziehen und sprach: Der heilige Engel des Herrn sei mit euch auf dem Wege und bringe euch gesund ans Ziel! Gott gebe, dass ihr eure Eltern wohlauf findet und dass meine Augen eure Kinder sehen dürfen, ehe ich sterbe.

Und die Eltern umarmten ihre Tochter und küssten sie; dann ließen sie sie ziehen und ermahnten sie, die Eltern ihres Mannes zu ehren, ihren Mann zu lieben, Kinder und Gesinde recht zu leiten, dem Hause wohl vorzustehen und sich selbst untadelig zu halten.

Als sie auf dem Heimweg am elften Tage nach Haran kamen, das auf halbem Wege nach Ninive liegt, sagte der Engel: Tobias, mein Bruder, du weißt, wie es deinem Vater ging, als du von ihm weggingst; wenn es dir recht ist, so wollen wir beide vorausziehen und deine Frau mit dem Gesinde und dem Vieh langsam nachkommen lassen.

Und als Tobias das recht war, sagte Rafael zu ihm: Nimm etwas von der Galle des Fisches mit; denn du wirst es brauchen. Da nahm Tobias etwas von der Galle des Fisches, und sie zogen voraus.

Hanna aber saß täglich am Wege auf einem Berge, von wo sie weit ins Land blicken konnte. Und als sie dort nach der Heimkehr ihres Sohnes ausschaute, sah sie ihn von ferne und erkannte ihn sogleich und lief zu ihrem Mann und sagte: Siehe, dein Sohn kommt!

Und Rafael sagte zu Tobias: Sobald du ins Haus kommst, bete zu Gott, deinem Herrn, und danke ihm! Darauf geh zu deinem Vater und küsse ihn und salbe ihm sogleich die Augen mit der Galle des Fisches, die du bei dir hast; dann werden seine Augen bald geöffnet werden, und dein Vater wird das Licht des Himmels wieder schauen und über deinen Anblick sich freuen.

Und der Hund, den sie mitgenommen hatten, lief voraus und kam als Bote, wedelte mit dem Schwanz, sprang hoch und zeigte seine Freude.

Da stand sein blinder Vater auf und stieß sich vor lauter Eile; darum rief er einen Knecht, der ihn bei der Hand führte, und lief seinem Sohn entgegen. Er schloss ihn in die Arme und küsste ihn, ebenso auch seine Mutter, und beide weinten vor Freude. Und als sie zum Herrn gebetet und ihm gedankt hatten, setzten sie sich zusammen nieder.

Da nahm Tobias von der Galle des Fisches und salbte seinem Vater die Augen. Und es dauerte fast eine halbe Stunde, da löste sich der Star von seinen Augen wie das Häutlein von einem Ei.

Und Tobias fasste es und zog es ihm von den Augen; sogleich wurde er wieder sehend.

Und sie priesen Gott, er und seine Frau und alle, die ihn kannten.

Und Tobias sprach: Ich danke dir, Herr, du Gott Israels; denn du hast mich gezüchtigt und nun wieder geheilt, und jetzt kann ich meinen lieben Sohn Tobias wieder sehen.

Und nach sieben Tagen kam auch Sara, die Frau seines Sohnes, wohlbehalten an mit ihrem ganzen Gesinde, dem Vieh und den Kamelen und brachte viel Geld mit und auch das Geld, das er von Gabaël empfangen hatte. Und Tobias erzählte seinen Eltern, wie viel Gutes Gott an ihm getan hatte durch seinen Begleiter.

Und Achior und Nabat, die Vettern des Tobias, kamen zu ihm, beglückwünschten ihn und freuten sich mit ihm über all das Gute, das ihm Gott erwiesen hatte.

Und sieben Tage lang feierten sie miteinander und waren alle sehr fröhlich.

Danach rief Tobias seinen Sohn zu sich und sagte: Was sollen wir doch dem heiligen Manne geben, der mit dir gezogen ist?

Und Tobias antwortete ihm: Vater, welchen Lohn können wir ihm geben oder womit all das Gute aufwiegen, das er mir erwiesen hat?

Er hat mich gesund hin- und zurückgebracht; er hat das Geld von Gabaël geholt und mir zu dieser Frau verholfen; dazu hat er den bösen Geist vertrieben und ihre Eltern wieder froh gemacht.

Mich hat er gerettet, als mich der große Fisch fressen wollte, und dir hat er geholfen, dass du das Licht des Himmels wieder sehen kannst; so hat er uns unermesslich viel Gutes getan.

Wie könnten wir ihm das alles vergelten? Doch ich bitte dich, mein Vater: Biete ihm die Hälfte aller Habe an, die wir mitgebracht haben. Vielleicht nimmt er sie an.

Und beide, Vater und Sohn, riefen ihn, nahmen ihn beiseite und baten ihn, die Hälfte aller Güter anzunehmen, die sie mitgebracht hatten.

Er aber sagte zu ihnen im Vertrauen: Lobt und preist den Gott des Himmels vor jedermann, dass er euch solche Gnade erwiesen hat!

Geheimnisse eines Königs soll man verschweigen; aber Gottes Werke offenbar zu machen und zu preisen, bringt Ehre.

Beten, Fasten und Almosengeben ist besser, als goldene Schätze zu sammeln; denn Almosen erlösen vom Tode, tilgen die Sünden und führen zum ewigen Leben. Wer aber Sünde und Unrecht tut, bringt sich selber um sein Leben.

So will ich euch nun die Wahrheit offenbaren und das verborgene Geschehen euch nicht verheimlichen.

Als du unter Tränen betetest und die Toten begrubst, als du dein Essen stehen ließest, die Leichen den Tag über heimlich in deinem

Und verkündigten alle seine großen Wunder
Rembrandt († 1669): Raphael verlässt die Familie des Tobias.

Hause verstecktest und sie bei Nacht begrubst, da brachte ich dein Gebet vor den Herrn.

Und weil du Gott lieb warst, hast du dich in der Anfechtung bewähren müssen.

Und dann hat mich der Herr geschickt, um dich zu heilen und um deine Schwiegertochter Sara von dem bösen Geist zu befreien.

Denn ich bin Rafael, einer von den sieben Engeln, die vor dem Herrn stehen.

Als sie das hörten, erschraken sie und fielen zitternd zur Erde auf ihr Angesicht.

Der Engel aber sprach zu ihnen: Friede sei mit euch! Fürchtet euch nicht!

Denn nach Gottes Willen ist es geschehen, dass ich bei euch gewesen bin; darum lobt und preist ihn!

Es schien zwar so, als hätte ich mit euch gegessen und getrunken; aber ich genieße eine unsichtbare Speise und einen Trank, den kein Mensch sehen kann.

Phantastische Fahrten

Und nun ist's Zeit, dass ich wieder zu dem hingehe, der mich gesandt hat; dankt ihr aber Gott und verkündigt alle seine Wunder!

Und als er das gesagt hatte, verschwand er vor ihren Augen, und sie konnten ihn nicht mehr sehen.

Und sie fielen nieder auf ihr Angesicht und dankten Gott drei Stunden lang; danach standen sie auf und verkündigten alle seine großen Wunder.

Der alte Tobias aber tat seinen Mund auf, lobte Gott und sprach: Groß bist du, Herr, in Ewigkeit, und dein Reich währt immerdar; denn du züchtigst und heilst wieder; du führst hinab zu den Toten und wieder herauf, und deiner Hand kann niemand entfliehen.

Ihr Israeliten, lobt den Herrn, und vor den Heiden preist ihn! Denn darum hat er euch zerstreut unter die Völker, die ihn nicht kennen, damit ihr seine Wunder verkündigt und die Heiden erkennen lasst, dass kein allmächtiger Gott ist als er allein.

Er hat uns gezüchtigt um unsrer Sünden willen, und um seines Erbarmens willen wird er uns wieder helfen.

Darum bedenkt, was er an uns getan hat; mit Furcht und Zittern preist und rühmt ihn, der ewig herrscht, mit euren Werken!

Und auch ich will ihn preisen in diesem Lande, in dem ich gefangen bin; denn er hat seine Macht erwiesen an einem sündigen Volk.

Darum bekehrt euch, ihr Sünder, und tut, was recht ist, vor Gott, und glaubt, dass er euch sein Erbarmen erweist!

Ich aber will mich von Herzen freuen in Gott.

Lobt den Herrn, all ihr seine Auserwählten, haltet Freudentage und preist ihn!

Jerusalem, du Gottesstadt, Gott hat dich gezüchtigt um deiner Werke willen; aber er wird sich über dich wieder erbarmen.

Danke dem Herrn für dein Glück und preise den ewigen Gott; so wird er seine Hütte in dir wieder bauen und alle deine Gefangenen zurückrufen, dass du dich ewig freuen kannst.

Du wirst in hellem Glanze leuchten, und an allen Enden der Erde wird man dich ehren.

Aus fernen Ländern werden die Völker zu dir kommen; sie werden Geschenke bringen und in deiner Mitte den Herrn anbeten, und dein Land werden sie heilig halten; den großen Namen des Herrn werden sie in dir anrufen.

Verflucht werden alle sein, die dich verachten; verdammt werden alle sein, die dich lästern; gesegnet werden alle sein, die dich bauen.

Du aber wirst dich freuen über deine Kinder; denn sie werden alle gesegnet und versammelt werden zum Herrn.

Wohl allen, die dich lieben und sich über dein Heil freuen!

Lobe den Herrn, meine Seele! Denn er wird seine Stadt Jerusalem erlösen.

Wohl mir, wenn auch nur meine letzten Nachkommen die Herrlichkeit Jerusalems sehen werden!

Die Tore Jerusalems werden aus Saphir und Smaragd gebaut werden und aus Edelsteinen ringsum all seine Mauern.

Mit weißem und reinem Marmor werden alle seine Gassen gepflastert werden, und auf allen seinen Straßen wird man Halleluja singen.

Gelobt sei der Herr, der seine Stadt wieder gebaut hat, und er herrsche über sie in Ewigkeit! Amen.

Und nachdem Tobias wieder sehend geworden war, lebte er noch zweiundvierzig Jahre und sah noch die Kinder seiner Enkel.

Und als er hundertundzwei Jahre alt war, wurde er mit Ehren begraben in Ninive.

Denn mit sechsundfünfzig Jahren war er blind und im sechzigsten Jahre wieder sehend geworden.

Die restliche Zeit aber lebte er im Glück, und seine Gottesfurcht nahm noch zu, bis er in Frieden starb.

Vor seinem Tode aber rief er Tobias, seinen Sohn, zu sich und dessen sieben Söhne und sagte zu ihnen: Ninive wird nun bald zugrunde gehen; denn das Wort des Herrn wird nicht unerfüllt bleiben; aber in Medien wird dann noch eine Zeit lang Friede sein. Unsere Brüder aber, die aus dem Land Israel vertrieben sind, werden dorthin zurückkehren.

Und unser ganzes Land, das jetzt verödet liegt, wird wieder bewohnt werden. Und Gottes Haus, das jetzt niedergebrannt ist, wird wieder aufgebaut werden, und alle, die Gott fürchten, werden wieder dorthin kommen.

Und auch die Heiden werden ihre Götzen verlassen und nach Jerusalem kommen und dort wohnen, und an Jerusalem werden sich alle freuen, die den König Israels anbeten.

So hört nun, meine Söhne, euren Vater! Dient dem Herrn in der Wahrheit und tut, was ihm gefällt.

Lehrt eure Kinder Gerechtigkeit üben und Almosen geben, Gott vor Augen haben und ihn allezeit preisen in Wahrheit und mit aller Kraft!

Und, liebe Kinder, hört auf mich und bleibt nicht hier in Ninive; sondern sobald ihr eure Mutter neben mir begraben habt im selben Grabe, macht euch noch am gleichen Tage auf und zieht fort von hier!

Denn ich sehe, dass Ninive an seiner Bosheit zugrunde gehen wird.

Sogleich nach dem Tod seiner Mutter zog Tobias mit seiner Frau und seinen Söhnen von Ninive fort und kehrte nach Medien zurück zu seinen Schwiegereltern.

Er fand sie in ihrem hohen Alter frisch und gesund und umsorgte sie. Und als sie starben, drückte er ihnen die Augen zu und erbte alle Güter Raguëls. Und er sah Kinder und Kindeskinder bis ins fünfte Glied.

Und als er neunundneunzig Jahre in Glück und Gottesfurcht gelebt hatte, begrub ihn seine ganze Verwandtschaft.

Und alle seine Nachkommen führten ein frommes Leben und einen heiligen Wandel. So fanden sie Gnade bei Gott und den Menschen und allen, die im Lande wohnten.

Phantastische Fahrten

Fünfter Chor der Engel: Natur

Engel, Energien und Esel

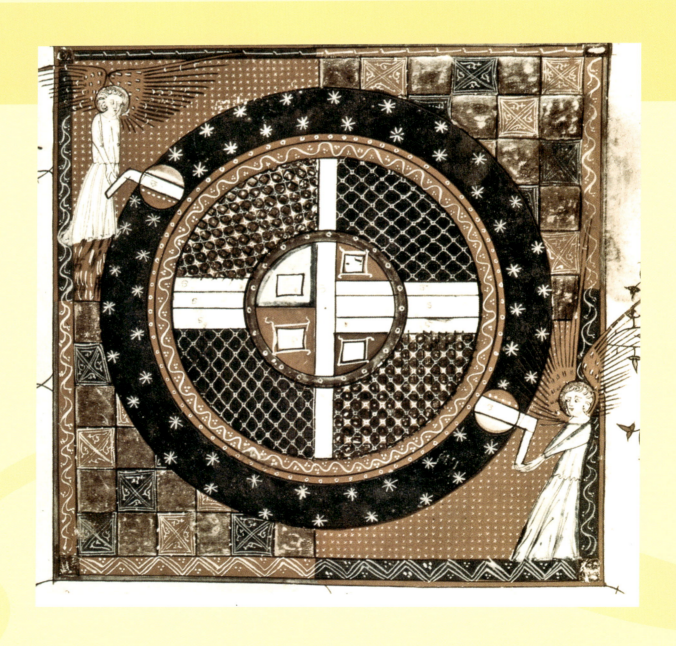

»Mein künstlerischer Schnitt sieht nach nichts aus, wenn er flach hängt, aber getragen, schwingt er wie ein Engel um den Körper.«

Jil Sander

Eine Welt in Schwingung: Engel unter Damenkleidern, engelgleiche Düfte voll Unschuld und femininer Sinnlichkeit entströmen dem sternförmigen Flakon »Angel« von Thierry Mugler. Welche Gestalt haben Engel, wenn sie nicht mehr an Kinderbetten sitzen, Nudeln mit Tomatensoße essen oder mit dem Rucksack über Land ziehen? Verflüchtigen sie sich ins Reich der Metaphern? Im fünften Chor der Engel wird ein Blick unter die Hülle der sichtbaren Welt geworfen. Wundersame Stimmen erklingen: Engel in der Gestalt von Elektronen, Engel als Naturgeister, mit spiritueller Energie von Menschen erzeugte Engel, eine biblische Erzählung, die auf besondere Beziehungen zwischen Tieren und Engeln schließen lässt.

1 Elektronenengel

Gemeinschaft der himmlischen Gäste
Aus einer westflämischen Apokalypse, um 1400.

Nicht wahr
Rose Ausländer

Es ist nicht wahr
daß du stirbst

Elektronenengel
reichen dich weiter
dem Elektronengott

Wasser dein schwankender Spiegel
Narziß
zerreißt deine Gestalt

aber es ist nicht wahr
daß du stirbst

der Elektronengott
setzt dich wieder zusammen
setzt sich in dir zusammen
behutsam
unwiederholbar

Fünfter Chor der Engel: Natur

Night with her train of stars
Edward Robert Hughes (1851-1914).

Unter der Hülle der sichtbaren Welt

John Henry Kardinal Newman

Ich sehe die Engel auch als die eigentliche Ursache der Bewegung, des Lichtes, des Lebens, dieser Grundtatsachen der physischen Welten an. Freilich, wenn ihr Wirken in unsere Sinne fällt, macht es uns lediglich den Eindruck von Ursache und Wirkung, das, was wir mit „Naturgesetz" bezeichnen. Aber jedes Lüftchen, jeder Strahl von Licht und Wärme, jedes Aufschimmern von Schönheit ist gleichsam nur der Saum des Gewandes, das Rauschen des Kleides jener, die Gott von Angesicht zu Angesicht schauen. Ich frage: Welches sollten darum die Gedanken eines Menschen sein, der eine Blume, einen Grashalm, einen Kiesel betrachtend in den Händen hält? Sollte er nicht, indem er einen Lichtstrahl schaut, der von einem niederen Wesen, als er selbst ist, zu ihm aufsteigt, sich mit einem Mal in der Gegenwart eines mächtigen Wesens finden, das sich unter der Hülle der sichtbaren Welt verhüllt, die er schaut? Eines Wesens, das seine Tätigkeit, voll der Weisheit, verheimlicht und ihnen doch die eigentliche Schönheit, ihre Anmut und Vollendung verleiht. Wollen wir nicht annehmen, dass diese Naturerscheinungen, welche der Mensch so leidenschaftlich erforscht, das Kleid und das Geschmeide jenes höheren Wesens sind!

2 Ökologie und Umwelt

Wasserfall bei Nacht

Christian Morgenstern

Ruhe, Ruhe, tiefe Ruhe.
Lautlos schlummern Menschen, Tiere.
Nur des Gipfels Gletschertruhe
schüttet talwärts ihre
Wasser.

Geisterstille, Geisterfülle,
öffnet eure Himmelsschranke!
Bleibe schlafend, liebe Hülle,
schwebt, Empfindung und Gedanke,
aufwärts!

Aufwärts in die Geisterhallen
taste dich, mein höher Wesen!
Lass des Leibes Schleier fallen,
koste, seingenesen,
Freiheit!

Unablässig Sinken
weißer Wogenwucht,
lass mich, deine Bucht,
dein Geheimnis trinken.

Engel wölken leise
aus der Wasser Schoß,
lösen groß sich los
nach Dämonenweise.

Strahlen bis zum bleichen
Mond der Häupter Firn …
Und auf Schläfer-Stirn
malen sie das Zeichen …

Taufen gern Erhörten
mit der Weisheit Tau.
Und von ferner Schau
dämmert dem Enttörten.

Fünfter Chor der Engel: Natur

Umhüllt vom Licht der Lichter
Joseph Mallord William Turner († 1851):
Der Engel, in der Sonne stehend.

Der Engel des Herbstes

Dahlia Borsche

Ein Windstoß,
die bunten Blätter rascheln.
Ich sitze auf einer Parkbank,
der Wind weht mir die klare
Herbstluft zu.

Ich spüre ihn,
den Engel des Herbstes.
Die Herbstluft,
die unvergleichliche Klarheit,
lässt mich nicht ruhn.

Ich sehe ihn,
den Engel des Herbstes.
Die Farbenpracht,
die leuchtenden Blätter:
Ich kann mich nicht
sattsehen daran.

Ich schau hinauf,
durch die kahlen Äste,
und sehe die letzten Vögel.
Ein Gefühl von Frieden überkommt mich,
und ich danke Gott für diese schöne
Jahreszeit.

Ökologie und Umwelt

Bileams Esel und der Engel

4 Mose 22,1-35

Danach zogen die Israeliten weiter und lagerten sich im Jordantal der Moabiter gegenüber Jericho. Und Balak, der Sohn Zippors, sah alles, was Israel den Amoritern angetan hatte.

Und die Moabiter fürchteten sich sehr vor dem Volk, das so groß war, und den Moabitern graute vor den Israeliten.

Und sie sprachen zu den Ältesten der Midianiter: Nun wird dieser Haufe auffressen, was um uns herum ist, wie ein Rind das Gras auf dem Felde abfrisst. Balak aber, der Sohn Zippors, war zu der Zeit König der Moabiter.

Und er sandte Boten aus zu Bileam, dem Sohn Beors, nach Petor, das am Euphrat liegt, ins Land der Söhne seines Volks, um ihn herbeizurufen, und ließ ihm sagen: Siehe, es ist ein Volk aus Ägypten gezogen, das bedeckt das ganze Land und lagert mir gegenüber.

So komm nun und verfluche mir das Volk, denn es ist mir zu mächtig; vielleicht kann ich's dann schlagen und aus dem Lande vertreiben; denn ich weiß: Wen du segnest, der ist gesegnet, und wen du verfluchst, der ist verflucht.

Und die Ältesten der Moabiter gingen hin mit den Ältesten der Midianiter und hatten den Lohn für das Wahrsagen in ihren Händen und kamen zu Bileam und sagten ihm die Worte Balaks.

Und er sprach zu ihnen: Bleibt hier über Nacht, so will ich euch antworten, wie mir's der HERR sagen wird. Da blieben die Fürsten der Moabiter bei Bileam.

Und Gott kam zu Bileam und sprach: Wer sind die Leute, die bei dir sind?

Bileam sprach zu Gott: Balak, der Sohn Zippors, der König der Moabiter, hat zu mir gesandt: Siehe, ein Volk ist aus Ägypten gezogen und bedeckt das ganze Land. So komm nun und verfluche es; vielleicht kann ich dann mit ihm kämpfen und es vertreiben.

Gott aber sprach zu Bileam: Geh nicht mit ihnen, verfluche das Volk auch nicht; denn es ist gesegnet. Da stand Bileam am Morgen auf und sprach zu den Fürsten Balaks: Geht hin in euer Land; denn der HERR will's nicht gestatten, dass ich mit euch ziehe. Und die Fürsten der Moabiter machten sich auf, kamen zu Balak und sprachen: Bileam weigert sich, mit uns zu ziehen. Da sandte Balak noch mehr und noch mächtigere Fürsten, als jene waren.

Als die zu Bileam kamen, sprachen sie zu ihm: So lässt dir sagen Balak, der Sohn Zippors: Wehre dich doch nicht dagegen, zu mir zu ziehen; denn ich will dich hoch ehren, und was du mir sagst, das will ich tun; komm doch und verfluche mir dies Volk.

Bileam antwortete und sprach zu den Gesandten Balaks: Wenn mir Balak sein Haus voll Silber und Gold gäbe, so könnte ich doch nicht übertreten das Wort des HERRN, meines Gottes, weder im Kleinen noch im Großen.

So bleibt auch ihr nun hier diese Nacht, dass ich erfahre, was der HERR weiter mit mir reden wird. Da kam Gott in der Nacht zu Bileam und sprach zu ihm: Sind die Männer gekommen, dich zu rufen, so mach dich auf und zieh mit ihnen; doch nur was ich dir sagen werde, sollst du tun.

Da stand Bileam am Morgen auf und sattelte seine Eselin und zog mit den Fürsten der Moabiter.

Aber der Zorn Gottes entbrannte darüber, dass er hinzog. Und der Engel des HERRN trat in den Weg, um ihm zu widerstehen. Er aber ritt auf seiner Eselin, und zwei Knechte waren mit ihm.

Und die Eselin sah den Engel des HERRN auf dem Wege stehen mit einem bloßen Schwert in seiner Hand. Und die Eselin wich vom Weg ab und ging auf dem Felde; Bileam aber schlug sie, um sie wieder auf den Weg zu bringen.

Da trat der Engel des HERRN auf den Pfad zwischen den Weinbergen, wo auf beiden Seiten Mauern waren.

Und als die Eselin den Engel des HERRN sah, drängte sie sich an die Mauer und klemmte Bileam den Fuß ein an der Mauer, und er schlug sie noch mehr.

Da ging der Engel des HERRN weiter und trat an eine enge Stelle, wo kein Platz mehr war auszuweichen, weder zur Rechten noch zur Linken.

Und als die Eselin den Engel des HERRN sah, fiel sie in die Knie unter Bileam. Da entbrannte der Zorn Bileams, und er schlug die Eselin mit dem Stecken.

Da tat der HERR der Eselin den Mund auf, und sie sprach zu Bileam: Was hab ich dir getan, dass du mich nun dreimal geschlagen hast?

Bileam sprach zur Eselin: Weil du Mutwillen mit mir treibst! Ach dass ich jetzt ein Schwert in der Hand hätte, ich wollte dich töten!

Die Eselin sprach zu Bileam: Bin ich nicht deine Eselin, auf der du geritten bist von jeher bis auf diesen Tag? War es je meine Art, es so mit dir zu treiben? Er sprach: Nein.

Da öffnete der HERR dem Bileam die Augen, dass er den Engel des HERRN auf dem Wege stehen sah mit einem bloßen Schwert in seiner Hand, und er neigte sich und fiel nieder auf sein Angesicht.

Und der Engel des HERRN sprach zu ihm: Warum hast du deine Eselin nun dreimal geschlagen? Siehe, ich habe mich aufgemacht, um dir zu widerstehen; denn dein Weg ist verkehrt in meinen Augen.

Und die Eselin hat mich gesehen und ist mir dreimal ausgewichen. Sonst, wenn sie mir nicht ausgewichen wäre, so hätte ich dich jetzt getötet, aber die Eselin am Leben gelassen.

Da sprach Bileam zu dem Engel des HERRN: Ich habe gesündigt; ich hab's ja nicht gewusst, dass du mir entgegenstandest auf dem Wege. Und nun, wenn dir's nicht gefällt, will ich wieder umkehren. Der Engel des HERRN sprach zu ihm: Zieh hin mit den Männern, aber nichts anderes, als was ich zu dir sagen werde, sollst du reden. So zog Bileam mit den Fürsten Balaks.

Die Erhellten neben mir
Francesco Cozza († 1682): Hagar und Ismael in der Wüste.

Ökologie und Umwelt

Sechster Chor der Engel: Die große Schau

Visionäre und Träumer

»Manchmal erschien mir der Engel Gabriel in Gestalt eines Mannes. Er spricht zu mir, und ich präge mir seine Worte ein.«

Mohammed

Der Prophet Mohammed meditierte in der Höhle von Hira, als ihm der Erzengel Gabriel erschien und das heilige Buch des Islam, den Koran, diktierte. Salman Rushdie erregte den Zorn schiitischer Muslime, weil er mit dieser Tradition scherzhaft umging.

Im sechsten Chor der Engel erklingen Visionen von weltgeschichtlichem Rang: Jüdische Propheten, Künstler und Patriarchen wurden durch Engel berufen und meist gegen ihren Willen in Gottes Dienst genommen. Mohammed träumt nicht nur von Gabriel, sondern er wird mit Gewalt überwunden: »Da packte der Engel mich und würgte mich, dass ich beinahe die Besinnung verlor.«

Wer unterscheidet den Künstler vom Scharlatan, den Visionär vom Wichtigtuer? Neben wahrhaft Ergriffenen erheben auch falsche Propheten ihre Stimme. Die Geister zu unterscheiden bedarf des geübten Ohrs.

1 Berufungsvisionen

Vier Rabbiner im Himmel
Talmud

Eines Nachts wurden vier Rabbiner von einem Engel besucht, der sie aufweckte und auf seinen Schwingen in die Siebente Kammer des Siebenten Himmels trug. Dort erblickten die vier das Heilige Rad von Hesekiel mit den eigenen Augen. Auf dem Rückweg zur Erde jedoch verlor der erste Rabbiner bereits seinen Verstand, denn sein Geist war dermaßen von dem göttlichen Glanz geblendet worden, dass er fortan nur noch brabbelnd durch die Lande irrte. Der zweite Rabbiner zeigte sich unbeeindruckt und verleugnete ganz einfach, was er im Siebenten Himmel gesehen hatte. Er winkte nur ab und sagte: »Ach was, das haben wir doch bloß geträumt!« Der dritte Rabbiner wurde fanatisch. Er hielt bald überall Vorträge über Sinn und Bedeutung seines Erlebnisses und stritt sich mit den anderen Gelehrten. Aber der vierte Rabbiner wurde zum Dichter. Er setzte sich an das Fenster seiner Kammer und verfasste ein Danklied nach dem anderen über die Tauben im Kirschbaum, die kleine Tochter in der Wiege und alle Sterne in der Nacht. Er als Einziger konnte sein Glück ertragen.

Jesajas Berufung zum Propheten
Jesaja 6,1-13

In dem Jahr, als der König Usija starb, sah ich den Herrn sitzen auf einem hohen und erhabenen Thron, und sein Saum füllte den Tempel.

Serafim standen über ihm; ein jeder hatte sechs Flügel: mit zweien deckten sie ihr Antlitz, mit zweien deckten sie ihre Füße, und mit zweien flogen sie.

Und einer rief zum andern und sprach: Heilig, heilig, heilig ist der HERR Zebaoth, alle Lande sind seiner Ehre voll!

Und die Schwellen bebten von der Stimme ihres Rufens, und das Haus ward voll Rauch.

Da sprach ich: Weh mir, ich vergehe! Denn ich bin unreiner Lippen und wohne unter einem Volk von unreinen Lippen; denn ich habe den König, den HERRN Zebaoth, gesehen mit meinen Augen.

Da flog einer der Serafim zu mir und hatte eine glühende Kohle in der Hand, die er mit der Zange vom Altar nahm, und rührte meinen Mund an und sprach: Siehe, hiermit sind deine Lippen berührt, dass deine Schuld von dir genommen werde und deine Sünde gesühnt sei.

Und ich hörte die Stimme des Herrn, wie er sprach: Wen soll ich senden? Wer will unser Bote sein? Ich aber sprach: Hier bin ich, sende mich!

Und er sprach: Geh hin und sprich zu diesem Volk: Höret und verstehet's nicht; sehet und merket's nicht!

Verstocke das Herz dieses Volks und lass ihre Ohren taub sein und ihre Augen blind, dass sie nicht sehen mit ihren Augen noch hören mit ihren Ohren noch verstehen mit ihrem Herzen und sich nicht bekehren und genesen.

Ich aber sprach: Herr, wie lange? Er sprach: Bis die Städte wüst werden, ohne Einwohner, und die Häuser ohne Menschen und das Feld ganz wüst daliegt.

Denn der HERR wird die Menschen weit wegtun, so dass das Land sehr verlassen sein wird.

Auch wenn nur der zehnte Teil darin bleibt, so wird es abermals verheert werden, doch wie bei einer Eiche und Linde, von denen beim Fällen noch ein Stumpf bleibt. Ein heiliger Same wird solcher Stumpf sein.

Hesekiels Berufungsvision

Hesekiel 1-3

Im dreißigsten Jahr am fünften Tage des vierten Monats, als ich unter den Weggeführten am Fluss Kebar war, tat sich der Himmel auf, und Gott zeigte mir Gesichte.

Am fünften Tag des Monats – es war das fünfte Jahr, nachdem der König Jojachin gefangen weggeführt war –, da geschah das Wort des HERRN zu Hesekiel, dem Sohn des Busi, dem Priester, im Lande der Chaldäer am Fluss Kebar. Dort kam die Hand des HERRN über ihn.

Und ich sah, und siehe, es kam ein ungestümer Wind von Norden her, eine mächtige Wolke und loderndes Feuer, und Glanz war rings um sie her, und mitten im Feuer war es wie blinkendes Kupfer. Und mitten darin war etwas wie vier Gestalten; die waren anzusehen wie Menschen.

Und jede von ihnen hatte vier Angesichter und vier Flügel.

Und ihre Beine standen gerade, und ihre Füße waren wie Stierfüße und glänzten wie blinkendes, glattes Kupfer.

Und sie hatten Menschenhände unter ihren Flügeln an ihren vier Seiten; die vier hatten Angesichter und Flügel.

Ihre Flügel berührten einer den andern. Und wenn sie gingen, brauchten sie sich nicht umzuwenden; immer gingen sie in der Richtung eines ihrer Angesichter.

Ihre Angesichter waren vorn gleich einem Menschen und zur rechten Seite gleich einem Löwen bei allen vieren und zur linken Seite gleich einem Stier bei allen vieren und hinten gleich einem Adler bei allen vieren.

Und ihre Flügel waren nach oben hin ausgebreitet; je zwei Flügel berührten einander, und mit zwei Flügeln bedeckten sie ihren Leib.

Immer gingen sie in der Richtung eines ihrer Angesichter; wohin der Geist sie trieb, dahin gingen sie; sie brauchten sich im Gehen nicht umzuwenden.

Und in der Mitte zwischen den Gestalten sah es aus, wie wenn feurige Kohlen brennen, und wie Fackeln, die zwischen den Gestalten hin- und herfuhren. Das Feuer leuchtete, und aus dem Feuer kamen Blitze. Und die Gestalten liefen hin und her, dass es aussah wie Blitze.

Als ich die Gestalten sah, siehe, da stand je ein Rad auf der Erde bei den vier Gestalten, bei ihren vier Angesichtern.

Die Räder waren anzuschauen wie ein Türkis und waren alle vier gleich, und sie waren so gemacht, dass ein Rad im andern war.

Nach allen vier Seiten konnten sie gehen; sie brauchten sich im Gehen nicht umzuwenden.

Und sie hatten Felgen, und ich sah, ihre Felgen waren voller Augen ringsum bei allen vier Rädern. Und wenn die Gestalten gingen, so gingen auch die Räder mit, und wenn die Gestalten sich von der Erde emporhoben, so hoben die Räder sich auch empor. Wohin der Geist sie trieb, dahin gingen sie, und die Räder hoben sich mit ihnen empor; denn es war der Geist der Gestalten in den Rädern.

Wenn sie gingen, so gingen diese auch; wenn sie standen, so standen diese auch; und wenn sie sich emporhoben von der Erde, so hoben sich auch die Räder mit ihnen empor; denn es war der Geist der Gestalten in den Rädern.

Aber über den Häuptern der Gestalten war es wie eine Himmelsfeste, wie ein Kristall, unheimlich anzusehen, oben über ihren Häuptern ausgebreitet, dass unter der Feste ihre Flügel gerade ausgestreckt waren, einer an dem andern; und mit zwei Flügeln bedeckten sie ihren Leib.

Und wenn sie gingen, hörte ich ihre Flügel rauschen wie große Wasser, wie die Stimme des Allmächtigen, ein Getöse wie in einem Heerlager. Wenn sie aber stillstanden, ließen sie die Flügel herabhängen, und es donnerte im Himmel über ihnen. Wenn sie stillstanden, ließen sie die Flügel herabhängen.

Und über der Feste, die über ihrem Haupt

Und Gott zeigte mir Gesichte
Die Vision des Ezechiel. Aus einer Bibel des 17. Jahrhunderts.

Berufungsvisionen 129

war, sah es aus wie ein Saphir, einem Thron gleich, und auf dem Thron saß einer, der aussah wie ein Mensch. Und ich sah, und es war wie blinkendes Kupfer aufwärts von dem, was aussah wie seine Hüften; und abwärts von dem, was wie seine Hüften aussah, erblickte ich etwas wie Feuer und Glanz ringsumher.

Wie der Regenbogen steht in den Wolken, wenn es geregnet hat, so glänzte es ringsumher. So war die Herrlichkeit des HERRN anzusehen.

Und als ich sie gesehen hatte, fiel ich auf mein Angesicht und hörte einen reden.

Und er sprach zu mir: Du Menschenkind, tritt auf deine Füße, so will ich mit dir reden.

Und als er so mit mir redete, kam Leben in mich und stellte mich auf meine Füße, und ich hörte dem zu, der mit mir redete.

Und er sprach zu mir: Du Menschenkind, ich sende dich zu den Israeliten, zu dem abtrünnigen Volk, das von mir abtrünnig geworden ist. Sie und ihre Väter haben bis auf diesen heutigen Tag wider mich gesündigt.

Und die Söhne, zu denen ich dich sende, haben harte Köpfe und verstockte Herzen. Zu denen sollst du sagen: »So spricht Gott, der HERR!«

Sie gehorchen oder lassen es – denn sie sind ein Haus des Widerspruchs –, dennoch sollen sie wissen, dass ein Prophet unter ihnen ist.

Und du, Menschenkind, sollst dich vor ihnen nicht fürchten noch vor ihren Worten fürchten. Es sind wohl widerspenstige und stachlige Dornen um dich, und du wohnst unter Skorpionen; aber du sollst dich nicht fürchten vor ihren Worten und dich vor ihrem Angesicht nicht entsetzen – denn sie sind ein Haus des Widerspruchs –, sondern du sollst ihnen meine Worte sagen, sie gehorchen oder lassen es; denn sie sind ein Haus des Widerspruchs.

Aber du, Menschenkind, höre, was ich dir sage, und widersprich nicht wie das Haus des Widerspruchs. Tu deinen Mund auf und iss, was ich dir geben werde.

Und ich sah, und siehe, da war eine Hand gegen mich ausgestreckt, die hielt eine Schriftrolle. Die breitete sie aus vor mir, und sie war außen und innen beschrieben, und darin stand geschrieben Klage, Ach und Weh.

Und er sprach zu mir: Du Menschenkind, iss, was du vor dir hast! Iss diese Schriftrolle und geh hin und rede zum Hause Israel!

Da tat ich meinen Mund auf, und er gab mir die Rolle zu essen und sprach zu mir: Du Menschenkind, du musst diese Schriftrolle, die ich dir gebe, in dich hinein essen und deinen Leib damit füllen. Da aß ich sie, und sie war in meinem Munde so süß wie Honig.

Und er sprach zu mir: Du Menschenkind, geh hin zum Hause Israel und verkündige ihnen meine Worte. Denn ich sende dich ja nicht zu einem Volk, das unbekannte Worte und eine fremde Sprache hat, sondern zum Hause Israel, nicht zu vielen Völkern, die unbekannte Worte und eine fremde Sprache haben, deren Worte du nicht verstehen könntest. Und wenn ich dich zu solchen sendete, würden sie dich gern hören.

Aber das Haus Israel will dich nicht hören, denn sie wollen mich nicht hören; denn das ganze Haus Israel hat harte Stirnen und verstockte Herzen.

Siehe, ich habe dein Angesicht so hart gemacht wie ihr Angesicht und deine Stirn so hart wie ihre Stirn.

Ja, ich habe deine Stirn so hart wie einen Diamanten gemacht, der härter ist als ein Kieselstein. Darum fürchte dich nicht, entsetze dich auch nicht vor ihnen, denn sie sind ein Haus des Widerspruchs.

Und er sprach zu mir: Du Menschenkind, alle meine Worte, die ich dir sage, die fasse mit dem Herzen und nimm sie zu Ohren!

Und geh hin zu den Weggeführten deines Volks und verkündige ihnen und sprich zu ihnen: »So spricht Gott, der HERR!«, sie hören oder lassen es.

Der himmlische Hofstaat

Äthiopisches Henochbuch

Mir wurde im Gesichte folgende Erscheinung: Siehe, Wolken luden mich ein im Gesicht, und ein Nebel forderte mich auf; der Lauf der Sterne und Blitze trieb und drängte mich, und Winde gaben mir Flügel im Gesicht und hoben mich empor. Sie trugen mich hinein in den Himmel. Ich trat ein, bis ich mich einer Mauer näherte, die aus Kristallsteinen gebaut und von feurigen Zungen umgeben war; und sie begann mir Furcht einzujagen. Ich trat in die feurigen Zungen hinein und näherte mich einem großen, aus Kristallsteinen gebauten Hause. Die Wände jenes Hauses glichen einem mit Kristallsteinen getäfelten Fußboden, und sein Grund war von Kristall. Seine Decke war wie die Bahn der Sterne und Blitze, dazwischen feurige Kerubim, und ihr Himmel bestand aus Wasser. Ein Feuermeer umgab seine Wände, und seine Türen brannten von Feuer.

Ich trat ein in jenes Haus, das heiß wie Feuer und kalt wie Schnee war. Da war keine Lebensluft vorhanden; Furcht umhüllte mich, und Zittern erfasste mich. Da ich erschüttert war und zitterte, fiel ich auf mein Angesicht und schaute Folgendes im Gesichte: Siehe, da war ein anderes Haus, größer als jenes; alle seine Türen standen vor mir offen, und es war aus feurigen Zungen gebaut. In jeder Hinsicht, durch Herrlichkeit, Pracht und Größe zeichnete es sich so aus, dass ich euch keine Beschreibung von seiner Herrlichkeit und Größe geben kann. Sein Boden war von Feuer; seinen oberen Teil bildeten Blitze und kreisende Sterne, und seine Decke war loderndes Feuer. Ich schaute hin und gewahrte darin einen hohen Thron. Sein Aussehen war wie Reif; um ihn herum war etwas, das der leuchtenden Sonne glich und das Aussehen von Kerubim hatte. Unterhalb des Throns kamen Ströme lodernden Feuers hervor, und ich konnte nicht hinsehen. Die große Majestät saß darauf; sein Gewand war glänzender als die Sonne und weißer als lauter Schnee. Keiner der Engel konnte in dieses Haus eintreten und sein Antlitz vor Herrlichkeit und Majestät schauen. Kein Fleisch konnte ihn sehen. Loderndes Feuer war rings um ihn; ein großes Feuer verbreitete sich vor ihm, und keiner der Engel näherte sich ihm. Ringsherum standen zehntausendmal Zehntausende vor ihm, und alles, was ihm beliebt, das tut er. Und die Heiligen der Heiligen, die in seiner Nähe stehen, entfernten sich nicht bei Nacht oder bei Tage, noch gingen sie weg von ihm.

Bis dahin war ich auf mein Angesicht gefallen und zitterte. Da rief mich der Herr mit seinem Mund und sprach zu mir: Komm hierher, Henoch, und höre mein Wort! Da kam einer von den Heiligen zu mir, weckte mich auf, ließ mich aufstehen und brachte mich bis zu dem Tor; ich aber senkte mein Antlitz.

Da versetzte er und sprach zu mir, und ich hörte seine Stimme: Fürchte dich nicht, Henoch, du gerechter Mann und Schreiber der Gerechtigkeit; tritt herzu und höre meine Rede.

Mohammed in der Höhle von Hira

Sahih Al-Buhari

ʿÁʾiša (R a), die Mutter der Gläubigen, berichtet:
Al-Ḥāriṯ Ibn Hišam (R a) fragte den Gesandten Gottes (S): »O Gesandter Gottes, wie erreicht dich die göttliche Offenbarung?« Der Gesandte Gottes (S) erwiderte: »Manchmal kommt sie über mich wie Glockengeläute. Das ist für mich die beschwerlichste Art der Offenbarung. Sie bricht ab, wenn ich vernommen habe, was offenbart wurde. Manchmal erscheint mir der Engel in Gestalt eines Mannes. Er spricht zu mir, und ich präge mir seine Worte ein.«

ʿÁʾiša (R a) ergänzte zu ihrer Erzählung:
Einmal sah ich den Gesandten Gottes (S), als ihm gerade offenbart wurde. Es war ein sehr kalter Tag. Als die Offenbarung vorüber war, tropfte ihm der Schweiß von der Stirn.

ʿÁʾiša (R a), die Mutter der Gläubigen, berichtet:
Die erste Offenbarung für den Gesandten Gottes (S) war ein frommer Traum während des Schlafs. Seine Träume erschienen ihm immer wie das Frühlicht der Morgendämmerung. Nach diesem ersten Traum suchte er die Einsamkeit und zog sich häufig in die Höhle von Hirā zurück. Dort kehrte er in sich und verbrachte zahlreiche Tage, indem er seine Gedanken ausschließlich Gott widmete, bis er schließlich wieder zu seiner Familie zurückkehrte. Für seinen Aufenthalt in der Höhle versorgte er sich mit Proviant. War dieser aufgebraucht, kehrte er zu Ḫadīǧa zurück, um sich mit neuen Vorräten zu versehen.

Die göttliche Wahrheit kam über ihn, als er sich in der Höhle von Hirā aufhielt. Der Engel Gabriel (Ǧildrāʾīl) erschien ihm und sagte: »Trag den Menschen die göttliche Offenbarung vor!« Der Prophet (S) entgegnete: »Ich werde nichts vortragen!«

Das weitere Geschehen erzählte mir der Gesandte Gottes (S) mit folgenden Worten:
Da packte der Engel mich und würgte mich, dass ich beinahe die Besinnung verlor. Darauf ließ er von mir ab und sagte: ›Trag den Menschen vor!‹ Ich erwiderte: ›Ich werde nichts vortragen!‹ Er ergriff mich erneut und würgte mich, dass ich schon glaubte, es sei der Tod. Dann aber ließ er mich los und sagte: ›Trag den Menschen vor!‹ Ich antwortete: ›Ich werde nichts vortragen!‹ Und wieder packte er mich und drückte mir ein drittes Mal die Kehle zusammen. Schließlich ließ er von mir ab und sagte: ›Trag vor, im Namen deines Herrn, der erschaffen hat, der den Menschen aus geronnenem Blut erschaffen hat! Trag vor! Und dein Herr ist allgütig!‹« (al-ʿalaq – 96,1–3.)

ʿÁʾiša fährt in ihrem Bericht fort:
Nach dieser Offenbarung eilte der Gesandte Gottes (S) zitternden Herzens nach Hause. Er lief zu Ḫadīǧa Bint Ḫuwailid und rief: »Bedeckt mich! Deckt mich zu!« Sie hüllten ihn in Decken ein, bis die Furcht von ihm gewichen war.

Später redete er mit Ḫadīǧa und erzählte ihr, was geschehen war. Er schloss seinen Bericht mit den Worten: »Ich hatte schreckliche Angst!« Ḫadīǧa entgegnete: »Aber nein, bei Gott! Niemals wird Gott dir Schaden zufügen! Du hast doch ein gutes Verhältnis zu deiner Verwandtschaft und behandelst die Menschen stets wohlwollend; du unterstützt den Bedürftigen, bewirtest den Gast und stehst denen bei, die sich in einer unglücklichen Lage befinden.«

Nach diesem Gespräch ging Ḫadīǧa mit dem Gesandten Gottes (S) zu Waraqa Ibn Naufal Ibn Asad Ibn ʿAbdulʾuzzā, ihrem Cousin, der in vorislamischer Zeit zum Christentum übergetreten war. Dieser Mann pflegte in hebräischer Schrift zu schreiben und hatte das Evangelium eingehend studiert.

Zu jener Zeit war Waraqa bereits ein sehr alter Mann, dessen Augenlicht erloschen war. Ḫadīǧa sagte zu ihm: »O Cousin, höre, was deinem Neffen widerfahren ist!« Waraqa wandte sich an den Propheten (S) und fragte: »Was ist passiert, o mein Neffe?« Da erzählte ihm der Gesandte Gottes (S), was er erlebt hatte. Waraqa sagte: »Das war der Erzengel Gabriel, den Gott auch zu Moses (Mūsā) geschickt hat. Ach, wäre ich doch ein junger Mann, könnte ich doch erleben, wie dein Volk dich vertreibt!« Der Gesandte Gottes (S) fragte: »Werden sie mich davonjagen?« – »Ja! Niemals wurde ein Mann, der etwas Ähnliches vorbrachte wie du, nicht feindselig behandelt. Wenn ich diesen Tag noch erleben darf, werde ich dich tatkräftig unterstützen!« Wenig später aber starb Waraqa.

Im Anschluss an diese Ereignisse blieben die Offenbarungen Gottes vorübergehend aus.

Ğābir Ibn ʿAbdullāh al-Anṣārī berichtet: Wir sprachen einmal über diese Zeit, in der keine Offenbarungen erfolgten, als der Gesandte Gottes (S) Folgendes erzählte:

»Ich war in der Umgebung von Mekka unterwegs, da hörte ich plötzlich eine Stimme, die vom Himmel herabhallte. Ich schau-

Wie Glockengeläute …
Mohammed reitet in den Himmel, türkisch (?).

Berufungsvisionen 133

te nach oben und sah den Engel, der mir in der Höhle von Ḥirā erschienen war. Er saß auf einem Thron zwischen Himmel und Erde. Ich schreckte zusammen, eilte nach Hause und rief: ›Bedeckt mich! Deckt mich zu!‹ Darauf offenbarte Gott, der Erhabene, die Verse: ›O du, der du dich mit dem Mantel zugedeckt hast! Steh auf und warne! Und preise deinen Herrn, reinige deine Kleider und meide den Gräuel des Götzendienstes!« (al-muddattir 74,1–5)

Im Anschluss an diese Begebenheit erfolgten die Offenbarungen regelmäßig.

Ra = raḍiya Allāh (Gott möge an ihr/ihm ein Wohlgefallen haben)
S = ṣalla Allāh ʿallaihi wa salam (Gott segne ihn und schenke ihm Heil)

Der Besuch Moronis

Joseph Smith

Ich fuhr fort, meinen täglichen Aufgaben im Leben nachzugehen, und zwar bis zum 21. September 1823. Während dieser Zeit hatte ich von Leuten aller Klassen, religiösen ebenso wie nichtreligiösen, schwere Verfolgung zu leiden, weil ich auch weiterhin darauf bestand, eine Vision gehabt zu haben. In der Zeit zwischen dem Tag, da ich meine Vision hatte und mir geboten wurde, ich solle mich keiner der bestehenden Glaubensgemeinschaften anschließen, und dem Jahr 1823 – ich war ja noch so jung und wurde von denjenigen verfolgt, die eigentlich meine Freunde sein und mich wohlwollend behandeln hätten sollen; und wenn sie schon der Meinung waren, ich sei einer Täuschung unterlegen, so hätten sie sich bemühen sollen, mich in passender und liebevoller Weise wieder auf den rechten Weg zu bringen –, damals also war ich allen möglichen Versuchungen ausgesetzt; ich verkehrte in allen möglichen Kreisen, verfiel häufig in mancherlei törichte Irrtümer und ließ die Schwachheit der Jugend und menschliche Schwächen erkennen, die, ich muss es leider sagen, mich in allerlei Versuchung führten, ein Ärgernis in den Augen Gottes. Wenn ich dieses Geständnis ablege, so darf niemand glauben, ich hätte mich irgendwelcher großen oder bösartigen Sünden schuldig gemacht; etwas Derartiges zu tun lag gar nicht in meiner Natur.

Als Folge davon hatte ich oft das Gefühl, ich sei meiner Untugenden und Unzulänglichkeiten wegen schuldig, so war es am Abend des vorerwähnten 21. September. Nachdem ich mich für die Nacht zu meinem Bett begeben hatte, wandte ich mich in flehentlichem Gebet an Gott, den Allmächtigen, er möge mir alle meine Sünden und Torheiten vergeben, er möge mir aber auch eine Kundgebung zuteil werden lassen, so dass ich wisse, wie ich vor ihm dastehe; denn ich vertraute fest darauf, eine göttliche Kundgebung zu erhalten, wie es mir schon früher geschehen war.

Während ich so im Begriffe war, Gott anzurufen, bemerkte ich, wie in meinem Zimmer ein Licht erschien, das immer stärker wurde, bis der Raum schließlich heller war als am Mittag. Gleich darauf wurde an meinem Bett eine Gestalt sichtbar, und der Betreffende stand in der Luft, denn seine Füße berührten den Boden nicht.

Er hatte ein loses Gewand von außergewöhnlicher Weiße an, weißer als alles, was ich auf Erden je gesehen hatte. Ich glaube nicht, dass etwas Irdisches so überaus weiß und hellleuchtend gemacht werden kann. Seine Hände waren unbedeckt, auch seine Arme bis knapp über dem Handgelenk; ebenso waren seine Füße nackt und auch die Beine bis knapp über dem Knöchel. Haupt und Hals waren auch nicht bedeckt. Ich konnte erkennen, dass er außer diesem Gewand keine andere Kleidung trug, denn es war offen, und ich sah seine Brust.

Nicht nur sein Gewand war überaus weiß, sondern die ganze Gestalt war unbeschreiblich herrlich, das Antlitz leuchtend wie ein Blitz. Im Zimmer war es überaus hell, aber doch nicht so hell wie in seiner unmittelbaren Nähe. Als ich ihn erblickte, fürchtete ich mich zuerst, aber bald verließ mich die Furcht. Er nannte mich beim Namen und sagte zu mir, er sei ein Bote, aus der Gegenwart Gottes zu mir gesandt, und heiße Moroni; Gott habe eine Arbeit für mich; mein Name werde bei allen Nationen, Geschlechtern und Sprachen für gut oder böse gelten, ja, man werde unter allem Volk sowohl gut als auch böse von mir sprechen.

Er sagte, es sei ein Buch verwahrt, auf goldenen Platten geschrieben, und darin sei ein Bericht über die früheren Bewohner dieses Erdteils und ihre Herkunft zu finden. Er sagte weiter, in dem Buch sei die Fülle des immerwährenden Evangeliums enthalten, wie es der Erretter jenen Bewohnern einst gebracht habe. Bei den Platten seien auch zwei Steine in silbernen Bügeln verwahrt, und diese Steine – an einem Brustschild befestigt – bildeten den so genannten Urim und Tummim: Besitz und Gebrauch dieser Steine hätten früher, in alter Zeit jemanden zum »Seher« gemacht: Gott habe sie bereitet, damit das Buch übersetzt werden könne.

Nachdem er mir das gesagt hatte, begann er, Prophezeiungen aus dem Alten Testament zu zitieren. Zuerst zitierte er einen Teil des dritten Kapitels von Maleachi, und er zitierte auch die sechs letzten Verse aus der gleichen Prophezeiung, allerdings mit einer kleinen Abweichung vom Wortlaut unserer Bibeln. Anstatt den sechstletzten Vers so zu zitieren, wie er in unseren Büchern lautet, zitierte er ihn so:

Denn siehe, der Tag kommt, der brennen wird wie ein Ofen; und alle Stolzen, ja, und alle, die Schlechtes tun, werden wie Stoppeln brennen; denn die, die kommen, werden sie verbrennen. Spricht der Herr der Heerscharen, so dass ihnen nicht Wurzel noch Zweig gelassen wird.

Und weiter zitierte er den vorletzten Vers so: Siehe, ich werde euch durch den Propheten Elija das Priestertum offenbaren, ehe der große und schreckliche Tag des Herrn kommt.

Auch den nächsten Vers zitierte er anders: Und er wird den Kindern die den Vätern gegebenen Verheißungen ins Herz pflanzen, und das Herz der Kinder wird sich ihren Vätern zuwenden. Wenn es nicht so wäre, würde die ganze Erde bei seinem Kommen völlig verwüstet werden.

Außerdem zitierte er das elfte Kapitel von Jesaja und sagte, seine Erfüllung stehe soeben bevor. Er zitierte auch das dritte Kapitel der Apostelgeschichte, Vers 22 und 23, und zwar genauso, wie sie in unserem Neuen Testament stehen. Er sagte, der betreffende Prophet sei Christus, aber der Tag sei noch nicht gekommen, da jeder, der »diesen Propheten nicht hören will, aus dem Volke ausgetilgt werden soll«, werde aber bald kommen.

Auch das dritte Kapitel von Joël zitierte er, Vers 1 bis zum Schluss. Er sagte auch, dies sei noch nicht erfüllt, werde es aber bald sein. Und weiter bemerkte er, die Zeit der Fülle der Andern werde bald anbrechen. […]

Weiter sagte er zu mir, wenn ich die Platten, von denen er gesprochen habe, erhalten werde – denn die Zeit sei noch nicht gekommen, wo sie erlangt werden sollen –, dann dürfe ich sie keinem Menschen zeigen, auch nicht den Brustschild mit dem Urim und Tummim. Nur denen dürfe ich dies zeigen, die mir genannt werden würden, sonst solle ich vernichtet werden. Während er mit mir über die Platten sprach, öffnete sich mir eine Vision, und ich konnte die Stelle sehen, wo die Platten aufbewahrt waren, und zwar so klar und deutlich, dass ich den Ort später wiedererkannte, als ich dorthin kam.

Nach dieser Mitteilung sah ich, wie sich das Licht im Zimmer um ihn, der zu mir gesprochen hatte, sogleich zusammenzog, bis es im Raum wieder finster war, außer ganz nahe um ihn herum. In diesem Augenblick sah ich gleichsam einen Schacht sich bis in den Himmel öffnen, und der Besucher fuhr in die Höhe auf, bis er ganz verschwunden war; im Zimmer war es jetzt wieder so wie früher, ehe das himmlische Licht sich gezeigt hatte.

Ich lag da und sann über dieses einzigartige Geschehnis nach und wunderte mich sehr über das, was mir dieser ungewöhnliche Bote gesagt hatte. Da, mitten in meinem Nachdenken, bemerkte ich plötzlich, dass es im Zimmer abermals anfing hell zu werden, und gleichsam im nächsten Augenblick stand derselbe Himmelsbote wieder an meinem Bett.

Er hob an und sagte mir genau dasselbe, was er mir bei seinem ersten Besuch gesagt hatte, ohne die geringste Abweichung. Danach unterrichtete er mich über Gottes Strafgericht, das mit großer Verwüstung durch Hungersnot, Schwert und Seuche über die Erde kommen werde, und dieses schmerzliche Strafgericht werde in dieser Generation über die Erde kommen. Nachdem er mir dies mitgeteilt hatte, fuhr er wieder, wie zuvor, in die Höhe auf.

Dies hatte mich nun so tief beeindruckt, dass mich der Schlaf floh und ich wach dalag, überwältigt, von Bestürzung über das, was ich gesehen und gehört hatte. Wie groß aber war meine Überraschung, als ich denselben Boten wiederum an meinem Bett erblickte und all das wiederholen hörte, was er mir schon zuvor gesagt hatte! […]

Nach diesem dritten Besuch fuhr er in den Himmel auf wie zuvor, und ich war wieder allein und konnte über all das Seltsame nachdenken, das ich soeben erlebt hatte. Aber kaum war der Himmelsbote zum dritten Male von mir aufgefahren, da krähte der Hahn, und ich wurde gewahr, dass es Tag wurde. Diese Besuche mussten somit die ganze Nacht gedauert haben.

Kurz darauf erhob ich mich und ging wie gewöhnlich an die notwendige Tagesarbeit; als ich aber zu arbeiten anfing wie sonst, war ich derart erschöpft, dass ich zu nichts fähig war. Mein Vater, der mit mir zusammen arbeitete, bemerkte, dass mit mir etwas nicht in Ordnung war, und schickte mich nach Hause. Ich machte mich auf und wollte zum Haus hingehen; als ich aber am Rande des Ackers, auf dem wir arbeiteten, den Zaun übersteigen wollte, verließen mich die Kräfte, und ich fiel hilflos zu Boden; eine Zeit lang war ich gänzlich bewusstlos.

Das Erste, woran ich mich erinnern kann, war eine Stimme, die zu mir sprach und mich beim Namen rief. Ich schaute auf und sah den gleichen Boten über meinem Haupt stehen, von Licht umgeben wie zuvor. Noch einmal wiederholte er alles, was er mir in der vergangenen Nacht gesagt hatte; er gebot mir, zu meinem Vater zu gehen und ihm von der Vision und den Weisungen, die ich empfangen hatte, zu berichten.

Ich gehorchte, ging zu meinem Vater auf den Acker zurück und erzählte ihm alles. Seine Antwort war, es sei von Gott und ich solle hingehen und tun, was der Bote mir geboten habe. Ich ging von dem Acker weg und an den Ort, wo nach den Worten des Boten die Platten aufbewahrt waren; dank der Deutlichkeit der Vision, die ich davon gehabt hatte, erkannte ich die Stelle sofort, als ich dort ankam.

Traum der Könige
Giselbertus: Capitell der Kathedrale von Autun, 12. Jahrhundert.

Berufungsvisionen 137

1 Träumer und Märtyrer

Wir fanden einen Pfad

Christian Morgenstern

*Leis auf zarten Füßen naht es,
vor dem Schlafen wie ein Fächeln:
Horch, o Seele, meines Rates,
lass dir Glück und Tröstung lächeln –:*

*Die in Liebe dir verbunden,
werden immer um dich bleiben,
werden klein und große Runden
treugesellt mit dir beschreiben.*

*Und sie werden an dir bauen,
unverwandt, wie du an ihnen, –
und, erwacht zu Einem Schauen,
werdet ihr wetteifernd dienen!*

*Stör' nicht den Schlaf der liebsten Frau, mein Licht!
Stör' ihren zarten, zarten Schlummer nicht.*

*Wie ist sie ferne jetzt. Und doch so nah.
Ein Flüstern – und sie wäre wieder da.*

*Sei still, mein Herz, sei stiller noch, mein Mund,
mit Engeln redet wohl ihr Geist zur Stund.*

*Du Weisheit meines höhern Ich,
die über mir den Fittich spreitet
und mich vom Anfang her geleitet,
wie es am besten war für mich, –*

*wenn Unmut oft mich anfocht: nun –
Es war der Unmut eines Knaben!
Des Mannes reife Blicke haben
die Kraft, voll Dank auf dir zu ruhn.*

Der Engel:

*O wüsstest du, wie sehr dein Antlitz sich
verändert, wenn du mitten in dem Blick,
dem stillen reinen, der dich mir vereint,
dich innerlich verlierst und von mir kehrst!
Wie eine Landschaft, die noch eben hell,
bewölkt es sich und schließt mich von dir aus.
Dann warte ich. Dann warte schweigend ich
oft lange. Und wär ich ein Mensch wie du,
mich tötete verschmähter Liebe Pein.
So aber gab unendliche Geduld
der Vater mir und unerschütterlich
erwarte ich dich, wann du immer kommst.
Und diesen sanften Vorwurf selber nimm
als Vorwurf nicht, als keusche Botschaft nur.*

Petersburger Engel

Marc Chagall

In dieser Zeit wurde ich einer Plejade von Mäzenen vorgestellt. Überall in ihren Salons fühlte ich mich wie einer, der gerade aus dem Dampfbad gestiegen war, mit rotem, erhitztem Gesicht.
Ach, die Aufenthaltsgenehmigung für die Hauptstadt!
Ich wurde Hausdiener beim Rechtsanwalt Goldberg.
Die Advokaten hatten das Recht, jüdische Bedienstete zu halten.
Doch musste ich nach dem Gesetz bei ihm wohnen und essen.
Wir sind uns näher gekommen.
Im Frühling nahm er mich mit zu seiner Familie, auf ihr Gut Narwa, wo seine Frau und seine Schwestern, die Germontes, in den großen Sälen, im Schatten der Bäume und am Meeresstrand so viel Zärtlichkeit verströmten. Ihr lieben Goldbergs! Euer Bild ist mir vor Augen.
Aber bevor ich diese Mäzene kennen lernte, wusste ich nicht, wo ich übernachten sollte. Meine Mittel erlaubten mir nicht, ein Zimmer zu mieten; ich musste mich mit Zimmerecken begnügen. Ich hatte nicht einmal ein Bett für mich allein. Ich musste es mit einem Arbeiter teilen. Er war wirklich ein Engel, dieser Arbeiter mit dem tiefschwarzen Schnurrbart.
Aus lauter Freundlichkeit zu mir drückte er sich ganz gegen die Wand, damit ich mehr Platz hätte. Ich lag, ihm den Rücken zukehrend, mit dem Gesicht zum Fenster und atmete die frische Luft.
In diesen Zimmern, mit Arbeitern und Straßenhändlern als Nachbarn, blieb mir nichts anderes übrig, als mich auf den Bettrand zu legen und über mein Leben zu grübeln. Worüber sonst? Und Träume suchten mich heim: ein viereckiges Zimmer, leer. In einer Ecke ein Bett und ich darin. Es wird dunkel.
Plötzlich öffnet sich die Zimmerdecke und ein geflügeltes Wesen schwebt hernieder mit Glanz und Gepränge und erfüllt das Zimmer mit wogendem Dunst.
Es rauschen die schleifenden Flügel.
Ein Engel!, denke ich. Ich kann die Augen nicht öffnen, es ist zu hell, zu gleißend.
Nachdem er alles durchschweift hat, steigt er empor und entschwindet durch den Spalt in der Decke, nimmt alles Licht und Himmelblau mit sich fort.
Dunkel ist es wieder. Ich erwache.

Plötzlich öffnet sich die Zimmerdecke
Marc Chagall: Die Erscheinung. Selbstporträt mit Muse, 1917–1918.

Träumer und Märtyrer

Jakob schaut die Himmelsleiter

Genesis 28,10-22

Aber Jakob zog aus von Beerscheba und machte sich auf den Weg nach Haran und kam an eine Stätte, da blieb er über Nacht, denn die Sonne war untergegangen. Und er nahm einen Stein von der Stätte und legte ihn zu seinen Häupten und legte sich an der Stätte schlafen.

Und ihm träumte, und siehe, eine Leiter stand auf Erden, die rührte mit der Spitze an den Himmel, und siehe, die Engel Gottes stiegen daran auf und nieder.

Und der HERR stand oben darauf und sprach: Ich bin der HERR, der Gott deines Vaters Abraham, und Isaaks Gott; das Land, darauf du liegst, will ich dir und deinen Nachkommen geben.

Und dein Geschlecht soll werden wie der Staub auf Erden, und du sollst ausgebreitet werden gegen Westen und Osten, Norden und Süden, und durch dich und deine Nachkommen sollen alle Geschlechter auf Erden gesegnet werden.

Und ihm träumte …
Ferdinand Bol: Jakobs Traum, 1604.

140 Sechster Chor der Engel: Die große Schau

Die Engel Gottes stiegen auf und nieder
Jakobs Traum von der Himmelsleiter, 18. Jahrhundert.

Und siehe, ich bin mit dir und will dich behüten, wo du hinziehst, und will dich wieder herbringen in dies Land. Denn ich will dich nicht verlassen, bis ich alles tue, was ich dir zugesagt habe.

Als nun Jakob von seinem Schlaf aufwachte, sprach er: Fürwahr, der HERR ist an dieser Stätte, und ich wusste es nicht!

Und er fürchtete sich und sprach: Wie heilig ist diese Stätte! Hier ist nichts anderes als Gottes Haus, und hier ist die Pforte des Himmels.

Und Jakob stand früh am Morgen auf und nahm den Stein, den er zu seinen Häupten gelegt hatte, und richtete ihn auf zu einem Steinmal und goss Öl oben darauf

und nannte die Stätte Bethel; vorher aber hieß die Stadt Lus.

Und Jakob tat ein Gelübde und sprach: Wird Gott mit mir sein und mich behüten auf dem Wege, den ich reise, und mir Brot zu essen geben und Kleider anzuziehen

und mich mit Frieden wieder heim zu meinem Vater bringen, so soll der HERR mein Gott sein.

Und dieser Stein, den ich aufgerichtet habe zu einem Steinmal, soll ein Gotteshaus werden; und von allem, was du mir gibst, will ich dir den Zehnten geben.

Die Tugendleiter
Dem Hortus Deliciarum (Herrard von Landsberg) entnommen.

Engelvision einer Märtyrerin

Perpetua

Das Martyrium der Katechumenen von Karthago (März 202) – Die Visionen von Perpetua und Saturus

Und ich betete zu Gott in der Nacht, und es ward mir ein Gesicht zuteil: Ich erblickte eine eherne Leiter von riesenhafter Größe, die bis zum Himmel reichte, die aber so schmal war, dass man nur einzeln darauf emporsteigen konnte. Außerdem waren beide Seiten der Leiter noch mit allerlei Eisenwerkzeugen bestückt: Schwerter, Lanzen, Sicheln und Messer, so dass, wer nachlässig oder nicht mit dem Blick nach oben hinaufstieg, davon zerfleischt wurde, und sein Fleisch blieb an den Eisenwerkzeugen hängen. Und am Fuß der Leiter lag ein gewaltiger Drache, der denen, die hinaufstiegen, einen Hinterhalt legte und sie erschreckte, damit sie nicht hinaufstiegen. Als erster aber stieg Saturus empor – der sich später um unseretwillen freiwillig stellte, so dass er uns aufrichtete; denn als wir verhaftet wurden, war er noch nicht dabei. Und er kam bis zur Spitze der Leiter und wendete sich um und sagte zu mir: »Perpetua, ich warte auf dich! Aber pass auf, dass dich nicht jener Drache verschlinge« (1 Petrus 5,8). Und der Drache, als ob er mich fürchtete, streckte von unten an der Leiter vorsichtig seinen Kopf hervor, und ich trat auf ihn, als ob ich die erste Sprosse beträte. Und ich stieg hinan und erblickte oben einen weiten, großen Garten, und in seiner Mitte saß ein großer weißhaariger Mann im Hirtengewand (Offenbarung 1,14), der beim Melken der Schafe war. Und um ihn herum standen viele Tausende in weißen Kleidern (Offenbarung 7,9 ff.). Und er erhob sein Haupt, erblickte mich und sprach zu mir: »Willkommen, mein Kind!« Dann rief er mich zu sich und gab mir ein bisschen von dem Käse der Milch, die er molk, und ich empfing es mit gekreuzten Händen und aß es (Offenbarung 2,17). Und alle, die im Umkreis standen, sprachen: »Amen!« Und beim Klang dieser Stimmen erwachte ich und empfand noch den unsagbar süßen Geschmack.

Aber auch der selige Saturus hat seine Vision selbst aufgeschrieben: Wir hatten schon gelitten – sagte er – und schieden ab aus dem Fleisch, und wir wurden von vier Engeln nach Osten getragen, ohne dass sie uns mit den Händen berührten. Wir bewegten uns aber nicht, als ob wir auf dem Rücken lägen, sondern als ob wir einen sanft geneigten Hügel hinabschritten. Und da wir von der ersten Welt befreit waren, sahen wir ein ungeheures Licht. Und ich sprach zu Perpetua – denn sie war an meiner Seite: »Das ist es, was uns Gott verheißen hat. Wir haben die Verheißung empfangen.« Und während wir von den vier Engeln getragen wurden, öffnete sich vor uns ein gewaltiger Raum, wie ein Lustgarten mit Bäumen, Rosen und Blumen aller Art. Die Bäume waren so hoch wie Zypressen, und ihre Blätter fielen unaufhörlich. Dort in dem Lustgarten waren nochmals vier Engel, noch herrlicher als die ersten. Als sie uns erblickten, erwiesen sie uns Ehre und sprachen voll Bewunderung zu den übrigen Engeln: »Sie sind es! Sie sind es!« Und jene vier Engel, die uns trugen, erschraken und setzten uns nieder. Und wir schritten zu Fuß durch den Raum auf einem breiten Wege. Da fanden wir Jocundus, Saturninus und Artaxius, die in derselben Verfolgung lebendig verbrannt wurden, dazu Quintus, der schon im Kerker als Märtyrer aus der Welt gegangen war. Und wir fragten sie, wo die anderen wären. Und die Engel sprachen zu uns: »Kommt zuerst herein! Kommt, und grüßet den Herrn!« Und wir kamen zu einem Ort, dessen Wände wie aus Licht gebaut zu sein schienen. Und vor dem Tore jenes Ortes standen wieder vier Engel, die uns, als wir eintraten, mit weißen Gewändern kleideten.

Und wir traten ein und hörten, wie alle mit einer Stimme das »Heilig, heilig, heilig ...« sangen, ohne Ende. Und wir sahen an dem

Ort Einen sitzen wie einen hochbetagten Menschen mit schneeweißem Haar, aber von jugendlichem Antlitz, dessen Füße nicht zu sehen waren. Zu seiner Rechten und Linken hatte er je vier Älteste, und hinter diesen standen vier andere Älteste. Und wir traten ein voll Staunens und standen vor dem Thron. Und vier Engel hoben uns empor, und wir küssten jenen. Und mit seiner Hand strich er uns über unsere Gesichter. Und die anderen Ältesten sprachen zu uns: »Lasst uns einhalten!« Und wir hielten inne und gaben uns den Friedenskuss. Und die Ältesten sprachen: »Gehet hin und spielet!« Und ich sprach zu Perpetua: »Nun hast du, was du willst.« Sie antwortete: »Gott sei gedankt. Wie ich im Fleische fröhlich war, so will ich hier erst recht fröhlich sein.«

Vom Engelleben der Mönche

Benedikt von Nursia

Brüder, wenn wir also den Gipfel höchster Demut erreichen und
rasch zu dieser himmlischen Höhe gelangen wollen, zu der man
durch ein demütiges Leben hienieden aufsteigt,
muss jene Leiter aufgerichtet werden
– in unserem Tun besteigen wir sie –,
die Jakob im TRAUM erschien,
und auf der er ENGEL AUF- UND NIEDERSTEIGEN SAH.
Jenes Herab- und Hinaufsteigen kann unserer Ansicht nach
gar nicht anders verstanden werden,
als dass die Erhöhung absteigen,
die Erniedrigung aufsteigen lässt.
Die aufgerichtete Leiter ist unser irdisches Leben,
das der Herr himmelwärts emporrichtet,
wenn unser Herz demütig wird.
Die Holme der Leiter aber
erklären wir als unsern Leib und unsere Seele.
In diese Holme fügt der Ruf Gottes
verschiedene Stufen der Demut und Pflichterfüllung ein,
die wir zu ersteigen haben.

Auf der ersten Stufe der Demut
hält man sich Gott stets mit Ehrfurcht vor Augen
und hütet sich sehr, ihn zu vergessen;
man erinnert sich dauernd an alle Gebote Gottes
und erwägt im Geist bei sich selber immer,
wie die Hölle jene um der Sünden willen brennt,
die Gott verachten,
während ewiges Leben denen BEREITET ist,
die Gott fürchten.
Man nimmt sich allzeit in Acht vor Sünden und Fehlern
der Gedanken oder der ZUNGE, der Hände, der Füße
oder des Eigenwillens wie auch DER BEGIERDEN DES FLEISCHES.
Der Mensch sei überzeugt:
Gott SCHAUT VOM HIMMEL HER
jederzeit und immer AUF IHN HERAB,
DAS AUGE GOTTES sieht stets und überall sein Tun,
und die Engel erstatten darüber allzeit Bericht.
Der Prophet weist uns darauf hin,

denn er zeigt,
dass Gott uns stets gegenwärtig ist
bei unsern Gedanken,
indem er sagt: GOTT PRÜFT AUF HERZ
UND NIEREN,
und ferner: DER HERR KENNT DIE GE-
DANKEN DER MENSCHEN;
auch heißt es: VON FERN ERKENNST DU
MEINE GEDANKEN,
und: DAS DENKEN DES MENSCHEN
MUSS SICH DIR ERÖFFNEN.
Um sich aber über seine verkehrten Gedanken
ein Gewissen zu machen,
soll ein Bruder, der etwas TAUGT,
in seinem Herzen wiederholen:
Dann WERDE ICH VOR IHM OHNE MA-
KEL SEIN,
WENN ICH MICH IN ACHT NEHME
VOR MEINER SCHLECHTIGKEIT.

Den Eigenwillen zu tun, verwehrt uns die Schrift
mit den Worten: VON DEINEM EIGEN-
WILLEN HALTE DICH FERN!
Und ebenso bitten wir Gott täglich im Gebet,
dass sein WILLE in uns GESCHEHE.
Mit Grund werden wir also belehrt,
nicht unsern Willen zu tun;
wir müssen nur beachten, was die Heilige Schrift sagt:
ES GIBT WEGE, DIE DEN MENSCHEN
RECHT SCHEINEN,
DIE ABER AM ENDE IN DIE TIEFE DER
HÖLLE HINABFÜHREN.
So zittern wir auch vor dem Wort,
das über die Gleichgültigen gesagt ist:
IN IHREM EIGENWILLEN SIND SIE
VERDORBEN
UND ABSCHEULICH GEWORDEN.

Auch was das Verlangen unseres Fleisches betrifft,
wollen wir Gott stets gegenwärtig glauben,
denn der Prophet sagt zum Herrn:
ALL MEIN SEHNEN LIEGT OFFEN VOR
DIR.
Hüten wir uns also vor böser Begierde,
denn: Der Tod lauert an der Schwelle
der Lust.

Darum heißt das Gebot der Schrift:
FOLGE NICHT DEINEN BEGIERDEN!

Wenn DIE AUGEN DES HERRN WACHEN
ÜBER GUTE UND BÖSE,
und DER HERR VOM HIMMEL HERAB
immer AUF DIE MENSCHENKINDER
BLICKT,
um zu sehen, OB NOCH EIN VERSTÄN-
DIGER DA IST,
DER GOTT SUCHT,
und wenn die Engel, die uns zugeteilt sind,
täglich dem Herrn bei Tag und Nacht
Bericht erstatten über die Werke, die wir tun,
dann, Brüder, müssen wir uns stets in Acht nehmen,
damit Gott uns nicht zu irgendeiner Stunde
– wie der Prophet im Psalm sagt –
ABTRÜNNIG UND VERDORBEN sieht.
Und wenn er uns jetzt schont,
weil er gütig ist und erwartet,
dass wir uns zum Bessern bekehren,
soll er uns nicht dereinst sagen müssen:
DAS HAST DU GETAN, UND ICH HABE
GESCHWIEGEN.

Auf der zweiten Stufe der Demut steht,
wer seinen Eigenwillen nicht liebt
und keine Freude daran findet,
seine Begierden zu befriedigen,
sondern in seinem Tun den Herrn nach-
ahmt, der sagt:
ICH BIN NICHT GEKOMMEN, UM MEI-
NEN WILLEN ZU TUN,
SONDERN DEN WILLEN DESSEN, DER
MICH GESANDT HAT.
Auch heißt es in einer Schrift:
EINWILLIGUNG VERDIENT STRAFE,
BINDUNG BEREITET EINE KRONE.

Auf der dritten Stufe der Demut
unterwirft man sich dem Obern aus Liebe zu Gott
in vollkommenem Gehorsam, indem man
den Herrn nachahmt,
von dem der Apostel sagt: ER WAR GE-
HORSAM BIS ZUM TOD.

Auf der vierten Stufe der Demut steht,
wer auch bei widrigen Aufträgen

und selbst bei jedem zugefügten Unrecht
diesen Gehorsam übt,
dabei schweigen kann und bewusst die Geduld bewahrt.

Er erträgt alles, ohne müde zu werden und
davonzulaufen;
die Schrift sagt ja: WER BIS ZUM ENDE
STANDHAFT BLEIBT,
DER WIRD GERETTET.
Ebenso: DEIN HERZ SEI STARK, UND ERTRAGE DEN HERRN!
Die Getreuen müssen für den Herrn alles
aushalten,
auch was ihnen zuwiderläuft.
Das zeigt die Schrift; denn denen, die leiden,
legt sie das Wort in den Mund: UM DEINETWILLEN
WERDEN WIR DEN GANZEN TAG DEM
TOD AUSGESETZT,
BEHANDELT WIE SCHAFE,
DIE MAN ZUM SCHLACHTEN BESTIMMT HAT.
Aber weil sie zuversichtlich auf Gottes Vergeltung hoffen,
fahren sie mit Freuden fort und sagen:
DOCH ALL DAS ÜBERWINDEN WIR
DURCH DEN,
DER UNS GELIEBT HAT.
Und an anderer Stelle heißt es in der Schrift:
DU HAST, O GOTT, UNS GEPRÜFT
UND UNS IM FEUER GELÄUTERT
WIE MAN SILBER LÄUTERT IM FEUER.
DU BRACHTEST UNS IN SCHWERE BEDRÄNGNIS
UND LEGTEST UNS EINE DRÜCKENDE
LAST AUF DIE SCHULTER.
Und um zu zeigen, dass wir unter einem
Obern sein müssen,
fährt sie mit den Worten weiter:
DU HAST MENSCHEN ÜBER UNSERE
KÖPFE GESETZT.
Auch erfüllen sie das Gebot des Herrn,
selbst bei Kränkung und ungerechter Behandlung,
kraft der Geduld, mit der sie
AUF DIE EINE BACKE GESCHLAGEN,
AUCH DIE ANDERE HINHALTEN,
UM EIN HEMD BESTOHLEN, AUCH
DEN MANTEL LASSEN,
GEZWUNGEN, EINE MEILE MITZUGEHEN, ZWEI MEILEN GEHEN.
Mit dem Apostel Paulus ERTRAGEN SIE
FALSCHE BRÜDER,
erdulden VERFOLGUNG
und SEGNEN, DIE IHNEN FLUCHEN.

Auf der fünften Stufe der Demut steht,
wer alle schlechten Gedanken,
die sich ihm ins Herz schleichen,
und die heimlich begangenen Sünden
seinem Abt nicht verbirgt, sondern ihm demütig bekennt. Die Schrift ermahnt uns dazu mit den Worten:
ERÖFFNE DEM HERRN DEINEN WEG,
UND VERTRAU AUF IHN!
Sie sagt auch: BEKENNT DEM HERRN,
DENN ER IST GÜTIG,
DENN SEINE HULD WÄHRT EWIG.
Ferner spricht der Prophet: ICH BEKANNTE DIR MEINE SÜNDE
UND VERBARG MEINE SCHULD NICHT
VOR DIR.
ICH SAGTE:
GEGEN MICH WILL ICH DEM HERRN
MEINE FREVEL BEKENNEN.
UND DU HAST MIR DIE SCHULD MEINES HERZENS VERGEBEN.

Auf der sechsten Stufe der Demut ist der
Mönch
mit dem Allermindesten und Letzten zufrieden
und hält sich, bei allem, was man ihm aufträgt,
für einen schlechten und untauglichen Arbeiter.
Mit dem Propheten sagt er sich:
ICH WAR TÖRICHT UND OHNE VERSTAND,
WAR WIE EIN STÜCK VIEH VOR DIR.
ICH ABER BLEIBE IMMER BEI DIR.

Auf der siebten Stufe der Demut
erklärt man nicht nur mit Worten,
sondern glaubt auch im tiefsten Herzensgrund,
der Letzte und Geringste unter allen zu sein.
Man demütigt sich und sagt mit dem Propheten:

ICH ABER BIN EIN WURM UND KEIN MENSCH,
DER LEUTE SPOTT, VOM VOLK VERACHTET.
ICH HABE MICH ERHÖHT
UND WURDE GEDEMÜTIGT UND BESCHÄMT.
ferner: DASS ICH GEDEMÜTIGT WURDE, WAR FÜR MICH GUT;
DAMIT ICH DEINE GEBOTE LERNE.

Auf der achten Stufe der Demut tut der Mönch nur,
wozu die gemeinsame Regel des Klosters
und das Beispiel der Alten mahnen.

Auf der neunten Stufe der Demut
HÄLT der Mönch SEINE Zunge vom Reden ZURÜCK;
er kann schweigen und spricht nicht, bevor er gefragt wird.
Die Schrift zeigt das mit den Worten an:
BEI VIELEM REDEN BLEIBT DIE SÜNDE NICHT AUS.
Und: DER SCHWÄTZER SOLL NICHT BESTEHEN IM LAND.

Auf der zehnten Stufe der Demut steht,
wer nicht leicht und über alles lacht;
weil geschrieben steht: DER TOR LACHT MIT LAUTER STIMME.

Auf der elften Stufe der Demut spricht der Mönch, wenn er redet,
ruhig und ohne Gelächter, bescheiden und ernst,
mit kurzen, überlegten Worten, und macht kein Geschrei,
wie geschrieben steht: DEN WEISEN ERKENNT MAN DARAN,
DASS ER NICHT VIELE WORTE MACHT.

Auf der zwölften Stufe der Demut
bewahrt der Mönch die Demut nicht bloß im Herzen,
sondern gibt sie auch nach außen kund,
sogar in seiner Körperhaltung.
Mit andern Worten: Beim Gottesdienst, im Oratorium,
im Kloster, im Garten, unterwegs,
auf dem Feld,
wo immer er sitzt, geht oder steht,
stets neige er sein Haupt und schlage die Augen nieder.
Wegen seiner Sünden halte er sich jederzeit für schuldig
und sehe sich schon jetzt vor das schreckliche Gericht gestellt.
Er wiederhole im Herzen die Worte des Zöllners im Evangelium,
der mit zur Erde gesenktem Blick sprach:
HERR, ICH SÜNDER BIN NICHT WÜRDIG,
MEINE AUGEN ZUM HIMMEL ZU ERHEBEN.
Und er sagt mit dem Propheten:
ICH BIN GEKRÜMMT UND TIEF GEBEUGT.

Wenn aber alle Stufen der Demut erstiegen sind,
gelangt der Mönch bald zu jener GottesLIEBE,
DIE VOLLKOMMEN IST UND DIE FURCHT VERTREIBT.

Alles, was er vorher nur mit Angst beobachtet hat,
wird er kraft dieser Liebe zu halten beginnen,
ganz mühelos und natürlich und wie aus Gewohnheit,
nicht mehr aus Furcht vor der Hölle,
sondern aus Liebe zu Christus,
weil ihm das Gute zur Gewohnheit
und die Tugend zur Freude wurde.
Der Herr wird dies durch den Heiligen Geist
gnädig an seinem Arbeiter erweisen,
wenn er einmal frei ist von Sünden und Fehlern.

Siebter Chor der Engel: Gottesstreiter

Künstler, Kämpfer, Kirchen

*»And with the morn those
angel faces smile,
Which I have loved long since,
and lost a while.«*

John Henry Kardinal Newman

Jakob stand in der Lebensmitte, als er mit dem Engel am Jabbok kämpfte. Er war verantwortlich für Familie und Besitz. Der mit dem Engel kämpft, ringt um den Bestand seiner Berufung und um das Gelingen des weiteren Lebensweges. In kämpferischer Nacht werden einsame Entscheidungen durchgefochten. Streit- und Schlachtgesänge ertönen im siebten Chor der Engel, Lieder der Lebensmitte von Sieg und Niederlage. Der Erzengel Michael erscheint mit wehrhafter Rüstung, um das Böse zu besiegen. Eine Kirche erhebt die Stimme und entwickelt im geistigen Ringen die Lehre vom Wesen der Engel.

1 Zwischen Jabbok und Gethsemani

Jakob und der Engel
Jehuda Amichai

*Gegen Morgen seufzte sie und ergriff
ihn – besiegte ihn.
Und er ergriff sie – besiegte sie.
Sie beide wussten, dieser Griff
bringt Tod.
Sie verzichteten darauf, einander Namen
zu sagen.*

*Doch in der Morgendämmerung
sah er ihren Körper,
der weiß geblieben war
an den Stellen, die der Schwimmanzug
gestern bedeckte.*

*Dann rief man sie plötzlich von oben,
zweimal.
Wie man ein kleines Mädchen ruft von
ihrem Spiel
im Hof.
Da wusste er ihren Namen und ließ sie
gehen.*

Jakob am Jabbok
Genesis 32,23-33

Und Jakob stand auf in der Nacht und nahm seine beiden Frauen und die beiden Mägde und seine elf Söhne und zog an die Furt des Jabbok, nahm sie und führte sie über das Wasser, so dass hinüberkam, was er hatte, und blieb allein zurück.
Da rang ein Mann mit ihm, bis die Morgenröte anbrach.
Und als er sah, dass er ihn nicht übermochte, schlug er ihn auf das Gelenk seiner Hüfte, und das Gelenk der Hüfte Jakobs wurde über dem Ringen mit ihm verrenkt.
Und er sprach: Lass mich gehen, denn die Morgenröte bricht an. Aber Jakob antwortete: Ich lasse dich nicht, du segnest mich denn.
Er sprach: Wie heißest du? Er antwortete: Jakob.
Er sprach: Du sollst nicht mehr Jakob heißen, sondern Israel; denn du hast mit Gott und mit Menschen gekämpft und hast gewonnen.
Und Jakob fragte ihn und sprach: Sage doch, wie heißest du? Er aber sprach: Warum fragst du, wie ich heiße? Und er segnete ihn daselbst.
Und Jakob nannte die Stätte Pnuël; denn, sprach er, ich habe Gott von Angesicht gesehen, und doch wurde mein Leben gerettet.
Und als er an Pnuël vorüberkam, ging ihm die Sonne auf; und er hinkte an seiner Hüfte.
Daher essen die Israeliten nicht das Muskelstück auf dem Gelenk der Hüfte bis auf den heutigen Tag, weil er auf den Muskel am Gelenk der Hüfte Jakobs geschlagen hatte.

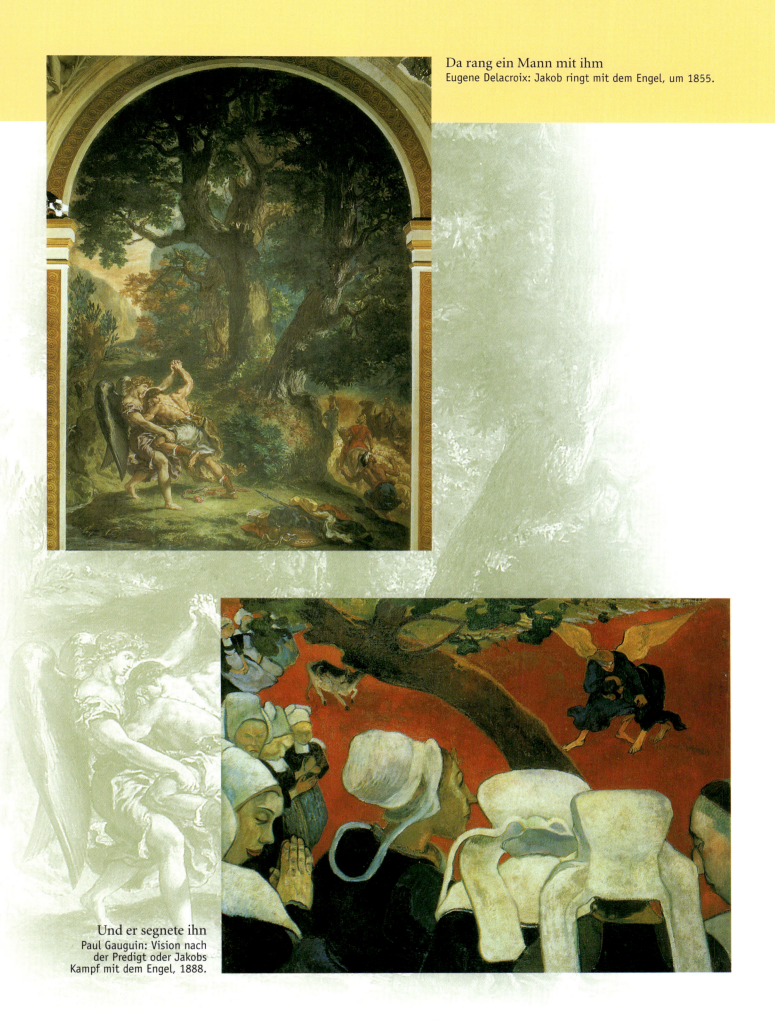

Da rang ein Mann mit ihm
Eugene Delacroix: Jakob ringt mit dem Engel, um 1855.

Und er segnete ihn
Paul Gauguin: Vision nach der Predigt oder Jakobs Kampf mit dem Engel, 1888.

Zwischen Jabbok und Gethsemani   151

Gauguins Wallfahrt nach Nizon

Gundolf Winter

Pont-Aven im Sommer 1888, das war schon lange nicht mehr jener idyllische Flecken am »Ende der Welt« (Finistère), wo man sich einer ganz ursprünglichen Umgebung gegenüber glaubte, jenem »fernen und zugleich fremden Land mit magerem Vieh, kindlicher Kultur, verfallenden Ortschaften, sorglos, abergläubig, trübselig«, wie Maxime du Camp, Freund und Begleiter auf Gustave Flauberts »Voyage en Bretagne« 1847 in seinen »Souvenirs litteraires« vermerkte. Denn in eben dem Maß, wie die Bretagne durch die Eisenbahn verkehrsmäßig erschlossen wurde, wandelte sie ihr Gesicht, verflüchtigte sich ihre vormals archaische Identität, bestimmt durch die fremde Sprache, den tiefen Glauben, die urtümlichen Sitten, kurz, durch jene ganz eigene Kultur der gottergebenen Bedürfnislosigkeit.

Dabei waren es nicht zuletzt die Künstler selbst, die den Anstoß zur Zerstörung eines der letzten Paradiese der Ursprünglichkeit in Europa gaben. Verschlug es zunächst die Schriftsteller auf der Flucht vor der »Vie moderne« in diese abgelegene Gegend, so machten sie doch die Maler neugierig: »Quimperlé scheint mir auf die Welt gekommen, nur um als Motiv der Aquarellmalerei zu dienen« (Flaubert). Und die kamen auch rasch nach, um ihrerseits Pont-Aven – nicht weit von Quimperlé entfernt – als »Motiv« zu entdecken. Neben den Franzosen zog es vor allem amerikanische Maler in diese Hafenstadt, Engländer und Skandinavier folgten. 1867 zählte man noch vierzig bis fünfzig Maler in Pont-Aven, 1880 bereits vierzig bis fünfzig Maler in einer Unterkunft; und spätestens ab 1888 glich die 1000 Einwohner zählende Stadt im Sommer einem riesigen Freiluftatelier, in dem die Maler den Ton angaben, neugierig beäugt von zahllosen Touristen, die sich das Spektakel des Künstler-Sommers in Pont-Aven nicht entgehen lassen wollten.

Die ehemalige Aquarellidylle hatte sich rasch überlebt, das »Motiv« sich der Mode ergeben müssen. In einem Brief an seinen Freund Luce aus dem Jahre 1889 zieht dann auch der Maler Paul Signac schonungslos Bilanz: »Gestern war ich in Pont-Aven. Es ist ein lächerlicher Fleck mit kleinen Winkeln und Wasserfällen, wie geschaffen für Aquarelle malende Engländerinnen.

… Überall Maler in Samtjacken, betrunken und unflätig. Der Tabakhändler hat ein Aushängeschild in Form einer Palette: Artist's Material, die Kellnerinnen tragen kokette Bänder an ihren Hauben und sind wahrscheinlich syphilitisch.« Und dennoch, Pont-Aven, das war im Sommer 1888 auch und ganz besonders der Ort einer entscheidenden Wende zur Malerei der Moderne, eine – wie Signac in jenem Brief ausführt – gleichwohl sehr »seltsame Wiege für den bildnerischen Symbolismus«.

Natürlich – so könnte man fast sagen – waren auch jene drei Männer, die gerade den Aven stadtauswärts überquerten, um dann nach rechts in die »Neue Straße nach Concarneau« (heutige Rue Émile Bernard) einzubiegen, Maler, gehörten sie zu den sommerlichen Künstler-Gästen des Jahres 1888. Die beiden jüngeren trugen vorsichtig ein Bild von ca. 80 x 100 cm Größe und gingen voraus; der eine, groß und schlank, mit blondem Bart und sanftem Blick aus hellen blauen Augen, der andere bebrillt, hager und leicht schwindsüchtig. Ihnen folgte ein älterer, d.h. genau 40 Jahre alter Mann von kräftiger Gestalt und sicherem Auftreten. Dabei bezeugte nicht nur das Gesicht mit der markanten Hakennase und den scharf blitzenden Augen unter den schweren Lidern Selbstbewusstsein und Überlegenheit, sondern auch die Wahl seiner ausgefallenen Kleidung: Vom grünen Barett mit Silberquaste über die bretonische, bestickte Weste bis hin zu den mit eigenen Schnitzereien dekorierten Holzschuhen schien alles auf eigenwillige Exklusivität angelegt. Er hatte in der Tat ein eigenes Auftreten, und obgleich er jetzt hinterherschritt, wusste man auf Anhieb, wer in dieser Gruppe den Ton angab bzw. den Anführer oder Leiter stellte.

Die drei schritten schweigend dahin, einerseits, weil der Weg bergan führte und Atem gespart werden musste, andererseits, weil man in Gedanken dem Experiment vorauseilte, das zu unternehmen sie aufgebrochen waren. So konnte man den Eindruck gewinnen, es handele sich bei dieser Wanderung um einen sehr besonderen Gang, der Ernst und Sammlung erfordere, gemessenes Schreiten auch, ja, um eine Art Wallfahrt. Dies vielleicht umso mehr, als das Ziel der Wanderung wirklich eine Kirche war, die Dorfkirche von Nizon, etwa drei Kilometer von Pont-Aven entfernt, der man jenes Gemälde als Altarbild stiften wollte, das die drei so vorsichtig mit sich führten.

Gleichwohl muss ihr Unternehmen – um genau zu sein – weniger von religiös-frommen als vielmehr von künstlerisch-ästhetischen Motiven bestimmt genannt werden. Zwar sollte das Bild tatsächlich dem Pfarrer von Nizon für seine Kirche übergeben werden, wie auf dem Rahmen des Bildes, der extra für diesen Anlass gefertigt, in blauer Schrift auf weißem Grund deutlich zu lesen war: »Don de Tristan de Moscoso«. Doch wollte man in erster Linie sehen, wie sich das Bild in der archaisch-sakralen Umgebung dieser mittelalterlichen Landkirche ausmachen würde, und ob es sich inmitten der hölzernen Heiligenfiguren und der grotesken Köpfe an den Dachbalken würde behaupten können. Zumindest war dies die Absicht des Autors des Gemäldes, des eindrucksvollen Älteren: ein künstlerisches Experiment also, keine fromme Anwandlung gab den Grund für die Stiftung des Gemäldes, wie ja überhaupt nur der jüngere der drei, der 20-jährige, Blauäugig-Blondbärtige entschieden religiöse Auffassungen vertrat.

Man hatte nicht den direkten Weg nach Nizon genommen, sondern war einem längeren Fußpfad gefolgt, der durch Kastanienwälder und Buchweizenfelder und vorbei an den Ruinen des Schlosses von Rustephan den Hügel hinauf zur Kirche von Nizon führte. Natürlich war den Dreien der Ort vertraut, den sie nach etwa einer Stunde Fußmarsch erreichten, die alte Kirche mit dem sie umgebenden Friedhof und besonders hervorzuheben dem Calvaire, der sie immer wieder in seinen Bann zog. Nicht ohne Grund hatte man gerade diesen Ort für das Experiment ausersehen.

Sie traten in den dämmrigen Raum der Kirche, stellten das Bild in günstigem Licht auf und beobachteten seine Wirkung. In der Tat wird man den Wunsch kaum Künstlerlaune nennen können, dieses Bild gerade hier aufstellen zu wollen. Denn nicht allein die religiöse Thematik, sondern mehr noch die reduzierte und strenge Formgebung in Verbindung mit der starken, großflächigen Farbigkeit, die an Kirchenfenster gemahnt, brachte das Bild sogleich in einen lebhaften Dialog mit dem sakralen Ambiente. Und das Bild bestand die Probe. Es konnte sich nicht nur halten, nicht nur ›mitreden‹, sondern sogar den Ton angeben. Während der Autor des Bildes sich selbst noch an der Wirkung seines Werks erfreute, eilte der junge Blondbärtige bereits hinaus, den Pfarrer zu suchen, um ihn von dem bevorstehenden Ereignis einer hochherzigen Schenkung in Kenntnis zu setzen.

Er fand ihn nicht im Pfarrhaus, sondern im Garten daneben, das Brevier lesend; fand aber – vielleicht auch wegen seiner Jugend wenig Widerhall auf seine Worte bzw. die Ankündigung, dass ein großer Künstler ihm und seiner Kirche ein bedeutendes Gemälde stiften wolle. Doch folgte ihm der Pfarrer in die Kirche, wenn auch – wie es schien – mit einigem Vorbehalt, und ließ sich das Bild zeigen, stumm. Schließlich fragte er, was denn das Bild darstellen solle. Der Ältere ergriff das Wort und antwortete: »Die Vision der Predigt«. Der Pfarrer starrte auf das Bild, verständnislos und misstrauisch zugleich. Die ungewohnt einfachen Formen und die starke Farbigkeit verwirrten ihn. Auch vermochte er nicht, die religiöse Thematik zu entdecken; die Unterscheidung dessen, was Haupt- und was Nebensache sein sollte, gelang ihm gleichfalls nicht, ebenso wenig wie die Zuordnung der Figuren und Dinge zueinander. In ihm keimte ein Verdacht auf: Wollte man ihn verulken? Natürlich war auch zu ihm die Kunde von den Spitzbübereien der Künstler in Pont-Aven gedrungen, kannte auch er jene Geschichte der nächtlichen Vertauschung der Ladenschilder, so dass morgens am Tabaksladen das Schild des Frisörs hing und dessen Schild wiederum am Tuchladen. Sollte er nun selbst das Opfer eines solchen Künstlerstreichs werden?

Der Pfarrer suchte einen Ausweg. Einerseits wollte er nicht schlankheraus sein Unverständnis modernen künstlerischen Äußerungen gegenüber zugeben, andererseits aber auch auf keinen Fall den Narren in einer Künstlerfarce spielen. So schüttelte er nur leicht den Kopf und sagte, dass er das Geschenk nicht annehmen könne, da seine Gemeinde das Bild nicht verstehen werde.

Daraufhin begann der Ältere und Autor des Bildes mit einer ausführlichen Erklärung; doch je länger sie dauerte und je mehr Verständniswege sie zu eröffnen suchte, desto stärker verfestigte sich die ablehnende Haltung des Pfarrers. Ja, es schien so, als hielte der Pfarrer von Nizon schließlich die »Vision der Predigt« tatsächlich für die Vision eines Witzboldes. Jedenfalls bekräftigte er noch einmal seine Weigerung, das Geschenk anzunehmen, lehnte endgültig ab.

Jakobs nächtlicher Ringkampf

Ernst Jünger

Jakobs nächtlicher Ringkampf mit dem Herrn. Hierzu zwei allgemeine Gedanken: Der Mensch darf sich nicht billig besiegen lassen: Gott muss sich ihm aufzwingen. Der Mensch wird in Versuchung kommen, sich aus Mattigkeit niederzuwerfen, sich fallen zu lassen, ehe er völlig durchdrungen, ganz unterjocht ist von der hohen Kraft. Das ist eine besondere Gefahr unserer Zeit, in der die große Bedrohung die Menschen in Massen, doch verdienstlos zum Kreuze treiben wird.

Sodann: Der Kampf ist nächtlich, weil der Mensch seit seinem Falle das Antlitz Gottes nicht ertragen kann. Erst in der Morgenröte erkennt er ihn und wird gesegnet durch ihn. Die Nacht ist hier das menschliche Leben, in dem der Arm des unsichtbaren Gottes oft grausam spürbar wird, die Morgenröte der Tod, in der sein Antlitz erscheint.

Wir müssen uns in unserer Eigenschaft als Rationalisten überwinden lassen, und dieser Ringkampf findet heute statt. Gott tritt den Gegenbeweis gegen uns an.

Tagebuch-Eintragung vom 25.6.1914

Franz Kafka

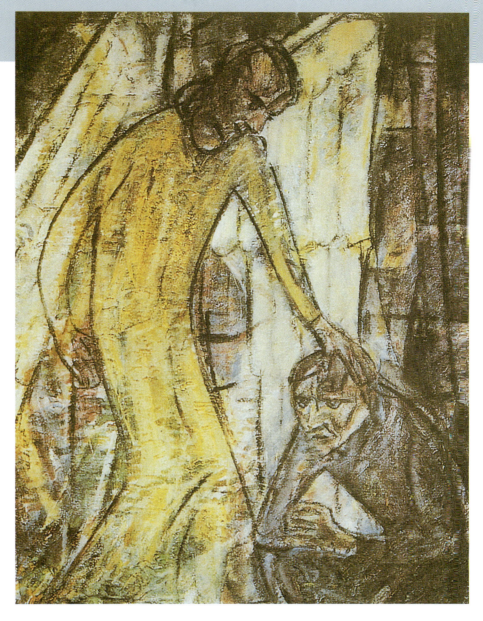

Es erschien ihm aber ein Engel
Christian Rohlfs: Gethsemane, 1917.

Vom frühen Morgen an bis jetzt zur Dämmerung ging ich in meinem Zimmer auf und ab. Das Fenster war offen, es war ein warmer Tag. Der Lärm der engen Gasse trieb ununterbrochen herein. Ich kannte schon jede Kleinigkeit im Zimmer durch das Anschauen während meines Rundganges. Alle Wände hatte ich mit den Blicken abgestreift. Dem Muster des Teppichs und seinen Altersspuren war ich bis in die letzten Verzweigungen nachgegangen. Den Tisch in der Mitte hatte ich vielmal mit Fingerspannen abgemessen. Zum Bild des verstorbenen Mannes meiner Wirtin hatte ich schon die Zähne oft gefletscht. Gegen Abend trat ich zum Fenster und setzte mich auf die niedrige Brüstung. Da blickte ich zufällig zum ersten Mal ruhig von meinem Platz in das Innere des Zimmers und zur Decke auf. Endlich, endlich begann, wenn ich mich nicht täuschte, dieses so vielfach von mir erschütterte Zimmer sich zu rühren. An den Rändern der weißen, mit schwacher Gipsverzierung umzogenen Decke begann es. Kleine Mörtelstücke lösten sich los und fielen wie zufällig, hie und da mit bestimmtem Schlag, zu Boden. Ich streckte die Hand aus, und auch in meine Hand fielen einige, ich warf sie, ohne mich in meiner Spannung auch nur umzudrehn, über meinen Kopf hinweg in die Gasse. Die Bruchstellen oben hatten noch keinen Zusammenhang, aber man konnte ihn sich immerhin schon irgendwie bilden. Aber ich ließ von solchen Spielen ab, als sich jetzt dem Weiß ein bläuliches Violett beizumischen begann, es ging

Zwischen Jabbok und Gethsemani 155

von dem weiß bleibenden, ja geradezu weiß erstrahlenden Mittelpunkt der Decke aus, in welchen knapp oben die armselige Glühlampe eingesteckt war. Immer wieder in Stößen drängte sich die Farbe, oder war es ein Licht, gegen den sich jetzt verdunkelnden Rand hin. Man achtete gar nicht mehr auf den fallenden Mörtel, der wie unter dem Druck eines sehr genau geführten Werkzeugs absprang.

Da drängten in das Violett von den Seiten her gelbe, goldgelbe Farben. Die Zimmerdeck färbte sich aber nicht eigentlich, die Farben machten sie nur irgendwie durchsichtig, über ihr schienen Dinge zu schweben, die durchbrechen wollten, man sah schon fast das Treiben dort in Umrissen, ein Arm streckte sich aus, ein silbernes Schwert schwebte auf und ab. Es galt mir, das war kein Zweifel; eine Erscheinung, die mich befreien sollte, bereitete sich vor.

Ich sprang auf den Tisch, um alles vorzubereiten, riss die Glühlampe samt ihrem Messingstab heraus und schleuderte sie auf den Boden, sprang dann hinunter und stieß den Tisch aus der Mitte des Zimmers zur Wand hin. Das, was kommen wollte, konnte sich ruhig auf den Teppich niederlassen und mir melden, was es zu melden hatte. Kaum war ich fertig, brach die Decke wirklich auf. Noch aus großer Höhe, ich hatte sie schlecht eingeschätzt, senkte sich im Halbdunkel langsam ein Engel in bläulich violetten Tüchern, umwickelt mit goldenen Schnüren, auf großen, weißen, seidig glänzenden Flügeln herab, das Schwert im erhobenen Arm waagrecht ausgestreckt. ›Also ein Engel!‹, dachte ich, ›den ganzen Tag fliegt er auf mich zu, und ich in meinem Unglauben wusste es nicht. Jetzt wird er zu mir sprechen.‹ Ich senkte den Blick. Aber als ich ihn wieder hob, war zwar noch der Engel da, hing ziemlich tief unter der Decke, die sich wieder geschlossen hatte, war aber kein lebendiger Engel, sondern nur eine bemalte Holzfigur von einem Schiffsschnabel, wie sie in Matrosenkneipen an der Decke hängen. Nichts weiter. Der Knauf des Schwertes war dazu eingerichtet, Kerzen zu halten und den fließenden Talg aufzunehmen. Die Glühlampe hatte ich heruntergerissen, im Dunkel wollte ich nicht bleiben, eine Kerze fand sich noch, so stieg ich also auf einen Sessel, steckte die Kerze in den Schwertknauf, zündete sie an und saß dann noch bis in die Nacht hinein unter dem schwachen Licht des Engels.

Siebter Chor der Engel: Gottesstreiter

Gethsemane

Annette von Droste-Hülshoff

Als Christus lag im Hain Gethsemane
Auf seinem Antlitz, mit geschlossnen Augen, –
Die Lüfte schienen Seufzer nur zu saugen,
Und eine Quelle murmelte ihr Weh,
Des Mondes blasse Scheibe widerscheinend –
Da war die Stunde, wo ein Engel, weinend,
Von Gottes Throne ward herab gesandt,
Den bittern Leidenskelch in seiner Hand.

Und vor dem Heiland stieg das Kreuz empor,
Daran sah seinen eignen Leib er hangen,
Zerrissen, ausgespannt, wie Stricke drangen
Die Sehnen an den Gliedern ihm hervor.
Die Nägel sah er ragen und die Krone
Auf seinem Haupte, wo an jedem Dorn
Ein Blutestropfen hing, und wie im Zorn
Murrte der Donner, mit verhaltnem Tone;
Ein Tröpfeln hört' er, und am Stamme leis
Hernieder glitt ein Wimmern, qualverloren,
Da seufzte Christus, und aus allen Poren
Drang ihm der Schweiß.

Und dunkel ward die Luft, im grauen Meer
Schwamm eine tote Sonne, kaum zu schauen
War noch des dorngekrönten Hauptes Grauen,
Im Todeskampfe schwankend hin und her.
Am Kreuzesfuße lagen drei Gestalten,
Er sah sie, grau wie Nebelwolken, liegen,
Er hörte ihres schweren Odems Fliegen,
Von Zittern rauschen ihrer Kleider Falten.
O welches Lieben war wie seines heiß!
Er kannte sie, er hat sie wohl erkannt,
Das Menschenherz in seiner Brust gebrannt,
Und stärker quoll der Schweiß.
Die Sonnenleiche schwand, – nur schwarzer Rauch,
Und drin versunken Kreuz und Seufzerhauch –
Ein Schweigen, grausiger als Sturmes Toben,
Schwamm durch des Raumes sternenleere Gassen,
Kein Lebenshauch auf weiter Erde mehr;
Ringsum ein Krater, ausgebrannt und leer,
Und eine hohle Stimme rief von oben:
»Mein Gott, mein Gott, wie hast du mich verlassen!«
Da fassten den Erlöser Todeswehn,
Da weinte Christus, mit gebrochnem Mut,
Da ward sein Schweiß zu Blut.
Und zitternd quoll es aus des Dulders Munde:
»Herr, ist es möglich, so lass diese Stunde
An mir vorübergehn!«

Ein Blitz durchfuhr die Nacht! – im Lichte schwamm
Das Kreuz, erstrahlend mit den Marterzeichen,
Und Millionen Hände sah er reichen,
Sich angstvoll klammernd an des Kreuzes Stamm.
O Händ' und Händchen aus den fernsten Zonen!
Und um die Krone schwebten Millionen
Noch ungeborner Seelen, Funken gleichend,
Ein leiser Nebelrauch, dem Grund entschleichend,
Drang aus den Gräbern der Verstorbnen Flehn.
Da hob sich Christus in der Liebe Fülle,
Und: »Vater, Vater!«, rief er, »nicht mein Wille,
Der deine mag geschehn!«

Still schwamm der Mond im Blau, ein Lilienstängel
Stand vor dem Heiland im betauten Grün,
Und aus dem Lilienkelche trat der Engel
Und stärkte ihn.

2 Der Erzengel Michael

Erzengel Michaels Feder
Eduard Mörike

Weil schon vor vielen hundert Jahren,
Da unsre Väter noch Heiden waren,
Unser geliebtes Schwabenland
So lustig wie ein Garten stand,
So sah der Teufel auch einmal
Vom Michelsberg ins Maiental
Und auf das weit bebaute Feld.
Er sprach: das ist ja wohlbestellt;
Hier blüht, wie einst im Paradies,
Der Apfelbaum und schmeckt so süß.
Wir wollen dieses Gartens pflegen,
Und soll sich erst kein Pfaff drein legen!
– Solch Frevelwort des Satans hört
Der Herr im Himmel ungestört,
War aber gar nicht sehr ergetzt,
Dass sich der Bock *zum Gärtner setzt*.
Er sandte Bonifazium
Damals im deutschen Reich herum,
Dass er, des heiligen Geistes voll,
Den himmlischen Weinstock pflanzen soll;

So rückt' er nun auch zum Michelsberg.
Das kam dem Satan überzwerch,
Tät ihm sogleich den Weg verrennen,
Ließ den Boden wie Schwefel brennen,
Hüllet' mit Dampf und Wetterschein
Das ganze Revier höchst grausam ein,
Ging selber auf den Heiligen los,

Der stand aller irdischen Waffen bloß,
Die Hände sein zum Himmel kehrt',
Rief: Starker Gott! leih mir ein Schwert!
Da zückt herab wie ein Donnerstreich
Erzengel Michael sogleich.
Sein Flügel und sein Fußtritt dämpft
Das Feuer schnell, er ficht und kämpft,
Und würgt den Schwarzen blau und grün,
Der hätte schier nach Gott geschrien;
Schmeißt ihn der Engel auch alsbald
Kopfunter in den Höllenspalt;
Schließt sich der Boden eilig zu,
Da warn auf Erden wieder Ruh,
Die Lüfte flossen leicht und rein,
Der Engel sah wie Sonnenschein.
Unser Heiliger bedankt sich sehr;
Möcht aber noch ein Wörtlein mehr
Mit dem Patronen gern verkehren;
Des wollte jener sich erwehren,
Sprach: Jetzo hab ich keine Zeit.
Da ging Herr Bonifaz so weit,
Dass er ihn fasst' an seiner Schwingen,
Der Engel ließ sich doch nicht zwingen,
War wie ein Morgenrauch entschlüpft.
Der Mann Gottes stund sehr verblüfft.
Ihm war, wie er mit dem Erzengel rang,
Eine Feder, gülden, schön und lang,
Aus dem Fittig in der Hand geblieben.
Flugs tät er sie in Mantel schieben,

Licht und Äther – Feuer und Luft
Gott, umgeben von Engeln, 15. Jahrhundert.

Ging eine Strecke fort und sann:
Was fang ich mit der Feder an?

Nun aber auf des Berges Rand
Ein kleiner Heidentempel stand,
Noch in der letzten Römerzeit
Luna, der Mondsgöttin, geweiht,
von Trephon, dem Feldhauptmann.
Da nahm Bonifaz ein Ärgernis dran,
Ließ also das Bethaus gleich fegen und lichten,
Zur christlichen Kapell herrichten,
Und weihte sie auch auf der Stell
Dem teuren Erzengel Michael.
Sein Bild, übern Altar gestellt,
Mit der rechten Hand die Feder hält,
Die dann bei mancher Pilgerfahrt,
Noch bis heute, hoch verehret ward.

Zu guter Letzt ich melden will:
Da bei dem Berg liegt auch Tripstrill,
wo, wie ihr ohne Zweifel wisst,
Die berühmte Pelzmühl ist.

Der Erzengel Michael 159

»Das Leben Adams und Evas«: Satan erinnert sich

Apokryphe Schrift der Juden

*Und Michael kam herauf
und rief allen Engeln zu:
Verehrt Gottes Ebenbild,
wie Gott, der Herr, befiehlt!*

*Und Michael verehrte ihn zuerst.
Dann rief er mich und sprach:
Verehre Gottes Ebenbild!
Ich sprach: Ich brauche nicht Adam zu verehren.*

*Als Michael mich zum Verehren drängte,
sprach ich zu ihm:
Weswegen drängst du mich?
Ich werde den doch nicht verehren,
der jünger und geringer ist als ich.
Ich ward vor ihm erschaffen.
Ehe er erschaffen ward, ward ich erschaffen.
Er sollte mich verehren.*

*Als dies die anderen Engel, die mir unterstanden, hörten,
da wollten sie ihn nicht verehren.
Da sagte Michael: Verehre Gottes Ebenbild!
Tust du es nicht,
wird Gott, der Herr, in Zorn geraten über dich.
Ich sprach:
Gerät er über mich in Zorn,
erhebe ich meinen Thron über die Sterne des Himmels
und bin dem Höchsten gleich.*

*Und Gott, der Herr, geriet über mich in Zorn
und verbannte mich von unserer Herrlichkeit
samt meinen Engeln.
So wurden wir um deinetwillen aus unseren Wohnungen
in diese Welt vertrieben
und verstoßen auf die Erde.*

*Und alsbald wurden wir betrübt,
weil wir so großer Herrlichkeit entkleidet waren.
Und dich in solcher Freude und Wonne sehen zu müssen,
betrübte uns.*

*Mit List umgarnte ich dein Weib
und brachte es dahin,
dass du aus deiner Freude und Wonne
vertrieben wurdest ihretwegen,
wie ich aus meiner Herrlichkeit vertrieben wurde.*

Ein Kampf im Himmel

Offenbarung 12,1-18

Mit Engeln zugedeckt
William Blake: Adam und Eva schlafend, 1808.

Und es erschien ein großes Zeichen am Himmel: eine Frau, mit der Sonne bekleidet, und der Mond unter ihren Füßen und auf ihrem Haupt eine Krone von zwölf Sternen.

Und sie war schwanger und schrie in Kindsnöten und hatte große Qual bei der Geburt.

Und es erschien ein anderes Zeichen am Himmel, und siehe, ein großer, roter Drache, der hatte sieben Häupter und zehn Hörner und auf seinen Häuptern sieben Kronen, und sein Schwanz fegte den dritten Teil der Sterne des Himmels hinweg und warf sie auf die Erde. Und der Drache trat vor die Frau, die gebären sollte, damit er, wenn sie geboren hätte, ihr Kind fräße.

Und sie gebar einen Sohn, einen Knaben, der alle Völker weiden sollte mit eisernem Stabe. Und ihr Kind wurde entrückt zu Gott und seinem Thron. Und die Frau entfloh in die Wüste, wo sie einen Ort hatte, bereitet von Gott, dass sie dort ernährt werde tausendzweihundertundsechzig Tage.

Und es entbrannte ein Kampf im Himmel: Michael und seine Engel kämpften gegen den Drachen. Und der Drache kämpfte und seine Engel, und sie siegten nicht, und ihre Stätte wurde nicht mehr gefunden im Himmel.

Und es wurde hinausgeworfen der große Drache, die alte Schlange, die da heißt: Teufel und Satan, der die ganze Welt verführt, und er wurde auf die Erde geworfen, und seine Engel wurden mit ihm dahin geworfen.

Und ich hörte eine große Stimme, die sprach im Himmel: Nun ist das Heil und die Kraft und das Reich unseres Gottes geworden und die Macht seines Christus; denn der Verkläger unserer Brüder ist verworfen, der sie verklagte Tag und Nacht vor unserm Gott.

Und sie haben ihn überwunden durch des Lammes Blut und durch das Wort ihres Zeugnisses und haben ihr Leben nicht geliebt, bis hin zum Tod.

Darum freut euch, ihr Himmel und die darin wohnen! Weh aber der Erde und dem Meer! Denn der Teufel kommt zu euch hinab und hat einen großen Zorn und weiß, dass er wenig Zeit hat.

Und als der Drache sah, dass er auf die Erde geworfen war, verfolgte er die Frau, die den Knaben geboren hatte.

Und es wurden der Frau gegeben die zwei Flügel des großen Adlers, dass sie in die Wüste flöge an ihren Ort, wo sie ernährt werden sollte eine Zeit und zwei Zeiten und eine halbe Zeit fern von dem Angesicht der Schlange.

Und die Schlange stieß aus ihrem Rachen Wasser aus wie einen Strom hinter der Frau her, um sie zu ersäufen.

Aber die Erde half der Frau und tat ihren Mund auf und verschlang den Strom, den der Drache ausstieß aus seinem Rachen.

Und der Drache wurde zornig über die Frau und ging hin, zu kämpfen gegen die Übrigen von ihrem Geschlecht, die Gottes Gebote halten und haben das Zeugnis Jesu.

Und er trat an den Strand des Meeres.

Der unerschaffne Michael

Johann Sebastian Bach

Der unerschaffne Michael
Und seiner Engel Heer
Den Drachen hat besiegt.
Wir stehen sicher und gewiss,
Und wenn uns gleich sein Brüllen schrecket,
So wird doch unser Leib und Seel
Mit Engeln zugedecket.

Wo wir itzo stehn und gehen,
Können wir in sichrer Ruh
Unserm Feind entgegenstehen.

Es lagert sich so nah als fern
Um uns der Engel unsres Herrn
Mit Feuer, Ross und Wagen.

Bleibt, ihr Engel, bleibt bei mir!
Führet mich auf beiden Seiten.
Dass mein Fuß nicht möge gleiten.
Seid uns, wenn der Herr gebeut,
Dieser Welt Valet zu sagen,
Zu unsrer Seligkeit
Auch unser Himmelswagen.

Doch, doch, bestimmt!
Albrecht Dürer: Michaels Kampf mit dem Drachen, 1498.

Anrufung 1939

Otto Riedel

Sankt Michael, du Fürst der Wächter,
des Bösen gläubiger Verächter,
zieh wieder aus mit blankem Schwert!
Wild hat die Hölle aufbegehrt.

Tritt in die Fronten deiner Mannen!
Nur du kannst ihre Feinde bannen,
die aller Guten Feinde sind.
Schirm Gottes Licht im Wirbelwind! ...

Wo du bist, ruhn der Heimat Auen
in lichtem Schutz vor Todesgrauen.
Wo du kämpfst, wächst der große Sieg
der Engel aus der Teufel Krieg.

1 Kirchliche Lehren

Was Engel wissen
Aurelius Augustinus

Die heiligen Engel erlangen ihre Kenntnis von Gott nicht durch vernehmbare Worte, sondern durch die unmittelbare Gegenwart der unwandelbaren Wahrheit, d.h. durch sein eingeborenes Wort. Und sie wissen um dieses Wort und um den Vater und den Heiligen Geist der beiden und dass dies eine untrennbare Dreifaltigkeit und jede Person in ihr eine Wesenheit ist und dennoch alle zusammen nicht drei Götter sind, sondern ein Gott. Das also wissen die Engel so, dass es ihnen genauer bekannt ist, als wir uns selbst kennen. Auch die Schöpfung erkennen sie dort, in der Weisheit Gottes als der Gestaltungskraft, durch die sie geworden ist, vollkommener als in ihr selbst; und demnach auch sich selbst dort vollkommener als in sich selbst, jedoch erkennen sie sich auch in sich selbst. Denn sie sind erschaffen und sind etwas anderes als der, der sie erschaffen hat. Dort also, in der Gestaltungskraft Gottes, erkennen sie die Dinge gleichsam in tagesheller Erkenntnis, in den Dingen selbst aber wie in dämmeriger Erkenntnis.

Es ist ja ein großer Unterschied, ob man etwas in der Idee erkennt, der gemäß es gemacht ist, oder ob man es in sich selbst erkennt; so wie das Wissen um die gerade Linie und um die Richtigkeit geometrischer Figuren verschieden ist, je nachdem man ihre Gesetze erfasst oder die Figuren nur in den Sand zeichnet, und das Wissen um die Gerechtigkeit verschieden ist, je nachdem man sie in der unwandelbaren Wahrheit oder in der Seele des Gerechten erkennt. Dasselbe gilt ebenso auch von den übrigen Wesen: vom Firmament zwischen den oberen und unteren Gewässern, das den Namen Himmel und Erde erhalten hat; vom Zusammenströmen der Gewässer unterhalb des Firmaments, von der Freilegung der Erde, der Hervorbringung von Pflanzen und Bäumen, der Erschaffung der Sonne, des Mondes, der Sterne; von der Erschaffung der Tiere, die aus den Gewässern hervorgingen, d.h. der Vögel, der Fische und der schwimmenden Ungetüme; von der Erschaffung aller Tiere, die auf der Erde gehen oder kriechen, und von der des Menschen, der alles auf Erden überragen sollte. All das wird von den Engeln im Worte Gottes, worin die Ursachen und Ideen davon liegen, jene unwandelbar beständigen, denen gemäß es erschaffen worden ist, anders erkannt als in sich selbst. Jene Erkenntnis ist klarer, diese dunkler, ein Unterschied wie der zwischen der Erkenntnis der Gestaltungskraft und der Werke. Indem dann diese Werke zum Lobpreis und zur Verehrung des Schöpfers begeistern, leuchtet gleichsam der Morgen auf im Geist der Schauenden.

Die himmlischen Hierarchien

Dionysios Areopagita

Auch das ist, wie ich denke, der geistigen Betrachtung wert: dass die Überlieferung der Schrift über die Zahl der Engel von tausendmal Tausenden und Myriaden von Myriaden spricht [Dan 7,10], indem sie die höchsten unserer Zahlen wiederholt und vervielfacht und dadurch deutlich zu verstehen gibt, dass die Ordnungen der himmlischen Wesen für uns nicht zählbar sind. Denn die seligen Heere der überweltlichen Geister sind viele; sie übersteigen den mäßigen und beschränkten Umfang unserer materiellen Zahlen und werden bloß von der ihnen eigenen überweltlichen und himmlischen Erkenntnis und Wissenschaft geistig bestimmt, die ihnen in allseliger Art von der urgöttlichen und unermesslich erkenntnisreichen Weisheitswirkerin geschenkt ist, die überwesentlich aller Dinge Urgrund und wesenschaffende Ursache und zusammenhaltende Kraft und umfassende Abschließung ist.

Wie viele Ordnungen der überhimmlischen Wesen es gibt, wie beschaffen sie sind und wie ihre Hierarchien vollendet werden, das weiß nur, wie ich denke, ihr göttliches Urprinzip. Auch sie selbst erkennen meines Erachtens ihre eigenen Kräfte und Erleuchtungen und ihre heilige und überweltliche, schön abgestufte Ordnung. Für uns ist es unmöglich, die Geheimnisse der überhimmlischen Geister und ihre heiligsten Vollkommenheiten zu erkennen, außer insoweit, als uns die Urgottheit durch die Engel selbst, die ja mit den eigenen Eigentümlichkeiten wohl vertraut sind, in diese eingeweiht hat. Sonach wollen wir nichts aus eigenem Antrieb vorbringen; was aber die Verfasser der heiligen Schriften von den Engeln in Bildern schauten, wollen wir, nachdem wir darüber geheimnisvolle Lehren empfangen haben, nach besten Kräften auseinander setzen.

Die Offenbarung hat den sämtlichen himmlischen Wesen neun Namen gegeben, die über sie Aufschluss bieten. Der göttliche Lehrer, der uns in die heilige Wissenschaft einweihte, gruppiert sie in drei dreiteilige Ordnungen. Die erste, sagt er, ist jene, die immerdar um Gott steht und, wie die Überlieferung sagt, ununterbrochen und den anderen voraus unmittelbar mit ihm vereinigt ist. Denn die Offenbarung der heiligen Schriften, sagt er, habe überliefert, dass die heiligsten Throne, die mit vielen Augen und vielen Flügeln versehenen Rangstufen, nach dem hebräischen Wort Cherubim und Seraphim genannt, gemäß ihrer alle übertreffenden Nähe unmittelbar um Gott aufgestellt sind. Diese dreiteilige Ordnung bezeichnete unser großer Meister gleichsam als eine gleichstufige und eigentlich erste Hierarchie. Keine andere ist Gott ähnlicher und den unmittelbaren Ausstrahlungen der Urgottheit unmittelbar näher unterstellt als diese. Die zweite Dreizahl, sagt er, sei jene, die von den Gewalten, Herrschaften und Mächten gebildet wird. Die dritte Dreizahl unter den letzten der himmlischen Hierarchien bestehe aus den Engeln, Erzengeln und Fürstentümern.

Indem wir die geschilderte Stufenfolge der heiligen Hierarchien gelten lassen, behaupten wir, dass jegliche Benennung der himmlischen Geister eine Offenbarung über die gottähnliche Eigentümlichkeit eines jeden enthält. Der heilige Name der Seraphim bedeutet nach den Kennern des Hebräischen »Entflammer« oder »Erglüher«; der Name »Cherubim« dagegen »Fülle der Erkenntnis« oder »Ergießung der Weisheit«. Mit Recht wird nun der heilige [liturgische] Dienst in der ersten himmlischen Hierarchie von den allerhöchsten Wesen versehen; denn diese hat eine höhere Rangstufe als alle übrigen, und die unmittelbar gewirkten Gottesoffenbarungen und Einweihungen [in das Göttliche] werden ursprünglich auf sie übergeleitet, weil sie [Gott] am nächsten steht. »Erglüher« und »Ergießung der Weisheit« werden nun auch die Throne genannt, ein Name, der ihre gottähnliche Beschaffenheit offenbart. Denn der Name der Seraphim lehrt und offenbart ihre immerwährende und unaufhörliche Bewegung um das Göttliche, ihre Glut, ihre Schärfe, das Übereifrige ihrer beständigen, unablässigen, nie wankenden Immerbewegung, ihre Eigenschaft, die tieferstehenden Ordnungen, sofern sie diese zu einer ähnlichen Glut entfachen und entzünden, emporzuführen und wirksam sich anzugleichen, ihre Kraft in brennenden und alles verzehrenden Flammen zu reinigen, ihren Charakter, der kein Verhüllen und kein Erlöschen zulässt, der immer sich gleichmäßig verhält, lichtartig und lichtspendend jede lichtlose Verdunkelung verscheucht und vernichtet.

Der Name der Cherubim offenbart ihre Gabe des Erkennens und Gottschauens, ihre Fähigkeit, die höchste Lichtmitteilung aufzunehmen und die urgöttliche Schönheit in ihrer unmittelbar wirkenden Macht zu schauen, ihr Geschaffensein für die erleuchtende Mitteilung und ihren Drang, durch Ergießung der von Gott geschenkten Weisheit neidlos mit den Wesen zweiter Ordnung in Gemeinschaft zu treten. Der Name der höchsten und erhabenen Throne bezeichnet, dass sie jeder erdhaften Niedrigkeit ungetrübt enthoben sind, dass sie überweltlich nach oben streben und von jedem untersten Gliede unerschütterlich weggerückt sind; dass sie um das wahrhaft Höchste mit ganzer Vollkraft ohne Wanken und sicher gestellt sind, dass sie die Einkehr Gottes in aller Freiheit von sinnlichen, materiellen Störungen genießen, dass sie für den Empfang der göttlichen Erleuchtungen ehrfurchtsvoll erschlossene Gottesträger sind.

Das Wesen der Engel
Johannes Damascenus

Gott selbst ist der Schöpfer und Bildner der Engel. Er hat sie aus dem Nichtsein ins Sein gerufen, nach seinem Bilde hat er sie geschaffen als eine körperliche Natur, eine Art Wind und unstoffliches Feuer, wie der göttliche David sagt: »Er macht seine Engel zu Winden und seine Diener zu loderndem Feuer.« [Ps 103,4] Damit beschreibt er die Leichtigkeit, Feurigkeit, Wärme, Eindringlichkeit und Schnelligkeit, womit sie sich Gott hingeben und ihm dienen, ihr Aufwärtsstreben und Freisein von jeder materiellen Gesinnung. Ein Engel ist demnach ein denkendes, allzeit tätiges, willensfreies, unkörperliches, Gott dienendes Wesen, dessen Natur die Unsterblichkeit aus Gnade empfangen hat. Die Form und Bestimmung seines Wesens kennt allein der Schöpfer. Unkörperlich aber und unstofflich heißt er in Beziehung auf uns. Denn verglichen mit Gott, dem allein Unvergleichbaren, erscheint alles grob und stofflich. Wahrhaft unstofflich und unkörperlich ist eben nur das göttliche Wesen.

Der Engel ist also ein vernünftiges, denkendes, willensfreies, in Gesinnung oder Willen wandelbares Wesen. Denn alles Geschaffene ist auch wandelbar, nur das Ungeschaffene ist unwandelbar. Und alles Vernünftige kann sich selbst bestimmen. Als vernünftig und denkend hat es darum freie Selbstbestimmung. Als geschaffen ist es jedoch wandelbar, es hat die Macht, sowohl im Guten zu bleiben und vorwärts zu kommen, als sich zum Schlechten zu wenden. Unfähig ist der Engel einer Bekehrung, weil er ja unkörperlich ist. Denn der Mensch hat wegen der Schwachheit des Körpers Bekehrung erlangt. Unsterblich ist er nicht kraft seiner Natur, sondern durch Gnade. Denn alles, was einen Anfang hatte, hat naturgemäß auch ein Ende. Nur Gott ist immer, ja noch mehr, er ist sogar über dem Immer. Denn nicht unter der Zeit ist der Schöpfer der Zeiten.

Winde und lodernd Feuer
Seraphim und Cherubim. Dom zu Cefalù/Sizilien, um 1148.

Die Engel sind zweitrangig, geistige Lichter. Ihre Erleuchtung haben sie vom ersten, anfanglosen Licht. Sprache und Gehör brauchen sie nicht, sie teilen vielmehr ohne gesprochenes Wort einander ihre Gedanken und Entschlüsse mit. Durch den Sohn Gottes wurden alle Engel geschaffen und vom Heiligen Geiste durch die Heiligung vollendet; entsprechend ihrer Würde und ihrer Rangordnung sind sie der Erleuchtung und der Gnade teilhaftig geworden. Sie sind ortsgebunden. Denn wenn sie im Himmel sind, sind sie nicht auf der Erde, und werden sie von Gott auf die Erde gesandt, so bleiben sie nicht im Himmel zurück. Sie werden aber nicht begrenzt von Mauern und Türen, Riegeln und Siegeln, denn sie sind unbegrenzt. Unbegrenzt, sage ich. Denn nicht so, wie sie sind, erscheinen sie den Würdigen, denen sie Gott erscheinen lassen will, sondern in veränderter Gestalt, so, wie die Sehenden sie sehen können. Denn unbegrenzt von Natur aus und im eigentlichen Sinne ist nur das Ungeschaffene. Jedes Geschöpf wird ja von Gott, seinem Schöpfer, begrenzt.

Die Heiligung haben die Engel außerhalb ihrer Natur vom Heiligen Geist empfangen. Durch die göttliche Gnade weissagen sie. Eine Ehe haben sie nicht nötig, denn sie sind nicht sterblich. Sie sind Geister, darum sind sie auch an geistigen Orten. Sie haben ja ihrer Natur nach keine Körpergestalt noch dreifache Ausdehnung – sondern dadurch, dass sie dort, wo sie hinbefohlen werden, geistig zugegen sind und wirken und nicht zu gleicher Zeit da und dort sein und wirken können. Ob sie dem Wesen nach gleich oder voneinander verschieden sind, wissen wir nicht. Gott allein weiß es, der sie erschaffen hat, der alles weiß. Verschieden jedoch sind sie voneinander durch den Lichtglanz und den Stand, sei es, dass dem Lichtmaß ihr Stand oder dem Stand ihr Lichtmaß entspricht. Wegen der Überordnung des Ranges oder der Natur erleuchten sie sich gegenseitig. Es ist klar, dass die höheren den niederen das Licht und die Erkenntnis mitteilen.

Sie sind stark und bereit zur Erfüllung des göttlichen Willens; dank ihrer schnellen Natur finden sie sich sogleich überall ein, wo der göttliche Wink es befiehlt. Sie beschützen die Erdteile, sie stehen Völkern und Orten vor, wie es ihnen vom Schöpfer aufgetragen ist; sie besorgen unsere Angelegenheiten und helfen uns. Es ist sicher, dass sie nach dem göttlichen Willen und Gebot über uns stehen und beständig um Gott sind. Schwer beweglich sind sie zum Bösen, doch nicht unbeweglich. Jetzt sind sie ja unbeweglich, nicht kraft ihrer Natur, sondern kraft der Gnade und dem Eifer, womit sie ausschließlich am Guten festhalten. Sie schauen Gott, soweit es ihnen möglich ist, und das ist ihre Nahrung. Sie stehen über uns, denn sie sind unkörperlich und frei von jeder körperlichen Leidenschaft, aber wahrlich nicht leidenschaftslos. Denn nur die Gottheit ist leidenschaftslos. Sie nehmen die Gestalt an, die Gott, der Herr, befiehlt, und so erscheinen sie den Menschen und enthüllen ihnen die göttlichen Geheimnisse. Sie weilen im Himmel, und ihre einzige Arbeit ist, Gott zu preisen und seinem göttlichen Willen zu dienen.

Wie viele Engel auf einer Nadelspitze Platz haben

Robert Gernhardt

Brauchen Engel Flügel?
Himmlische Zitherspieler, um 1400.

Die bekannte Streitfrage der Scholastiker, wie viele Engel auf einer Nadelspitze Platz haben, erregte die Gemüter der Pariser Theologen so sehr, dass sich der Dekan 1289 zu einem damals ungewöhnlichen Schritt entschloss. Des Streites der drei sich befehdenden Gruppen müde, lud er sie am ersten Sonntag nach Trinitatis in die Aula der Universität ein.

»Wie viele Engel haben nach Eurer Meinung Platz auf einer Nadelspitze?« fragte er Le Varlin, den Sprecher der ersten Gruppe. »Kein einziger«, antwortete dieser, »die ätherische Beschaffenheit dieser Wesen …«

»Das wissen wir«, unterbrach ihn der Dekan und sah Grandgouche, den Sprecher der zweiten Gruppe an. »Was meinen Sie?«

»Natürlich 150«, entgegnete dieser, »wer sich nur etwas in den Schriften des Thomas von Aquin …« »Danke«, sagte der Dekan und wandte sich an Batteux, den Verfechter des dritten Standpunkts. »Jeder«, sagte dieser zornig, »der nur etwas Verstand hat, wird wissen, dass es unzählige sind. Diese immateriellen Geschöpfe …«

»Gut«, sagte der Dekan laut, »wir kennen nun Ihre Meinungen. Jetzt passen Sie mal auf.« Er griff in seine Tasche, holte eine Nadel heraus und steckte sie mit dem stumpfen Ende in eine Tischritze. Darauf faltete er seine Hände, und nach kurzer Zeit kamen einige Engel in den Raum geschwebt. Sie kreisten eine Weile über der Nadel, dann setzte sich erst einer darauf, nach einigem Zögern ein zweiter, schließlich ein dritter. Ein vierter Engel versuchte es, er rutschte aus und fiel auf den Tisch. Er versuchte es ein zweites Mal, wieder misslang es, die Nadel bot keinen weiteren Platz mehr. Die Engel blieben eine Weile, dann verließen sie lautlos die Aula.

»Bitte schön«, sagte der Dekan nach einer Pause, »es sind drei Engel, keiner mehr, keiner weniger. Und jetzt beendet den Streit.« Die Sprecher der Parteien schwiegen einen Moment.

»Das waren aber merkwürdige Engel«, sagte Le Varlin schließlich.

»Sie waren viel zu groß«, sagte Grandgouche.

»Jeder, der nur etwas von Engeln versteht«, sagte Batteux, »wird wissen, dass das keine waren, da ihre immaterielle Substanz es ermöglicht, dass unzählige von ihnen auf einer Nadelspitze Platz haben.«

»150«, meinte Grandgouche.

»Keiner«, sagte Le Varlin fest.

»Aber meine Herren«, rief der Dekan, »nun ist doch bewiesen …«

»Bewiesen ist nur eines«, sagten die Sprecher aus einem Munde, »dass das keine Engel waren.«

Und da sie sich das erste Mal in ihrem Leben einig waren, marschierten sie schnurstracks zum Großinquisitor, dem der Dekan schon lange ein Dorn im Auge war. Am zweiten Sonntag nach Trinitatis sah man denn auch den schönsten Scheiterhaufen, der je vor Notre Dame gebrannt hatte.

Achter Chor der Engel: Werden wie die Engel

Sterben, Tod, Gericht

»Ihr Engel in den Himmelshöhn,
Vernehmt mein Schluchzen und mein Flehn.«

Heinrich Heine

Engel begleiten den Menschen durch alle Lebensphasen. So verwundert es nicht, wenn die Sterbeforschung den Engel auch im Grenzbereich zwischen Leben und Tod entdeckt. Er ist Wegbegleiter ins himmlische Reich, wo Menschen wie Engel werden sollen.
Todesarten und Todesängste, Gewissheit und Vorfreude erklingen im achten Chor der Engel. Erfahrungen von Ärztinnen und Krankenschwestern, Kindern, Dichtern und jiddischen Erzählern gewähren Ausblicke auf den Gerichtstag im Himmel, wo deutlich erscheint, was der Mensch gewesen ist. Hier geschieht die Vorbereitung auf den Eintritt ins Reich der Engel.

1 Erwartungen

Von guten Mächten

Dietrich Bonhoeffer

Meine liebste Maria! (Prinz-Albrecht-Straße) 19.12.44
Ich bin so froh, dass ich dir zu Weihnachten schreiben kann, und durch dich auch die Eltern und Geschwister grüßen und euch danken kann. Es werden sehr stille Tage in unsern Häusern sein. Aber ich habe immer wieder die Erfahrung gemacht, je stiller es um mich herum geworden ist, desto deutlicher habe ich die Verbindung mit euch gespürt. Es ist, als ob die Seele in der Einsamkeit Organe ausbildet, die wir im Alltag kaum kennen. So habe ich mich noch keinen Augenblick allein und verlassen gefühlt. Du, die Eltern, ihr alle, die Freunde und Schüler im Feld, ihr seid mir immer ganz gegenwärtig. Eure Gebete und guten Gedanken, Bibelworte, längst vergangene Gespräche, Musikstücke, Bücher bekommen Leben und Wirklichkeit wie nie zuvor. Es ist ein großes unsichtbares Reich, in dem man lebt und an dessen Realität man keinen Zweifel hat. Wenn es im alten Kinderlied von den Engeln heißt: ›zweie, die mich decken, zweie, die mich wecken‹, so ist diese Bewahrung am Abend und am Morgen durch gute unsichtbare Mächte etwas, was wir Erwachsenen heute nicht weniger brauchen als die Kinder. Du darfst also nicht denken, ich sei unglücklich. Was heißt denn glücklich und unglücklich? Es hängt ja so wenig von den Umständen ab, sondern eigentlich nur von dem, was im Menschen vorgeht. Ich bin jeden Tag froh, dass ich dich, euch habe, und das macht mich glücklich froh. –
Das Äußere ist hier kaum anders als in Tegel, der Tageslauf derselbe, das Mittagessen wesentlich besser, Frühstück und Abendbrot etwas knapper. Ich danke euch für alles, was ihr mir gebracht habt. Die Behandlung ist gut und korrekt. Es ist gut geheizt. Nur die Bewegung fehlt mir, so schaffe ich sie mir bei offenem Fenster in der Zelle mit Turnen und Gehen. Einige Bitten: ich würde gern von Wilhelm Raabe: ›Abu Telfan‹ oder ›Schüdderump‹ lesen. Könnt ihr meine Unterhosen so konstruieren, dass sie nicht rutschen? Man hat hier keine Hosenträger. Ich bin froh, dass ich rauchen darf! Dass ihr alles für mich denkt und tut, was ihr könnt, dafür danke ich euch; das zu wissen ist für mich das Wichtigste. –
Es sind nun fast 2 Jahre, dass wir aufeinander warten, liebste Maria. Werde nicht mutlos! Ich bin froh, dass du bei den Eltern bist. Grüße deine Mutter und das ganze Haus sehr von mir. Hier noch ein paar Verse, die mir in den letzten Abenden einfielen. Sie sind der Weihnachtsgruß für dich und die Eltern und Geschwister.

1. Von guten Mächten treu und still umgeben,
behütet und getröstet wunderbar; –
so will ich diese Tage mit euch leben
und mit euch gehen in ein neues Jahr;
2. noch will das alte unsre Herzen quälen,
noch drückt uns böser Tage schwere Last,
Ach Herr, gib unsern aufgeschreckten Seelen
das Heil, für das du uns geschaffen hast.

3. Und reichst du uns den schweren Kelch,
den bittern
des Leids, gefüllt bis an den höchsten Rand,

Niemand bleibt im Tod allein
Altarbild von Simon Marmilon, um 1480.

so nehmen wir ihn dankbar ohne Zittern
aus deiner guten und geliebten Hand.

4. Doch willst du uns noch einmal Freude schenken
an dieser Welt und ihrer Sonne Glanz,
dann woll'n wir des Vergangenen gedenken,
und dann gehört dir unser Leben ganz.

5. Lass warm und hell die Kerzen heute flammen,
die du in unsre Dunkelheit gebracht,
führ, wenn es sein kann, wieder uns zusammen!
Wir wissen es, dein Licht scheint in der Nacht.

6. Wenn sich die Stille nun tief um uns breitet,
so lass uns hören jenen vollen Klang
der Welt, die unsichtbar sich um uns weitet,
all deiner Kinder hohen Lobgesang.

7. Von guten Mächten wunderbar geborgen,
erwarten wir getrost, was kommen mag.
Gott ist bei uns am Abend und am Morgen,
und ganz gewiss an jedem neuen Tag.

Sei mit Eltern und Geschwistern in großer
Liebe und Dankbarkeit gegrüßt.
Es umarmt dich
dein Dietrich

Erwartungen   171

Was ich mal werden möchte, ist Engel

Fynn

Lieber Mister Gott!

Heut muß ich Dir schreiben, weil, wir haben in der Schule aufgekriegt, einen Brief schreiben an den besten Freund, den man hat, und ihm sagen, was ich mal werden möcht, wenn ich groß bin und keine Schularbeiten mehr machen muß. Deshalb schreib ich an Dich, denn Fynn ist ja hier, dem kann ich nicht schreiben, oder er würd drüber lachen. Du lachst aber nie, wenn Du mir beim Schreiben über die Schulter guckst. Das find ich prima, weil, sonst würd ich vielleicht rot werden.
Was ich mal werden möcht, ist Engel. Das hab ich noch niemand gesagt, auch Fynn nicht. Deshalb weiß ich auch noch nicht, wo man die Flügel herkriegt. Stimmt es, daß man da erst tot sein muß? Das hat der Robbie aus der Mortonstreet gesagt, der Torwart werden will. Der glaubt an überhaupt nichts außer Fußball. Und er sagt, ein Engel ist bloß dazu da, daß kein Ball ins Netz geht. Ich möcht aber mehr tun, wenn ich mal Engel bin. Und auch nicht erst tot sein müssen.
Ich schreib Dir, weil ich glaub, dass nur Du richtig weißt, wie man Engel wird. In der Bibel steht, daß Du die Engel selber machst. Da dacht ich, weil Du doch auch mich gemacht hast vor paar Jahren, kannst Du mich auch zum Engel machen. Später mal. Aber nicht zu spät. Jedenfalls bevor ich so alt bin wie Mrs. Cook. Dann ist man schon zu alt, um noch fliegen zu lernen oder um noch andauernd Gutes zu tun. Mrs. Cook tut oft nichts Gutes, wenn sie Noten gibt. Das möcht ich später mal nicht machen. Lieber für andere die Hausaufgaben machen, wenn sie's nicht können. Dann wär ich fast so nützlich wie Du. Ob Du mir dabei helfen kannst, würd ich gern von Dir wissen. Wenn Du mir zeigst, was man als Engel alles können muß, dann würd ich bestimmt für üben. Ganz sicher.

Anna

Brief an Anna

Fynn

Liebe Anna!

Ich freue mich über deinen Brief.
Du hältst mich ganz schön auf Trab mit deinen Fragen.
Ein ENGEL möchtest du werden?
Ich liebe meine Engel und ich mag dich.
Du fragst, ob man tot sein muss, um ein Engel zu werden.
Ich kann dich beruhigen. Nein. Ich brauche dich ja schon jetzt, aber als lebendigen Menschenengel, Annaengel.
Du fragst nach den Flügeln. Ich habe auch kein Flügelgeschäft. Aber jedes Mal, wenn du gespürt hast, dass du das Richtige getan hast – jemandem eine Freude gemacht, oder bei der Aufgabe beholfen hast –, warst du dann nicht wie »beflügelt«? Aber, wie wirst du ein Engel?
– Du bist schon mitten dabei, weil ich merke, du willst Menschen helfen.
Halte einfach Augen und Ohren offen, dann spürst du im Herzen, wenn dich jemand braucht.
Ich helfe dir gerne dabei, auf deinem Weg ein Engel zu sein.

Dein Mister Gott

An die Engel

Heinrich Heine

Das ist der böse Thanatos,
Er kommt auf einem fahlen Ross;
Ich hör den Hufschlag, hör den Trab,
Der dunkle Reiter holt mich ab –
Er reißt mich fort, Mathilden soll ich lassen,
O, den Gedanken kann mein Herz nicht fassen!

Sie war mir Weib und Kind zugleich,
Und geh ich in das Schattenreich,
Wird Witwe sie und Waise sein!
Ich lass in dieser Welt allein
Das Weib, das Kind, das, trauend meinem Mute,
Sorglos und treu an meinem Herzen ruhte.

Ihr Engel in den Himmelshöhn,
Vernehmt mein Schluchzen und mein Flehn:
Beschützt, wenn ich im öden Grab,
Das Weib, das ich geliebet hab;
Seid Schild und Vögte eurem Ebenbilde,
Beschützt, beschirmt mein armes Kind, Mathilde.

Bei allen Tränen, die ihr je
Geweint um unser Menschenweh,
Beim Wort, das nur der Priester kennt
Und niemals ohne Schauder nennt,
Bei eurer eignen Schönheit, Huld und Milde,
Beschwör ich euch, ihr Engel, schützt Mathilde.

Die zweite Geburt
Das Paradies. Flügelaltar von Hieronymus Bosch, um 1500.

Erwartungen

2 Sterbeerfahrungen

Der Kampf mit dem Engel

Friedrich Cramer

Jakob blieb allein zurück. Da rang ein Mann mit ihm, bis die Morgenröte anbrach.

Und da der sah, dass er ihn nicht übermochte, rührte er das Gelenk seiner Hüfte an; und das Gelenk der Hüfte Jakobs wurd über dem Ringen mit ihm verrenkt.

Und der Mann sprach: Lass mich gehen, denn die Morgenröte bricht an. Aber Jakob antwortete: Ich lasse dich nicht, du segnest mich denn. Er sprach: Wie heißest du? Er antwortete: Jakob.

Er sprach: Du sollst nicht mehr Jakob heißen, sondern Israel; denn du hast mit Gott und den Menschen gekämpft und bist obgelegen.

Und Jakob fragte ihn und sprach: Sage doch, wie heißest du? Er aber sprach: Warum fragst du, wie ich heiße? Und er segnete ihn daselbst.

Und Jakob hieß die Stätte Pniel, das meint: Ich habe Gott von Angesicht zu Angesicht gesehen, und ich habe es überstanden.

Und als er an Pniel vorüberkam, ging die Sonne auf; und er hinkte an seiner Hüfte.

Darum essen die Kinder von Israel keine Muskelstränge vom Gelenk der Hüfte bis auf den heutigen Tag, darum dass die Sehne am Hüftgelenk Jakobs verletzt ward.

Genesis 32,25-33

Die Gegend war einsam, die Landschaft, wie entleert, fiel flach zu dem vielleicht drei Kilometer entfernten Fluss ab. Den konnte man nicht sehen, weil er zu tief in seinem Bett lag und wohl auch im Spätsommer kaum Wasser führte. Braun und flach wie ein schräges Brett, kein Baum, kein Strauch, keine Deckung, der Anfang der Steppe zwischen Don und Wolga. Kein Laut, die Lerchen singen im September nicht mehr, und so hörte Jakob nur leise den Wind in den vertrockneten Grashalmen neben seinem Erdloch. Das hätte auch ein frisch geschaufeltes Grab sein können, denn 20 Meter weiter links lagen die Trümmer der eingestürzten Friedhofsmauer. Es war kaum auszumachen, wo der Kirchhof aufhörte und das freie Feld anfing. Viele der teils hölzernen, teils gusseisernen Grabkreuze waren herausgerissen und lagen weit verstreut umher, so als hätten Riesen sie in einem gigantischen Kampf als Waffen benutzt. Im Dunklen hatte er das nicht gesehen, die Nacht war da barmherziger, in der kalten Morgendämmerung wirkte es wie eine alte Hinrichtungsstätte.

Plötzlich schoss gelbgleißend der erste Strahl der Sonne aus dem östlichen Horizont hervor. Im selben Moment war ihm klar, dass das in den nächsten Stunden ein schlimmer Nachteil für ihn sein würde: Er war vom Gegenlicht geblendet und gleichzeitig von Osten her angestrahlt. Sofort duckte er sich tiefer in seine Kuhle. Der frische Erdgeruch beruhigte, und er schlief oberflächlich ein, erschöpft von den Strapazen der fast durchwachten Nacht; seine Sinne aber blieben völlig wach und hätten ihn beim geringsten Anzeichen von Gefahr sofort alarmiert. Einmal ein Rascheln, augenblicklich ist er hellwach, blinzelt, ohne sich zu rühren. Eine Ratte schnupperte im Gras umher, wahrscheinlich eine Wasserratte, die vom Fluss heraufgekommen ist. Die hat's gut, denkt er, kann sich in tiefe, für Granaten unerreichbare Erdlöcher verkriechen. Eine Ratte müsste man sein. Jedenfalls ist sie jetzt eine beruhigende Gefährtin, etwas Lebendiges.

Als er wenig später nach oben über den Rand blickt, liegt die goldene Kuppel der verlassenen und halbzerfallenen Kirche glänzend in der Morgensonne, der jetzt warme, reflektierte Glanz stimmt ihn fast heiter in seiner Verlassenheit im Niemandsland zwischen den Fronten, ja, er beginnt, wie schon so oft, über seine Einsamkeit Freude zu empfinden: Niemand würde ihn hier stören, und vor Dunkelheit könnte sowieso keiner hierher gelangen. Vorsichtig schiebt er sich an die Kante des Erdlochs und späht durch das Fernglas. Weit jenseits des Flusses zieht eine lange Lastwagenkolonne eine riesige Staubfahne hinter sich her, aber die ist viel zu weit weg. Er versucht, mehr zum Zeitvertreib, die Entfernung zu messen, aber das Gerät zeigt nicht mehr an, die Parallaxe ist zu klein, also sind es mehr als zehn Kilometer. Unangenehm ist nur, dass er den Vordergrund nicht so richtig einsehen kann. Eine flache Welle im Gelände in etwa 100 Meter Entfernung könnte da irgendetwas verdecken. Weiter unten liegt dann wieder alles offen, und dort scheint ohnedies die versumpfte Niederung des Flusses zu beginnen, wo sich niemand bewegen könnte, schon gar keine schweren Fahrzeuge. Jedenfalls ist es da unten saftig grün. Fast wie zu Hause im Garten, denkt Jakob plötzlich. Tagelang hatte er nicht an zu Hause gedacht, konnte sich nur mit dem unmittelbar Lebensnotwendigen, dem Lebensrettenden, beschäftigen, jetzt lässt die Spannung nach. Er wird fast leichtsinnig.

Gegen neun Uhr hört er den ersten dumpfen Schlag eines Granatwerferabschusses, eher ein harmlos wirkendes Puffen, aber er weiß sofort Bescheid. Langsam, fast gemütlich torkelt das Geschoss hoch über ihn hinweg und kracht irgendwo ganz weit hinten ins leere Gelände. Merkwürdig, dass sie an diesem friedvollen Vormittag so unvermittelt zu ballern anfangen, das ist doch gar nicht nach der Regel. Angriffe werden doch in der Morgen- oder Abenddämmerung vorbereitet. Ist da einer nervös geworden?

Die zweite Granate schlägt 50 Meter vor ihm ein und verspritzt ihren sirrenden Splitterkegel bis an die Friedhofsmauer, die dritte 30 Meter hinter ihm, die vierte 20 Meter vor ihm: Da weiß er, dass er entdeckt ist, dass sie ihn meinen, Menschenjagd auf ihn machen und ihre Rohre so lange ausrichten werden, bis sie ihn durch einen Volltreffer in seinem Erdloch zerfetzt hätten. Nein, das nicht! Nicht unterliegen in diesem schrecklichen Ringkampf. Dann lieber alles riskieren, herausspringen und möglichst rasch, unter Deckung der Friedhofsmauer, zurückzurennen versuchen!

Unmittelbar nach der nächsten Explosion springt er aus seinem Loch heraus. Er spürt einen dumpfen Schlag gegen die Hüfte und ins Gesicht, nein, gar keinen Schmerz, eher eine nie gekannte seelische Verletzung. Im selben Augenblick sieht er die goldglänzende Kuppel, ein wunderbares Hoffnungszeichen, alle Angst ist fort, er fühlt sich wie von schlimmer Krankheit genesen; als würde ihm ein Großer Segen zuteil. Die Kuppel wird heller, noch heller, weißglühend, strahlt eine angenehme Wärme aus, die seinen ganzen Körper durchzieht. Ja, so müsste es immer bleiben! Er ist gleichzeitig in der strahlenden Kuppel und unten auf dem alten Friedhof. Eine Himmelsleiter, ja, das ist es, eine Himmelsleiter, die den Raum aufhebt! Dass es so etwas gibt? Und auch die Zeit ist aufgehoben, alles Wollen ist unnötig, es ist ja doch schon alles gemacht. Oder rast die Zeit?

Das Raum-Zeit-Gefängnis ist aufgebrochen.

Auf einmal ist alles zugleich da: die Mutter, die Geschwister, der Garten mit den Himbeersträuchern und den Marienkäfern, die tote Schwester in ihrem Kinderbett, der Weihnachtsbaum, die Felder in Dirsdorf, der ehr-

Woher kommst du – wohin gehst du?
Milan Kurte: Der Engel des Todes, 1980.

würdige jüdische Großvater mit seinem grauen Spitzbart und der riesigen Nase, die schrecklichen Aufmärsche, die Angst vor der Verspottung als Vierteljude, Hedwigs Brüste, die brennende Synagoge, und wieder die Mutter am Nähtisch, der Vater, laut wie immer, der Geruch des Koksofens im Flur, das Sägen von Brennholz, das Galoppieren durch den Wald hinter Beatrix her, die kleine rothaarige jüdische Freundin, die heimlichen Sandkastenspiele, die versteckten Zärtlichkeiten mit Dietrich: Das alles spiegelt sich in der überirdisch goldenen Kirchenkuppel. Und alles ist gleichzeitig da, das Große und das Kleine, das Wichtige und das Unwichtige, und die übermenschliche Anstrengung, dazwischen unterscheiden zu müssen, fällt endlich, endlich weg. Das Leben ist auf einmal ganz leicht. Und intensiver noch als in der Wirklichkeit, strahlender, mit überirdischen Farben. Noch nie hat er so rote Himbeeren gesehen und ein so strahlendes Grün an Mutters Smaragdbrosche. Und dann das Gold der Kuppel!

Alles, alles ist da – nichts geht verloren.

Etwa eine Stunde lang lag der blutige Fleischklumpen in der zerfetzten Uniform im Niemandsland. Das russische Granatwerferfeuer hatte längst aufgehört. Zwei Beobachter von der schweren Artillerie hatten den Vorgang gesehen und machten sich jetzt auf, den Leblosen zu bergen. Das war nicht sehr gefährlich, weil sie, hinter der Friedhofsmauer gedeckt, fast bis zu ihm herankommen konnten, sie brauchten nur kurz aufzuspringen und ihn hinter die Mauer zerren.

Als sie den geschundenen Leib oben in ihrer sicheren und verbunkerten Stellung hatten, sagte einer: »Der atmet ja noch.« »Stimmt, aber nicht mehr lange.« »Wo er nun schon mal hier ist, könnten wir ja genauso gut den Sani holen.« »Meinst du, das lohnt sich? Hast Recht, da haben wir den ganzen Scheiß so oder so vom Halse.« »Na gut, ich telefonier' mal.« Als eine Stunde später das Auto mit dem aufgemalten roten Kreuz heranrumpelte, atmete er noch immer, aber ganz flach. Das war im September 1942, wenige Tage vor seinem 19. Geburtstag. Im Wehrmachtsbericht des Tages las man: am Donbogen nur geringe Gefechtstätigkeit.

Die Visionen in diesen Sekunden, als sein Leben zeitlos, vollständig, gesegnet und strahlend an ihm vorüberzog, wird niemand mehr zum Leuchten bringen. Auch entziehen sich diese unseren raum-zeitlichen Vorstellungen. Aber vielleicht lohnt es, jetzt, nach vielen, vielen Jahren, herauszufinden, wie sein junges, schwieriges Leben – im wahrsten Sinne zwischen den Fronten – verlaufen ist und welchen Inhalt seine Visionen am Rande des Todes gehabt haben mögen.

Tod eines Engels

Jean Paul

Zum Engel der letzten Stunde, den wir so hart den Tod nennen, wird uns der weichste, gütigste Engel zugeschickt, damit er gelinde und sanft das niedersinkende Herz des Menschen vom Leben abpflücke und es in warmen Händen und ungedrückt aus der kalten Brust in das hohe wärmende Eden trage. Sein Bruder ist der Engel der ersten Stunde, der den Menschen zweimal küsset, das erste Mal, damit er dieses Leben anfange, das zweite Mal, damit er droben ohne Wunden aufwache und in das andere lächelnd komme, wie in dieses Leben weinend.

Da die Schlachtfelder voll Blut und Tränen standen und da der Engel der letzten Stunde zitternde Seelen aus ihnen zog: so zerfloss sein mildes Auge, und er sagte: »Ach, ich will einmal sterben wie ein Mensch, damit ich seinen letzten Schmerz erforsche und ihn stille, wenn ich sein Leben auflöse.« Der unermessliche Kreis von Engeln, die sich droben lieben, trat um den mitleidigen Engel und verhieß dem Geliebten, ihn nach dem Augenblick seines Todes mit ihrem Strahlenhimmel zu umringen, damit er wüsste, dass es der Tod gewesen; – und sein Bruder, dessen Kuss unsere erstarrten Lippen wie der Morgenstrahl kalte Blumen öffnet, legte sich zärtlich an sein Angesicht und sagte: »Wenn ich dich wieder küsse, mein Bruder, so bist du gestorben auf der Erde und schon wieder bei uns.«

Gerührt und liebend sank der Engel auf das Schlachtfeld nieder, wo nur ein einziger schöner feuriger Jüngling noch zuckte und die zerschmetterte Brust noch regte: um den Helden war nichts mehr als seine Braut, ihre heißen Zähren konnt' er nicht mehr fühlen, und ihr Jammer zog unkenntlich als ein fernes Schlachtgeschrei um ihn. Oh, da bedeckte ihn der Engel schnell und ruhte in der Gestalt der Geliebten an ihm und sog mit einem heißen Kusse die wunde Seele aus der zerspaltenen Brust – und er gab die Seele seinem Bruder, der Bruder küsste sie droben zum zweiten Mal, und dann lächelte sie schon. Der Engel der letzten Stunde zuckte wie ein Blitzstrahl in die öde Hülle hinein, durchloderte den Leichnam und trieb mit dem gestärkten Herzen die erwärmten Lebensströme wieder um. Aber wie ergriff ihn die neue Verkörperung! Sein Lichtauge wurde im Strudel des neuen Nervengeistes untergetaucht – seine sonst fliegenden Gedanken wateten jetzt träge durch den Dunstkreis des Gehirns – an allen Gegenständen vertrocknete der feuchte, weiche Farbenduft, der bisher herbstlich über ihnen wogend gehangen, und sie stachen auf ihn aus der heißen Luft mit einbrennenden, schmerzlichen Farbenflecken – alle Empfindungen traten dunkler, aber stürmischer und näher an sein Ich und dünkten ihm Instinkt zu sein, wie uns die der Tiere – der Hunger riss an ihm, der Durst brannte an ihm, der Schmerz schnitt an ihm … Oh, seine zertrennte Brust hob sich blutend auf, und sein erster Atemzug war sein erster Seufzer nach dem verlassenen Himmel! – »Ist dieses das Sterben der Menschen!«, dacht' er; aber da er das versprochene Zeichen des Todes nicht sah, keinen Engel und keinen umflammenden Himmel: so merkt' er wohl, dass dieses nur das Leben derselben sei.

Abends vergingen dem Engel die irdischen Kräfte, und ein quetschender Erdball schien sich über sein Haupt zu wälzen; – denn der Schlaf schickte seine Boten. Die innern Bilder rückten aus ihrem Sonnenschein in ein dampfendes Feuer, die ins Gehirn geworfnen Schatten des Tages fuhren verwirrt und kolossalisch durcheinander, und eine sich aufbäumende unbändige Sinnenwelt stürzte sich über ihn; – denn der Traum schickte seine Boten. Endlich faltete sich der Leichenschleier des Schlafes doppelt um ihn, und in die Gruft der Nacht eingesunken, lag er einsam und starr, wie wir armen Menschen, dort. Aber dann flogest du himmlischer Traum, mit deinen tausend Spiegeln vor seine Seele und zeigtest ihm in allen Spiegeln einen Engelkreis und einen Strahlenhimmel; und der erdige Leib schien mit allen Stacheln von ihm loszufallen. »Ach«, sagt' er in vergeblicher Entzückung, »mein Entschlafen war also mein Verscheiden!« – Aber da er wieder mit dem eingeklemmten Herzen, voll schweren Menschenbluts aufwachte und die Erde und die Nacht erblickte, so sagt' er: »Das war nicht der Tod, sondern bloß das Bild desselben, ob ich gleich den Sternhimmel und die Engel gesehen.«

Die Braut des emporgetragenen Helden merkte nicht, dass in der Brust ihres Geliebten nur ein Engel wohne: sie liebte noch die aufgerichtete Bildsäule der verschwundnen Seele und hielt noch fröhlich die Hand dessen, der so weit von ihr gezogen war. Aber der Engel liebte ihr getäuschtes Herz mit einem Menschenherzen wieder, eifersüchtig auf seine eigne Gestalt – er wünschte nicht früher als sie zu sterben, um sie so lange zu lieben, bis sie ihm es einmal im Himmel vergäbe, dass sie an einer Brust zugleich einen Engel und einen Geliebten umfangen. Aber sie starb früher: der vorige Kummer hatte das Haupt dieser Blume zu tief niedergebogen, und es blieb gebrochen auf dem Grabe liegen. Oh, sie ging unter vor dem weinenden Engel, nicht wie die Sonne, die sich prächtig vor der zuschauenden Natur ins Meer wirft, dass seine roten Wellen am Himmel hinaufschlagen, sondern wie der stille Mond, der um Mitternacht einen Duft versilbert und mit dem bleichen Dufte ungesehen niedersinkt. – Der Tod schickte seine sanftere Schwester, die Ohnmacht, voraus – sie berührte das Herz der Braut, und das warme Angesicht gefror – die Wangenblumen krochen ein – der bleiche Schnee des Winters, unter dem der Frühling der Ewigkeit grünet, deckte ihre Stirn und Hände zu … Da zerriss das schwellende Auge des Engels in eine brennende Träne; und als er dachte, sein Herz mache sich in Gestalt einer Träne, wie eine Perle aus der mürben Muschel, los: so bewegte die Braut, die zum letzten Wahnsinn erwachte, noch einmal die Augen und zog ihn an ihr Herz und starb, als sie ihn küsste, und sagte: »Nun bin ich bei dir, mein Bruder.« – Da wähnte der Engel, sein Himmelbruder hab' ihm das Zeichen des Kusses und Todes gegeben; aber ihn umzog kein Strahlenhimmel, sondern ein Trauerdunkel, und er seufzete, dass das nicht sein Tod, sondern nur die Menschenqual über einen fremden sei.

»Oh, ihr gedrückten Menschen«, rief er, »wie überlebt ihr Müden es, oh, wie könnt ihr denn alt werden, wenn der Kreis der Jugendgestalten zerbricht und endlich ganz umliegt, wenn die Gräber eurer Freunde wie Stufen zu euerm eignen hinuntergehen und wenn das Alter die stumme, leere Abendstunde eines erkalteten Schlachtfeldes ist; oh, ihr armen Menschen, wie kann das euer Herz ertragen?«

Der Körper der aufgeflogenen Heldenseele stellte den sanften Engel unter die harten Menschen – unter ihre Ungerechtigkeiten – unter die Verzerrungen des Lasters und der Leidenschaften – auch seiner Gestalt wurde der Stachelgürtel von verbundenen Zeptern angelegt, der Weltteile mit Stichen zusammendrückt und den die Großen immer enger schnüren – er sah die Krallen gekrönter Wappentiere am entfiederten Raube hacken und hörte diesen mit matten Flügelschlägen zucken – er erblickte den ganzen Erdball von der Riesenschlange des Lasters in durchkreuzenden, schwarzbunten Ringen umwickelt, die ihren giftigen Kopf tief in die menschliche Brust hineinschiebt und versteckt … Ach, da musste durch sein weiches Herz, das eine Ewigkeit lang nur an liebevollen warmen Engeln gelegen war, der heiße Stich der Feindschaft schießen, und die heilige Seele voll Liebe musste über eine innere Zertrennung erschrecken. »Ach«, sagt' er, »der menschliche Tod tut wehe.« – Aber es war keiner: denn kein Engel erschien.

Nun wurd' er eines Lebens, das wir ein halbes Jahrhundert tragen, in wenigen Tagen müde und sehnte sich zurück. Die Abendsonne zog seine verwandte Seele. Die Splitter seiner verletzten Brust matteten ihn durch Schmerzen ab. Er ging, mit der Abendluft auf den blassen Wangen, hinaus auf den Gottesacker, den grünen Hintergrund des Lebens, wo die Hüllen aller schönen Seelen, die er sonst angekleidet hatte, auseinander genommen wurden. Er stellte sich mit wehmütiger Sehnsucht auf das nackte Grab der unaussprechlich geliebten, eingesunkenen Braut und sah in die verblühende

Der Engel kennt die Träne der Seele
Ernst Barlach: Güstrower Ehrenmal (Der schwebende Engel), 1926/27.

Abendsonne. Auf diesem geliebten Hügel schauete er seinen schmerzenden Körper an und dachte: »Du würdest auch schon hier dich auseinander legen, lockere Brust, und keine Schmerzen mehr geben, wenn ich dich nicht aufrecht erhielte.« – Da überdachte er sanft das schwere Menschenleben, und die Zuckungen der Brustwunde zeigten ihm die Schmerzen, mit denen die Menschen ihre Tugend und ihren Tod erkaufen und die er freudig der edlen Seele dieses Körpers ersparte. – Tief rührte ihn die menschliche Tugend, und er weinte aus unendlicher Liebe gegen die Menschen, die unter dem Anbellen ihrer eigenen Bedürfnisse, unter herabgesunkenen Wolken, hinter langen Nebeln auf der einschneidenden Lebensstraße dennoch vom hohen Sonnenstern der Pflicht nicht wegblicken, sondern die liebenden Arme in ihrer Finsternis ausbreiten für jeden gequälten Busen, der ihnen begegnet, und um die nichts schimmert als die Hoffnung, gleich der Sonne in der alten Welt unterzugehen, um in der neuen aufzugehen. – Da öffnete die Entzückung seine Wunde, und das Blut, die Träne der Seele, floss aus dem Herzen auf den geliebten Hügel – der zergehende Körper sank süßverblutend der Geliebten nach – Wonne-Tränen brachen die fallende Sonne in ein rosenrotes schwimmendes Meer – fernes Echo-Getöne, als wenn die Erde von Weitem im klingenden Äther vorüberzöge, spielte durch den nassen Glanz. – Dann schoss eine dunkle Wolke oder eine kleine Nacht vor dem Engel vorbei und war voll Schlaf. – Und nun war ein Strahlenhimmel aufgetan und überwallte ihn, und tausend Engel flammten: »Bist du schon wieder da, du spielender Traum!«, sagte er. – Aber der Engel der ersten Stunde trat durch die Strahlen zu ihm und gab ihm das Zeichen des Kusses und sagte: »Das war der Tod, du ewiger Bruder und Himmelfreund!« – Und der Jüngling und seine Geliebte sagten es leise nach.

Das war der Tod
Aus dem Stundenbuch des Herzogs von Rohan: Das Totengericht, um 1420.

Sterbeerfahrungen

Engel des Kommens und Gehens
Engel des Jüngsten Gerichts. Kathedrale von Straßburg, 1235.

Schutzengel der Sterbenden

Elisabeth Kübler-Ross

Was die Kirchen den kleinen Kindern hinsichtlich ihrer Schutzengel erzählen, beruht auch auf Tatsachen, denn es ist ebenfalls bewiesen, dass jeder Mensch von seiner Geburt bis zu seinem Tod von Geistwesen begleitet wird. Jeder Mensch hat solche Begleiter, ob Sie daran glauben oder nicht, ob Sie Jude oder Katholik oder ohne Religion sind, spielt überhaupt keine Rolle. Denn jene Liebe ist bedingungslos, weshalb ein jeder Mensch dieses Geschenk eines Begleiters erhält. Kinder haben die größte Angst davor, in den Momenten des Sterbens allein sein zu müssen und niemanden um sich zu wissen. Doch in dem Augenblick, wo die Umwandlung stattfindet, ist man niemals allein. Man ist auch im täglichen Leben nicht allein, aber man weiß nichts davon. Doch zur Zeit der Verwandlung werden unsere Geistführer, Schutzengel und solche Wesen, die wir geliebt hatten und die schon vor uns hinübergegangen waren, uns zur Seite stehen und uns bei unserer Umwandlung behilflich sein. Wir haben dies immer wieder bestätigt gefunden, so dass wir an dieser Aussage nicht mehr zweifeln. Diese Aussage machte ich, wohl gemerkt, als Wissenschaftlerin! Immer ist jemand als Helfer zugegen, wenn wir jene Verwandlung durchmachen.

Es ist gerade während dieser Austritte aus dem Körper, von denen uns die sterbenden Kinder und Erwachsenen erzählen, dass sie sich der Gegenwart der sie umgebenden Wesen gewahr werden, von denen sie geführt werden und Hilfe bekommen. Kleine Kinder nennen sie oft ihre ›Spielkameraden‹. Die Kirchen haben ihnen den Namen ›Schutzengel‹ gegeben, während sie von den meisten Forschern ›Geistführer‹ bezeichnet werden. Es ist unwichtig, welche Bezeichnung wir ihnen geben. Aber es ist wichtig zu wissen, dass jeder einzelne Mensch von dem Augenblick an, wo er den ersten Atemzug tut, bis zu dem Augenblick, wo er sich der Verwandlung übergibt und somit seine physische Existenz beendet, von Geistführern und Schutzengeln umgeben wird, die auf ihn warten und ihm bei der Umwandlung von einem Leben in das andere jenseits des Todes behilflich sein werden.

Fausts Grablegung

Johann Wolfgang von Goethe

Mephistopheles: Der Körper liegt, und will der Geist entfliehn,
Ich zeig' ihm rasch den blutgeschriebnen Titel; —
Doch leider hat man jetzt so viele Mittel,
Dem Teufel Seelen zu entziehn.
Auf altem Wege stößt man an,
Auf neuem sind wir nicht empfohlen;
Sonst hätt' ich es allein getan,
Jetzt muss ich Helfershelfer holen.
Uns geht's in allen Dingen schlecht!
Herkömmliche Gewohnheit, altes Recht,
Man kann auf gar nichts mehr vertrauen.
Sonst mit dem letzten Atem fuhr sie aus,
Ich passt' ihr auf und, wie die schnellste Maus,
Schnapps! hielt ich sie in fest verschlossnen Klauen.
Nun zaudert sie und will den düstern Ort,
Des schlechten Leichnams ekles Haus nicht lassen;
Die Elemente, die sich hassen,
Die treiben sie am Ende schmählich fort.
Und wenn ich Tag' und Stunden mich zerplage,
Wann? wie? und wo? das ist leidige Frage;
Der alte Tod verlor die rasche Kraft,
Das Ob? sogar ist lange zweifelhaft;
Oft sah ich lüstern auf die starren Glieder —
Es war nur Schein, das rührte, das regte sich wieder.

Phantastisch-flügelmännische Beschwörungsgebärden.

Nur frisch heran! verdoppelt euren Schritt,
Ihr Herrn vom graden, Herrn vom krummen Horne,
Von altem Teufelsschrot und -korne,
Bringt ihr zugleich den Höllenrachen mit.
Zwar hat die Hölle Rachen viele! viele!
Nach Standsgebühr und Würden schlingt sie ein;
Doch wird man auch bei diesem letzten Spiele
Ins künftige nicht so bedenklich sein.

Der gräuliche Höllenrachen tut sich links auf

Eckzähne klaffen; dem Gewölb des Schlundes
Entquillt der Feuerstrom in Wut,
Und in dem Siedequalm des Hintergrundes
Seh' ich die Flammenstadt in ewiger Glut.
Die rote Brandung schlägt hervor bis an die Zähne,
Verdammte, Rettung hoffend, schwimmen an;
Doch kolossal zerknirscht sie die Hyäne,
Und sie erneuen ängstlich heiße Bahn.
In Winkeln bleibt noch vieles zu entdecken,
So viel Erschrecklichstes im engsten Raum!
Ihr tut sehr wohl, die Sünder zu erschrecken;
Sie halten's doch für Lug und Trug und Traum.

Zu den Dickteufeln vom kurzen, graden Horne.

Nun, wanstige Schuften mit den Feuerbacken!
Ihr glüht so recht vom Höllenschwefel feist;
Klotzartige, kurze, nie bewegte Nacken!
Hier unten lauert, ob's wie Phosphor gleißt:
Das ist das Seelchen, Psyche mit den Flügeln,
Die rupft ihr aus, so ist's ein garstiger Wurm;
Mit meinem Stempel will ich sie besiegeln,
Dann fort mit ihr im Feuerwirbelsturm!
Passt auf die niedern Regionen,
Ihr Schläuche, das ist eure Pflicht;
Ob's ihr beliebte, da zu wohnen,
So akkurat weiß man das nicht.
Im Nabel ist sie gern zu Haus —
Nehmt es in Acht, sie wischt euch dort heraus.

Zu den Dürrteufeln vom langen, krummen Horne.

Ihr Firlefanze, flügelmännische Riesen,
Greift in die Luft, versucht euch ohne Rast!
Die Arme strack, die Klauen scharf gewiesen,
Dass ihr die Flatternde, die Flüchtige fasst.

Es ist ihr sicher schlecht im alten Haus,
Und das Genie, es will gleich obenaus.

Glorie von oben rechts.

Himmlische Heerschar: Folget, Gesandte,
Himmelsverwandte,
Gemächlichen Flugs:
Sündern vergeben,
Staub zu beleben;
Allen Naturen
Freundliche Spuren
Wirket im Schweben
Des weilenden Zugs!

Meph. Misstöne hör' ich, garstiges Geklimper,
Von oben kommt's mit unwillkommnem Tag;
Es ist das bübisch-mädchenhafte Gestümper,
Wie frömmelnder Geschmack sich's lieben mag.
Auch mir! Was zieht den Kopf auf jene Seite?
Bin ich mit ihr doch in geschwornem Streite!
Der Anblick war mir sonst so feindlich scharf.
Hat mich ein Fremdes durch und durch gedrungen?
Ich mag sie gerne sehn, die allerliebsten Jungen;
Was hält mich ab, dass ich nicht fluchen darf? –
Und wenn ich mich betören lasse,
Wer heißt denn künftighin der Tor?
Die Wetterbuben, die ich hasse,
Sie kommen mir doch gar zu lieblich vor! –

Ihr schönen Kinder, lasst mich wissen:
Seid ihr nicht auch von Luzifers Geschlecht?
Ihr seid so hübsch, fürwahr ich möcht' euch küssen,
Mir ist's, als kämt ihr eben recht.
Es ist mir so behaglich, so natürlich,
Als hätt' ich euch schon tausendmal gesehn;
So heimlich-kätzchenhaft begierlich;
Mit jedem Blick aufs neue schöner schön.
O nähert euch, o gönnt mir einen Blick!
Engel: Wir kommen schon, warum weichst du zurück?
Wir nähern uns, und wenn du kannst, so bleib!

Die Engel nehmen, umherziehend, den ganzen Raum ein.

Meph., der ins Proszenium gedrängt wird:
Ihr scheltet uns verdammte Geister
Und seid die wahren Hexenmeister;
Denn ihr verführet Mann und Weib. –

Welch ein verfluchtes Abenteuer!
Ist dies das Liebeselement?
Der ganze Körper steht in Feuer,
Ich fühle kaum, dass es im Nacken brennt. –
Ihr schwanket hin und her, so senkt euch nieder;
Ein bisschen weltlicher bewegt die holden Glieder;
Fürwahr, der Ernst steht euch recht schön;
Doch möcht' ich euch nur einmal lächeln sehn!
Das wäre mir ein ewiges Entzücken.
Ich meine so, wie wenn Verliebte blicken:
Ein kleiner Zug am Mund, so ist's getan.

Dich, langer Bursche, dich mag ich am liebsten leiden,
Die Pfaffenmiene will dich gar nicht kleiden,
So sieh mich doch ein wenig lüstern an!
Auch könntet ihr anständig-nackter gehen,
Das lange Faltenhemd ist übersittlich –
Sie wenden sich – von hinten anzusehen! –
Die Racker sind doch gar zu appetitlich!

Chor der Engel. Wendet zur Klarheit
Euch, liebende Flammen!
Die sich verdammen,
Heile die Wahrheit;
Dass sie vom Bösen
Froh sich erlösen,
Um in dem Allverein
Selig zu sein.

Meph., sich fassend:
Wie wird mir! – Hiobsartig, Beul' an Beule
Der ganze Kerl, dem's vor sich selber graut,
Und triumphiert zugleich, wenn er sich ganz durchschaut,
Wenn er auf sich und seinen Stamm vertraut;
Gerettet sind die edlen Teufelsteile,

Der Liebespuk, er wirft sich auf die Haut;
Schon ausgebrannt sind die verruchten Flammen,
Und wie es sich gehört, fluch' ich euch allzusammen!

Chor der Engel: Heilige Gluten!
Wen sie umschweben,
Fühlt sich im Leben
Selig mit Guten.
Alle vereinigt
Hebt euch und preist!
Luft ist gereinigt,
Atme der Geist!

Sie erheben sich, Fausten Unsterblichkeit entführend.
Meph., sich umsehend:
Doch wie? – wo sind sie hingezogen?
Unmündiges Volk, du hast mich überrascht,
Sind mit der Beute himmelwärts entflogen;
Drum haben sie an dieser Gruft genascht!
Mir ist ein großer, einziger Schatz entwendet:
Die hohe Seele, die sich mir verpfändet,
Die haben sie mir pfiffig weggepascht.

Bei wem soll ich mich nun beklagen?
Wer schafft mir mein erworbenes Recht?
Du bist getäuscht in deinen alten Tagen,
Du hast's verdient, es geht dir grimmig schlecht.
Ich habe schimpflich missgehandelt,
Ein großer Aufwand, schmählich! ist vertan;
Gemein Gelüst, absurde Liebschaft wandelt
Den ausgepichten Teufel an.
Und hat mit diesem kindisch-tollen Ding
Der Klugerfahrne sich beschäftigt,
So ist führwahr die Torheit nicht gering,
Die seiner sich am Schluss bemächtigt.

Allen Naturen freundliche Spuren
Szenen aus dem Leben der Erzengel. Altarbild, 13. Jahrhundert.

Sterbeerfahrungen

3 Gerichtstag im Himmel

Der Engel des Menschen
Romano Guardini

Wir begehen heute das Fest der Schutzengel – von der Weise her, wie Jesus spricht (Mt 18,10), sagen wir besser und eindringlicher: der Engel der Menschen. So wollen wir in dieser Betrachtung zu verstehen suchen, was das Fest uns kundtun will. Zuerst müssen wir uns freilich etwas anderes zu Bewusstsein bringen: dass der heutige Mensch, auch der gläubige, zu seinem Engel keine Beziehung mehr hat. Ja, dass die Lehre von den Engeln überhaupt ihm nicht mehr viel sagt. Daran ändert auch die Tatsache nichts, dass sie in der Dichtung und in der Kunst wieder stärker hervortreten. Das hat aber einen rein ästhetischen Charakter. Um das zu sehen, braucht man nur an seine Entsprechung auf tieferer Ebene zu denken, nämlich an das sentimentale Wesen, nein an den Unfug und die Entbehrung, welche die Weihnachtsindustrie mit der Engelgestalt treibt.

Und nun sagt uns die Kirche, unter ihnen gebe es solche, denen Gott einen besonderen Dienst im Leben des einzelnen Menschen zugewiesen hat. Man nennt sie die Schutzengel; wir wollen sie, wie gesagt, die Engel der Menschen nennen.

Worin besteht aber ihr Dienst? Was schützt der Engel in dem Menschen, mit dem ihn Gott verbunden hat? Wenn wir darüber ernsthaft nachdenken wollen, müssen wir all die rührseligen Bilder wegtun, die ihn zeigen, wie er auf einem Steg ein Kind vor dem Hinunterfallen bewahrt, oder eine Schlange abwehrt, die es anzüngelt. Wir müssen in den Kern des menschlichen Daseins gehen: den Bestand und die Unversehrtheit seiner Person. –

Der Mensch ist ein seltsames Wesen; umso schwerer zu verstehen, je länger man sich um ihn bemüht, je länger man selbst Mensch ist. In ihm sind hohe Eigenschaften und große Kräfte, aber auch wie viel Armseliges, Scheinhaftes und Böses. Er hat das Vorrecht, »Ich« sprechen zu können: weiß er aber, wer er ist? Steht er nicht beständig in Gefahr, sich misszuverstehen? Er ist frei, Herr seiner selbst: hat er sich aber in der Hand? Wird er sich nicht beständig weggeholt, durch Dinge, die ihn begehrlich machen; durch Verwicklungen, die ihn verstricken; durch Geschehnisse, die ihn erschrecken? Und droht ihm nicht stets die Urgefahr, welcher der erste Mensch erlegen ist, statt Gottes Ebenbild »sein zu wollen wie Gott«, Herr der Welt?

Und ist der Mensch, der in tausenderlei Beziehungen und Gemeinschaften lebt, immerfort redend, hörend, gebend, nehmend, ergreifend und ergriffen, gebrauchend und gebraucht – ist er nicht im Grunde allein, bis in die Einsamkeit des Sterbens? –

Hier sagt uns Jesu Wort, dass Gott dem Menschen einen Gefährten mitgibt, der sein Eigenes und Eigentliches schützt: sein Wesen, das im Verhältnis zu Gott beruht; sein Ich, das nur Bestand hat in der Antwort auf Gottes währenden Anruf; seine Wahrheit, die nichts anderes bedeutet, als zu sein, wie Gott ihn will. Das ist sein Engel. Er weiß besser um uns, als wir selbst. Er weiß um unser Gott-Ebenbild – der Engel jedes Menschen um dessen besonderes Ebenbild, geschaffen durch den Anruf, mit welchem Gott ihn und ihn allein in sein Dasein gestellt hat. Um das, was sich im »neuen Namen« offenbaren soll, welchen Gott in der ewigen Begegnung dem als treu Befundenen gibt, und den »niemand weiß, als Gott, und der ihn empfängt« (Apok 2,17). Der Engel aber, so denken wir, weiß ihn, denn er ist ja für »seinen« Menschen nicht einfachhin »ein Anderer«, sondern der Hüter von dessen Selbst. Ebenso wie der Engel all die Verwirrungen und Verstörungen sieht, die seinen Mensch-Freund von innen her bedrohen; sie in Unbestechlich-

Das letzte Mahl
Justus von Gent († 1480):
Die Einsetzung des Heiligen Abendmahls.

keit beurteilt, aber mit ihm zusammen dagegen steht, als wäre es für sich selbst.

Das alles weiß er, weil er »immer das Angesicht des Vaters schaut, der im Himmel ist«. Er ist bei Gott und bei dem ihm Anbefohlenen zugleich. Und hier kann er sein, weil er dort ist. Denn Gott ist jedem Menschen der in Wahrheit »Nächste«, stehend zwischen ihm und dem Nichts; dem guten, aus dem Er ihn einst herausgehoben, wie dem bösen, das ihn immerfort bedroht. In Gott sieht der Engel die Wahrheit des Menschen eigentlicher, als sie in diesem selbst ist; denn diese Wahrheit denkend hat Gott ihn geschaffen; ihn denkend hält Gott ihn im Sein. Im »Angesicht des Vaters« liest der Engel diese schöpferische Wahrheit; und von Seiner Liebe erleuchtet, sieht er, wie bedroht sie durch die Schwäche des Menschen ist. Darum kennt er seinen so fragwürdig-wunderbaren Mensch-Freund bis in den innersten Grund. –

Dieses, des Menschen eigenstes Wesen, schützt der Engel in den Verhüllungen, Wirrnissen, Gewaltsamkeiten des Lebens. Denn Gott hat ihn durch seinen Auftrag ins Einvernehmen der Vorsehung gezogen, und er dient ihrer Verwirklichung – der Vorsehung über diesem bestimmten Menschen, wie auch über dem Ganzen der Welt, sofern es sich in diesem Einen entscheidet und verwirklicht.

Er schützt es nicht nur gegen die Gefahr, die von außen, sondern auch gegen jene, die aus dem Menschen selbst kommt: seine Unbotmäßigkeit, seine Unredlichkeit, seine Trägheit, sein Unmaß. Er tut es in der Stimme des Gewissens, in den Warnungen des Herzens, im Wort der Freunde, in den Folgen des Tuns, im Sinn der Geschehnisse – in alledem spricht seine Stimme mit.

Der Engel des Menschen hilft ihm, er-selbst zu sein – richtiger ausgedrückt: er-selbst zu werden. Gott hat von Sich gesagt: »Ich bin der Ich bin.« Er ist die triumphierende Personalität; vollkommen Er-selbst; Seiner ewig mächtig und sicher, der Herr einfachhin. Der Mensch hingegen ist Person von Gnaden; im Angerufensein durch Gott. Und so, dass er erst dazu heranreifen muss; durch beständige Gefahr, seine Personalität in naturhafte Verstrickung preiszugeben, oder zu unwahrer Autonomie zu verfälschen. In diesen tödlichsten aller Gefahren stellt sich der Engel zu ihm und hilft ihm, in Ehre und Demut – beides ist wesentlich und gehört zusammen – er-selbst zu werden. –

Freilich: weil es sich um Wesen und Person handelt, kann diese Hilfe sich nur in Freiheit verwirklichen. Der Mensch wird in sein Eigentliches – dass er sei, als was der Gottesgedanke ihn begründet, und ebendarin er-selbst sei – nicht hineingehoben. Der Engel kann nichts tun, als in tiefer Sorge seines Freundes Freiheit anrufen; in reiner Treue bei ihm ausharren. Der Mensch aber kann den Ruf auch überhören, ihn missachten, ihm widerstreben, und so alle Hilfe vergeblich machen. Dann muss der Engel – wohl in einem Schmerz, der über unser Begreifen geht – im Gericht auf die Seite des Urteils treten. Denn hier geht es nicht um Märchen, sondern um Wahrheit.

Wir haben uns dem Geheimnis des Engels nur eben nähern können; aber es hat sich gezeigt, dass der Weg, wenn wir ihn weiter gingen, tief ins Geheimnis unserer Existenz führen würde.

Wir müssen uns das versagen; aber etwas anderes wollen wir tun: uns bewusst werden, dass hier die Möglichkeit einer Beziehung ist, für die wohl kein besseres Wort zur Verfügung steht als das der Freundschaft, die sich auf das Eigenste bezieht, und die unser Schöpfer selbst uns zuweist. –

Was ist denn ein Freund? Ein Mensch, der bei mir nicht sich selbst meint, sondern wirklich mich. Der mich kennt, mein Gutes wie mein Schlimmes; mich aber so, wie ich bin, für wert und wichtig hält. Der mich liebt, und ebendeshalb wahr gegen mich ist. Der mein Bestes will, aber dabei meine Freiheit in Ehren hält. Auch eine Ebenbürtigkeit gehört zur echten Freundschaft. In dieser darf kein Übergewicht sein, das abhängig macht, nicht den Einen noch den Anderen. Besteht aber ein solches auf einem Gebiet des Seins, oder Könnens, oder Habens, dann muss es auf einem anderen sein Gegengewicht finden. Eine solche Freundschaft ist sehr kostbar, und umso seltener, je reiner man sie sieht. Sie mag aber noch so rein, noch so tief sein, immer stößt sie an Grenzen. Wer kann sagen, dass er den Freund ganz verstehe? Aus seinem eigentlichsten Wesen, seiner innersten Gesinnung her? Wessen Selbstlosigkeit ist so echt, dass sie den Freund lauter meint, ohne Nebenabsichten noch Hintergedanken? Und welche Treue ist so fest, dass sie nicht nur den Wandel der Verhältnisse, sondern auch den der Verbundenen selbst, ihrer Anschauungen, Lebenserfahrungen, inneren und innersten Zustände überdauert?

Vor allem aber: Keine Freundschaft, sie sei noch so großmütig, hebt die Tatsache auf, dass der Eine immer doch nur er-selbst und nicht der Andere ist. Dass immer eine Grenze besteht, vom Selbst gezogen. Und, daraus kommend, eine letzte Einsamkeit. die durch keine Gemeinschaft aufgehoben werden kann.

Wenn das, was wir da bedacht haben, richtig ist, dann steht es mit dem Engel – meinem Engel, muss jeder sagen – anders. Er ist groß, und ich werde mich mit ihm nicht vergleichen. Aber wir sind beide geschaffen und darin einander gleich. Und Gott hat uns in einer Gemeinschaft verbunden, die das Letzte angeht, und für die es im Irdischen keine Entsprechung gibt. Zwischen uns besteht eine Solidarität, unmittelbar von Gott her. In ihr geht es um mein Heil – wer aber kann sagen, was für die eigene Ewigkeit des Engels von mir abhängt? –

Hier wäre eine Möglichkeit der Freundschaft, wie sie sonst nirgendwo ist ... Wenn nur nicht ein so schweres Hindernis wider sie stünde, dass wir des Gedankens an unseren Engel so ganz entwöhnt sind! Dass er uns so sehr ins Ästhetische oder gar ins Kindische entglitten ist!

Hier wäre etwas zu entdecken, das wir verloren haben. Wir müssten uns zu etwas durchgraben, das verschüttet ist. Ob es sich nicht lohnen würde? Besonders wenn wir bedenken, dass es ja doch keine einseitige Bemühung wäre, denn der Engel ist ja doch da, still, gegenwärtig, unbeirrbar uns zugewendet. So würde er also doch helfen, mit leiser, liebender Kraft, die Fremde zu durchdringen ...

Ob dadurch nicht die Stunden der Einsamkeit einen neuen Sinn gewinnen könnten? Das Dunkel der Schwermut? Die Wand des Nicht-Verstandenseins? Alles ganz ruhig, ohne Phantastereien und Überspanntheiten, einzig vertrauend auf Jesu Wort – und, durch dieses Wort erhellt, auf die tiefe Ahnung des Menschengeschlechts, dass wir mit unserem Selbst, dem zerbrechlichen und fragwürdigen, das aber doch eben das unsere, für jeden von uns eine und einzige ist, nicht allein im Dasein stehen, wie es mit unseren menschlichen Beziehungen auch immer bestellt sein möge ...

Engel – Boten der Lebensdichte
Giovanni Bellini († 1516): Christus am Ölberg.

Das Erinnern

Friedrich Hölderlin

Viel, viel sind meiner Tage
Durch Sünd entweiht gesunken hinab
O, großer Richter frage
Nicht wie, o lasse ihr Grab
Erbarmende Vergessenheit
Lass, Vater der Barmherzigkeit
Das Blut des Sohns es decken.
Ach wenig sind der Tage
Mit Frömmigkeit gekrönt entflohn,
Sie sinds mein Engel, trage
Sie vor des Ewigen Thron,
Lass schimmern die geringe Zahl
Dass einsten mich des Richters Wahl
Zu seinen Frommen zähle.

Josua ben Levi und der Bote des Todes

Emanuel bin Gorion

Diese Geschichte hat sich mit Josua, dem Sohne Levis, zugetragen.

Er saß einst und forschte in der Schrift. Da kam der Todesengel, blieb an seiner Tür stehen und sprach: Friede mit dir, Meister! R. Josua erwiderte nicht den Gruß. Erst als er zu Ende gelesen hatte, sprach er zu dem Boten: Mit dir sei Friede! Da fragte der Bote: Warum bist du so hochmütig und antwortest nicht, wenn man dir den Friedensgruß bietet? Der Meister erwiderte: Das sei ferne von mir; ich tat es nur, weil ich den Abschnitt vollenden wollte. Der Bote sprach weiter: Kennst du mich nicht? Der Meister antwortete: Du bist mir nicht bekannt. Der Bote sprach: Ich bin der Todesengel; der Herr hat mich geschickt, deine Seele von dir zu nehmen. Der Meister entgegnete: Bei meinem Leben! Und stehst du auch tausend Jahre hier, ich geb dir meine Seele nicht.

Da stieg der Engel in den Himmel, kam vor den Herrn und sagte: Herr der Welt! Josua ließ mich nicht an ihn herantreten. Der Herr sprach darauf: Geh und schmücke dich mit allen Merkmalen des Todes. Da schmückte sich der Todesengel und kam abermals vor die Tür Josuas. Er sprach zu ihm: Der Herr hat mich gesandt, dass ich deine Seele von dir nehme. Josua erwiderte: Bewahre, ich gebe meine Seele nicht in deine Hand; wenn du sie aber dennoch haben willst, so führe mich in den Garten Eden und zeige mir den Platz, wo ich dereinst ruhen werde. Also fuhr der Engel wieder in den Himmel und berichtete: Herr der Welt! Josua ließ mich nicht seine Seele nehmen und sprach zu mir so und so. Der Herr antwortete: So geh denn und bringe ihn in den Garten Eden; lass Hiram, den König von Zur, aus dem Paradiese gehen und führe Josua statt seiner hinein. Da nahm der Engel den Josua auf seine Flügel und brachte ihn vor das Paradies. Josua sprach: Hebe mich noch einmal hoch, dass ich den ganzen Garten übersehe; danach lass mich hinuntersteigen, damit ich meinen Platz darin wahrnehme. Der Engel tat so, zeigte dem Lehrer seinen Platz und sagte: Das ist der Ort, wo du weilen wirst. Josua sprach weiter zu dem Boten: Zeige mir das Schwert, womit du die Seelen tötest. Der Engel reichte ihm das Messer. R. Josua fragte: So ist dies das Schwert, mit dem du die Seelen würgst? Der Bote erwiderte: Ja, das ist es. Während aber Josua das Schwert von allen Seiten besah, ließ er sich auf seinen Platz nieder. Da rief der Todesengel: Deine Seele hast du mir verweigert, so gib mir doch mein Schwert wieder. Josua aber antwortete: So wahr ich lebe, ich gebe es dir nicht.

Nun fuhr der Engel wieder zu dem Herrn empor und sprach: Herr der Welt! Josua nahm mir mein Schwert ab und stieg selbst in das Paradies. Da erwiderte der Herr: Geh überallhin, wo R. Josua gewandert ist; hat er in meinem Namen einen Schwur getan, so ficht diesen an, führe Josua aus dem Garten Eden und nimm seine Seele, wo aber nicht, so hole nur dein Schwert zurück, ihn aber lass bleiben, wo er ist.

Schwanenlied

Clemens Brentano

Wenn die Augen brechen,
Wenn die Lippen nicht mehr sprechen,
Wenn das pochende Herz sich stillet
Und der warme Blutstrom nicht mehr quillet:
O dann sinkt der Traum zum Spiegel nieder,

Und ich hör' der Engel Lieder wieder,
Die das Leben mir vorüber trugen,
Die so selig mit den Flügeln schlugen
Ans Geläut der keuschen Maiesglocken,
Dass sie all die Vöglein in den Tempel locken,
Die so süße wildentbrannte Psalmen sangen:
Dass die Liebe und die Lust so brünstig
rangen,
Bis das Leben war gefangen und empfangen;
Bis die Blumen blühten;
Bis die Früchte glühten,
Und gereift zum Schoß der Erde fielen,
Rund und bunt zum Spielen;
Bis die goldnen Blätter an der Erde rauschten,
Und die Wintersterne sinnend lauschten,
Wo der stürmende Sämann hin sie säet,
Dass ein neuer Frühling schön erstehet.
Stille wird's, es glänzt der Schnee am Hügel
Und ich kühl' im Silberreif den schwülen
Flügel,
Möcht' ihn hin nach neuem Frühling zücken,
Da erstarret mich ein kalt Entzücken –
Es erfriert mein Herz, ein See voll Wonne
Auf ihm gleitet still der Mond und sanft die
Sonne
Unter den sinnenden, denkenden, klugen
Sternen
Schau' ich mein Sternbild an in Himmels-
fernen;
Alle Leiden sind Freuden, alle Schmerzen
scherzen
Und das ganze Leben singt aus meinem
Herzen:
Süßer Tod, süßer Tod
Zwischen dem Morgen- und Abendrot.

De Profundis

Georg Trakl

Es ist ein Stoppelfeld, in das ein schwarzer
Regen fällt.
Es ist ein brauner Baum, der einsam dasteht.
Es ist ein Zischelwind, der leere Hütten
umkreist.
Wie traurig dieser Abend.

Am Weiler vorbei
Sammelt die sanfte Waise noch spärliche
Ähren ein.
Ihre Augen weiden rund und goldig in der
Dämmerung
Und ihr Schoß harrt des himmlischen
Bräutigams.

Bei der Heimkehr
Fanden die Hirten den süßen Leib
Verwest im Dornenbusch.

Ein Schatten bin ich ferne finsteren Dörfern.
Gottes Schweigen
Trank ich aus dem Brunnen des Hains.

Auf meine Stirne tritt kaltes Metall
Spinnen suchen mein Herz.
Es ist ein Licht, das in meinem Mund
erlöscht.

Nachts fand ich mich auf einer Heide,
Starrend von Unrat und Staub der Sterne.
Im Haselgebüsch
Klangen wieder kristallne Engel.

Neunter Chor der Engel: Halleluja in Ewigkeit

Singen, Schauen, Jubeln

»Jubel und Ruhm aufsinge zustimmenden Engeln.«

Rainer Maria Rilke

Es ist vollbracht. Das Leben ist in Gott geborgen. Anfang und Ende fallen zusammen. Der Ring des Lebens wird geschlossen. Engel singen in Chören, und so stimmen auch die Menschen im Himmel das große Halleluja in Ewigkeit an.
Vom Lieben und Loben ohne Ende singt Augustinus. Das bayrische Volkslied preist mit kindlichem Gemüt den himmlischen Wein und das Engelbrot. Hildegard von Bingen führt noch einmal zu einer Gesamtschau der neun Engelchöre und darüber hinaus in das Geheimnis Gottes, dem das Singen und Sagen der gesamten Schöpfung gilt.

1 Auferstehung

Das leere Grab
Lukas 24,1-12

Aber am ersten Tag der Woche sehr früh kamen sie zum Grab und trugen bei sich die wohl riechenden Öle, die sie bereitet hatten.
Sie fanden aber den Stein weggewälzt von dem Grab und gingen hinein und fanden den Leib des Herrn Jesus nicht.
Und als sie darüber bekümmert waren, siehe, da traten zu ihnen zwei Männer mit glänzenden Kleidern.
Sie aber erschraken und neigten ihr Angesicht zur Erde. Da sprachen die zu ihnen: Was sucht ihr den Lebenden bei den Toten?
Er ist nicht hier, er ist auferstanden. Gedenkt daran, wie er euch gesagt hat, als er noch in Galiläa war: Der Menschensohn muss überantwortet werden in die Hände der Sünder und gekreuzigt werden und am dritten Tage auferstehen.
Und sie gedachten an seine Worte.
Und sie gingen wieder weg vom Grab und verkündigten das alles den elf Jüngern und den andern allen.
Es waren aber Maria von Magdala und Johanna und Maria, des Jakobus Mutter, und die andern mit ihnen; die sagten das den Aposteln.
Und es erschienen ihnen diese Worte, als wär's Geschwätz, und sie glaubten ihnen nicht:
Petrus aber stand auf und lief zum Grab und bückte sich hinein und sah nur die Leinentücher und ging davon und wunderte sich über das, was geschehen war.

Himmelfahrt

Apostelgeschichte 1,1-14

Den ersten Bericht habe ich gegeben, lieber Theophilus, von all dem, was Jesus von Anfang an tat und lehrte bis zu dem Tag, an dem er aufgenommen wurde, nachdem er den Aposteln, die er erwählt hatte, durch den heiligen Geist Weisung gegeben hatte. Ihnen zeigte er sich nach seinem Leiden durch viele Beweise als der Lebendige und ließ sich sehen unter ihnen vierzig Tage lang und redete mit ihnen vom Reich Gottes.

Und als er mit ihnen zusammen war, befahl er ihnen, Jerusalem nicht zu verlassen, sondern zu warten auf die Verheißung des Vaters, die ihr, so sprach er, von mir gehört habt; denn Johannes hat mit Wasser getauft, ihr aber sollt mit dem heiligen Geist getauft werden nicht lange nach diesen Tagen.

Die nun zusammengekommen waren, fragten ihn und sprachen: Herr, wirst du in dieser Zeit wieder aufrichten das Reich für Israel?

Er sprach aber zu ihnen: Es gebührt euch nicht, Zeit oder Stunde zu wissen, die der Vater in seiner Macht bestimmt hat; aber ihr werdet die Kraft des heiligen Geistes empfangen, der auf euch kommen wird, und werdet meine Zeugen sein in Jerusalem und in ganz Judäa und Samarien und bis an das Ende der Erde.

Und als er das gesagt hatte, wurde er zusehends aufgehoben und eine Wolke nahm ihn auf vor ihren Augen weg.

Und als sie ihm nachsahen, wie er gen Himmel fuhr, siehe, da standen bei ihnen zwei Männer in weißen Gewändern.

Die sagten: Ihr Männer von Galiläa, was steht ihr da und seht zum Himmel? Dieser Jesus, der von euch weg gen Himmel aufgenommen wurde, wird so wiederkommen, wie ihr ihn habt gen Himmel fahren sehen.

Da kehrten sie nach Jerusalem zurück von dem Berg, der heißt Ölberg und liegt nahe bei Jerusalem, einen Sabbatweg entfernt.

Und als sie hineinkamen, stiegen sie hinauf in das Obergemach des Hauses, wo sie sich aufzuhalten pflegten: Petrus, Johannes, Jakobus und Andreas, Philippus und Thomas, Bartholomäus und Matthäus, Jakobus, der Sohn des Alphäus, und Simon der Zelot und Judas, der Sohn des Jakobus.

Diese alle waren stets beieinander einmütig im Gebet samt den Frauen und Maria, der Mutter Jesu, und seinen Brüdern.

Die Auferstandenen
Rose Ausländer

*Wo sind
die Auferstandenen
die ihren Tod
überwunden haben
das Leben liebkosen
sich anvertrauen
dem Wind*

*Kein Engel
verrät
ihre Spur*

Was schaut ihr zum Himmel?
Rembrandt: Die Himmelfahrt Christi, 1636.

Kein Engel verrät ihre Spur
William Blake: Engel über dem Grab Christi wachend, um 1806.

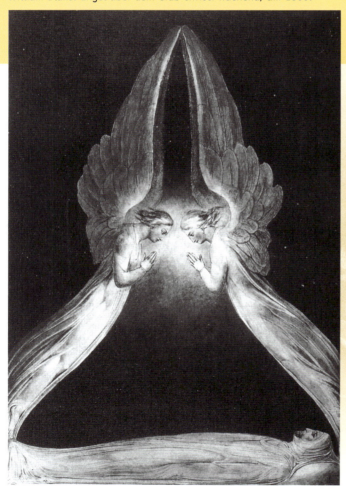

2 Augenblicke aus Ewigkeit

Franz von Assisi und der Engel mit der Geige

Fioretti

Während nun St. Franziskus, wie schon erzählt, die genannten Fasten einhielt, empfing er, obschon er viele Kämpfe mit dem Teufel zu bestehen hatte, doch auch viele Tröstungen von Gott, nicht nur in Gestalt von englischen Besuchen, sondern auch von den Vögeln des Waldes. Denn während der ganzen Fastenzeit weckte ihn ein Falke, der in der Nähe seiner Zelle nistete, jede Nacht kurz vor der Mette durch seinen Schrei und mit Flügelschlägen an seine Zelle und flog nicht eher davon, als bis er sich erhob, um die Mette zu sprechen. Und wenn der heilige Franz von einem zum andern Mal immer müder, schwächer und elender wurde, so ließ der Falke, gleich einem verständigen und mitfühlenden Menschen, seinen Schrei später ertönen. So fand St. Franziskus großes Gefallen an diesem Stundenkünder, denn die große Sorglichkeit des Falken bewahrte ihn vor jeder Versäumnis und ermunterte ihn zum Gebet; und überdies setzte er sich zuweilen am Tage zutraulich zu ihm.

Endlich gehört noch zu dieser Betrachtung, dass der heilige Franziskus, der von der großen Enthaltsamkeit und den Kämpfen mit dem Teufel sehr geschwächt war und daher mit der geistigen Nahrung für die Seele auch den Körper zu kräftigen hoffte, seine Gedanken auf die unermessliche Herrlichkeit und die Freude der Seligen des ewigen Lebens zu richten begann. Auch hub er an, Gott zu bitten, er möge ihm einen Vorgeschmack dieser Freude als eine Gnade gewähren. Während er sich in diesen Gedanken vertiefte, erschien ihm auf einmal ein Engel in herrlichem Glanz, der eine Geige in der Linken und einen Bogen in der Rechten trug. Als noch St. Franziskus starr vor Staunen über den Anblick des Engels dastand, führte dieser einmal den Bogen über die Saiten; und augenblicklich vernahm er eine solche wonnevolle Melodie, dass sie seine Seele mit Süßigkeit erfüllte und jeder körperlichen Empfindung enthob. Und er vermeinte, wie er später seinen Jüngern erzählte, seine Seele würde vor unertragbarer Wonne aus dem Körper entflohen sein, wenn der Engel den Bogen herabgestrichen hätte. [...]

Seitdem begann der heilige Franziskus noch überschwänglicher die Wonnen göttlicher Betrachtungen und Heimsuchungen zu fühlen und zu schmecken. Unter diesen letzteren war eine unmittelbar auf die Empfängnis der heiligen Wundmale vorbereitende, in folgender Form: Am Tag vor dem Fest der Kreuzerhöhung im Monat September verweilte St. Franziskus in seiner Zelle in stillem Gebet, als ihm der Engel Gottes erschien und ihm in seinem Namen sagte: »Ich komme, dich zu stärken und zu mahnen, dass du dich bereit und geschickt machst, in Geduld das zu empfangen, was Gott dir geben und an dir tun wird.« Da antwortete der heilige Franz: »Ich bin bereit, alles in Geduld zu ertragen, was mir mein Herr antun will«; und nach diesen Worten verschwand der Engel. [...]

Nachdem der heilige Franziskus dieses Versprechen erhalten hatte, begann er in Andacht sich in Betrachtung über die Passion Christi und seine grenzenlose Liebe zu versenken. Und die Leidenschaft der Hingabe steigerte sich in ihm derart, dass er sich in Liebe und Mitleid ganz in Jesus verwandelte. Als er sich noch an dieser Betrachtung entflammte, sah er einen Seraph mit sechs glänzenden feurigen Flügeln vom Himmel kommen. Dieser näherte sich ihm in schnellem Fluge, so dass er unterscheiden konnte, dass er das Bild des

St. Cecilia
Kate Elizabeth Bunce (1858-1927).

196 Neunter Chor der Engel: Halleluja in Ewigkeit

Gekreuzigten in sich trug. Die Flügel aber waren so angeordnet, dass zwei sich über seinem Haupt breiteten, zwei zum Fliegen sich ausspannten und die letzten zwei den ganzen Körper bedeckten. Bei diesem Anblick erschrak St. Franziskus sehr, zugleich aber war er voller Freude und voller Schmerz mit Bewunderung gemengt. Denn es erfasste ihn Freude über den kostbaren Anblick Christi, der ihm so vertraut erschien und den er so wonnig empfand; andrerseits überkam ihn, als er ihn so ans Kreuz geheftet sah, schmerzliches Mitleid. Besonders aber wunderte er sich über eine so erstaunliche und ungewöhnliche Vision, da er wusste, dass das Hinsiechen in der Passion nicht mit der Unsterblichkeit des seraphischen Geistes vereinbar war.

In dieser Verwunderung wurde ihm von dem, der ihm erschien, enthüllt, dass diese Vision ihm durch die göttliche Vorsehung deshalb in dieser Form gezeigt wurde, damit er begriffe, dass er in dieser wunderbaren Erscheinung nicht durch ein körperliches Martyrium, sondern durch eine innere Glut ganz zu der völligen Gleichheit mit dem gekreuzigten Christus gewandelt werden solle.

Zugleich schien der ganze Berg La Verna in einer hellglänzenden Flamme aufzulodern, die alle Berge und Täler ringsum erhellte, als ob die Sonne über der Erde schwebte. Die Schäfer, die in der Gegend wachten, hatten, wie sie später den Brüdern erzählten, große Furcht, als sie den Berg rings von solchem Licht entflammt sahen; und sie versicherten, die Flamme habe eine Stunde und länger über dem Berg La Verna gestanden. Gleicherweise erhoben sich bei dem Schein dieses Lichtes, das in die Herbergsfenster rings im Lande fiel, eine Anzahl Maultiertreiber, die nach der Romagna zogen, und sattelten und beluden ihre Tiere, da sie glaubten, die Sonne sei aufgegangen; auf dem Marsch sahen sie dann erst das Licht schwinden und wirklich die Sonne aufgehn.

In dieser seraphischen Erscheinung aber gab Christus, der darin sichtbar wurde, dem heiligen Franziskus einige geheimnisvolle und hohe Dinge kund, die dieser zu seinen Lebzeiten niemandem hat enthüllen wollen; nach seinem Tode aber offenbarte er sie, wie sich weiter unten zeigen wird. Die Worte aber waren folgende:

»Weißt du«, sprach Christus, »was ich dir getan habe? Ich habe dir die Wundmale verliehen, welche die Zeichen meiner Passion sind, damit du mein Bannerträger seiest. Und wie ich am Tage meines Todes zur Vorhölle hinabstieg und alle Seelen, die ich dort fand, kraft dieser meiner Wundmale herauszog, so gewähre ich dir, dass du jedes Jahr am Tage deines Todes in das Fegefeuer niedersteigst und alle Seelen deiner drei Orden, der Minoriten, Clarissinnen und Continenten, und auch die andern, welche dir ergeben waren und die du dort finden wirst, kraft deiner Wundmale erlösest und zur Herrlichkeit des Paradieses führst. Denn du sollst mir gleich sein im Tode, wie du mir im Leben gleich bist.«

Als darauf diese wunderbare Erscheinung nach einer langen Weile geheimen Gesprächs verschwand, ließ sie im Herzen des heiligen Franz eine unvergleichliche Glut und Flamme der göttlichen Liebe zurück; auf seinem Fleisch aber ließ sie ein wunderbares Abbild und sichtbare Spur der Passion Christi. Denn alsbald begannen an seinen Händen und Füßen die Nägelmale zu erscheinen, so wie er sie zuvor am Leib des gekreuzigten Christus gesehn hatte, als er sich in Gestalt des Seraph ihm zeigte: Hände und Füße waren in der Mitte von Nägeln durchbohrt, deren Köpfe sich auf den Handflächen und den Fußsohlen über dem Fleisch befanden. Die Nagelspitzen traten am Rücken der Hände und Füße wieder hervor und schienen dort so weit umgebogen und umgeschlagen, dass man in die umgebogene oder umgeschlagene Stelle, die über das Fleisch herausragte, wohl den Finger hätte legen können, wie in einen Ring; und die Köpfe der Nägel waren rund und schwarz. Gleicherweise erschien an der rechten Seite der Rippen das Abbild eines Lanzenstichs, unverheilt, rot und blutig. Aus dieser Wunde ergoss sich oftmals Blut von der heiligen Brust des St. Franziskus, das seine Gewandung rötete.

Augenblicke aus Ewigkeit 197

Die Flügel des Glaubens

Hildegard von Bingen

Und wiederum hörte ich die Stimme vom Himmel. Sie sprach zu mir:

Der allmächtige, unaussprechliche Gott, der vor aller Zeit war, der keinen Anfang hatte, noch auch nach dem Ende der Zeiten aufhören wird zu sein, hat jegliches Geschöpf nach seinem Willen wunderbar ins Dasein gerufen und jedem nach seinem Willen wunderbar seine Aufgabe gesetzt. Die einen hat Er der Erde, die anderen dem Himmel zugewiesen. Er hat die seligen Engel zum Heile der Menschen und zur Ehre seines Namens berufen. Die einen hat Er bestimmt, den Menschen in ihren Nöten zu helfen, die anderen, ihnen die Gerichte seiner geheimen Ratschlüsse zu offenbaren.

Du siehst daher in der Höhe himmlischer Geheimnisse die beiden Reihen erhabener, in großer Herrlichkeit leuchtender Geister. In der entrückten Höhe, die Fleischesblick nicht durchdringt, die aber der Blick des innerlichen Menschen erschaut, wird dir die Bedeutung dieser beiden Reihen klar. Sie sinnbilden, dass Leib und Seele des Menschen Gott dienen müssen, bei dem ihnen mit den Himmelsbürgern das Licht ewiger Beseligung leuchtet.

Die Geister der ersten Reihe sind an der Brust beflügelt und haben Antlitze wie Menschen, in denen wie in einem ungetrübten Wasserspiegel Menschengesichter erscheinen. Das sind die Engel. Flügeln gleich spannen sie das Verlangen, das sich aus der Tiefe ihrer Erkenntnis ringt. Nicht als ob sie Flügel hätten wie die Vögel, sondern schnell, wie der Gedanke des Menschen dahinfliegt, drängt ihre Sehnsucht sie, den Willen Gottes zu erfüllen. Dass sie Antlitze haben, deutet auf die Schönheit ihres vernünftigen Geistes, in dem Gottes alldurchforschender Blick zugleich die Werke des Menschen erschaut. Denn wie der Knecht, kaum dass er den Befehl seines Herrn vernimmt, ihm nachkommt, so haben die Engel auf die Erfüllung des göttlichen Willens in den Menschen Acht und stellen deren Handlungen in sich selber Gott dar.

Die Geister der zweiten Reihe haben ebenfalls Flügel, an der Brust und Gesichter wie Menschen. In ihnen leuchtet wie in einem Spiegel das Bild des Menschensohnes auf. Das sind die Erzengel. Auch sie sind in der Sehnsucht ihres Erkennens auf den Willen Gottes hingerichtet und offenbaren in sich die Schönheit des vernünftigen Geistes. Auf eine ganz reine Weise verherrlichen sie das fleischgewordene Wort Gottes, da sie die verborgenen Ratschlüsse Gottes schauen und durch ihre Botendienste dem Geheimnisse der Menschwerdung den Weg bereiten durften.

Weder bei ihnen noch bei den ersten kannst du Weiteres von ihrer Gestalt erkennen, denn viele tiefe Geheimnisse umschließt das Sein der Engel und Erzengel, die der vom sterblichen Leibe beschwerte Menschenverstand nicht zu begreifen vermag.

Die beiden Reihen schließen sich in Kranzesform um fünf andere Reihen. Das bedeutet, dass Leib und Seele des Menschen die fünf Sinne, die durch die fünf Wunden meines Sohnes gereinigt sind, mit starker Kraft zügeln und auf den geraden Weg der inneren Gebote leiten müssen.

Von diesen Geistern haben die der ersten Reihe wieder Antlitze wie Menschen, und von der Schulter an abwärts erstrahlen sie in hellem Glanz. Das sind die »Kräfte«. Sie steigen auf in den Herzen der Gläubigen und bauen in ihnen mit brennender Liebe den hohen Turm ihrer Werke. So spiegeln sie in ihrem geistigen Sein die Werke der Auserwählten und führen diese durch ihre Kraft zum guten Ende hellleuchtender Seligkeit. Wenn nämlich den Auserwählten die Klarheit innerer Erkenntnis aufgeht, so schütteln sie alle Bosheit ihrer Sünden ab wegen des Lichtes, das von den »Kräften« nach meinem Willen auf sie herabstrahlt und sie umleuchtet. Tapfer kämpfen sie wider die Nachstellungen des Teufels. Alle diese Schlachten wider die höllische Heerschar stellen die Kräfte unaufhörlich Mir, ihrem Schöpfer, dar. Denn die Menschen tragen in sich den Entscheidungskampf der Bejahung und der Verneinung. Inwiefern?

Leuchtende Geister im Dienste der Menschen
Hildegard von Bingen: Die Chöre der Engel, 1141–1151.

Augenblicke aus Ewigkeit

Der eine bekennt Mich, der andere leugnet Mich. Die Frage bei diesem Kampfe ist: Gibt es einen Gott oder nicht? Darauf antwortete der Heilige Geist im Menschen: Es ist ein Gott, der dich erschaffen hat. Er hat dich auch erlöst. Solange die Frage diese Beantwortung im Menschen findet, wird die Kraft Gottes ihn nicht verlassen, denn auf solches Fragen und Antworten folgt die Buße. Wo aber die Frage im Menschen nicht ist, da ist auch nicht die Antwort des Heiligen Geistes. Ein solcher Mensch stößt die Gabe Gottes zurück, und ohne Frage nach Buße stürzt er sich in den Tod. Alle diese Kämpfe bringen die »Kräfte« Gott dar, denn diese Geister sind vor Gott ein Siegel, an dem offenbar wird, in welcher Absicht Gott verehrt oder verleugnet wird.

Die Geister der zweiten Reihe stehen da in so lichter Klarheit, dass du sie nicht anzuschauen vermagst. Es sind die »Mächte«. Sie deuten an, dass die Huld und Schönheit der göttlichen Macht von der Ohnmacht der Sterblichen, Sündenbefangenen nie begriffen noch berührt werden kann, denn nie zerfällt die Macht Gottes.

Weißem Marmor gleich erscheinen die Geister der dritten Reihe. Sie haben Häupter wie Menschen, und über ihnen siehst du Feuerflammen. Eine eisenfarbige Wolke umhüllt von der Schulter an abwärts ihre Gestalt. Das sind die »Fürstentümer«. Sie sind die Urbilder derer, die aus Gottes Gabe in der Welt über die Menschen herrschen. Mit der unangetasteten Kraft der Gerechtigkeit sollen sie sich umkleiden, damit sie nicht dem Wankelmut der Unbeständigkeit verfallen. Sie sollen auf ihr Haupt schauen, das Christus ist, und ihre Regierung nach seinem Willen zum Nutzen der Menschen führen. In glühendem Eifer für die Wahrheit sollen sie lauschen auf die über ihnen waltende Gnade des Heiligen Geistes, damit sie bis zu ihrem Ende fest und beständig in der Kraft der Gerechtigkeit verharren.

Daher haben auch die Geister der vierten Reihe Antlitze wie Menschenantlitze und Füße wie Menschenfüße. Auf ihrem Haupte tragen sie einen Helm und sind mit marmorgleichen Tuniken bekleidet. Es sind die »Herrschaften«, die zur Darstellung bringen, dass der Herr aller Dinge die Vernunft des Menschen, die befleckt in menschlicher Verwesung lag, von der Erde zum Himmel erhob, als er seinen Sohn auf die Erde sandte, der den alten Verführer durch seine Gerechtigkeit niedertrat. Ihn also, der das Haupt aller Gläubigen ist, sollen seine Getreuen getreulich nachahmen, ihre Hoffnung auf das Himmlische setzen und stark werden im hochherzigen Verlangen nach guten Werken.

Die Geister der fünften Reihe haben gar nichts Menschenähnliches, sondern erglühen wie das Morgenrot. Es sind die »Throne«. Ihre Erscheinung will besagen, dass die Gottheit Sich zur Menschheit neige, als der Eingeborene Gottes zum Heile der Menschen einen Menschenleib anzog, unberührt von aller Menschenschuld. Denn vom Heiligen Geiste empfangen, nahm Er ohne jeden Makel der Befleckung Fleisch an aus der Morgenröte, aus der seligen Jungfrau.

Weiter kannst du von ihrer Gestalt nichts erkennen. Denn zahlreich sind die Geheimnisse himmlischer Verborgenheiten, die die menschliche Gebrechlichkeit nicht zu ergründen vermag.

Dass aber auch diese Reihen zwei weitere Reihen in Form eines Kranzes umschließen, deutet darauf hin, dass die Gläubigen, die in dem Bewusstsein, dass sie durch die fünf Wunden des Sohnes Gottes erlöst sind, die fünf Sinne ihres Leibes auf das Himmlische richten, zur Liebe Gottes und des Nächsten hineilen. Denn in dem Maße, wie sie das eigene Herzensbegehren hintansetzen und ihre Hoffnung allein auf das Ewige richten, umkreisen sie mit jeglicher Zuneigung des Geistes Gott und den Nächsten in der Liebe.

Die Geister der [nun folgenden] ersten Reihe siehst du voller Augen und Flügel. In jedem Auge erscheint ein Spiegel und darin ein Menschengesicht. Die Schwingen haben diese Geister wie zum Fluge in die himmlischen Höhen erhoben. Das sind die »Cherubim«. Sie sinnbilden das Wissen Gottes. In ihm schauen sie die Mysterien himmlischer Geheimnisse und verhauchen, so wie Gott es will, ihr innerstes Hinstreben [zu Ihm]. In der Tiefe ihres Wissens erschauen sie mit reinstem, durchdringendem Blick wunderbar die Menschen, die in der Erkenntnis des wahren Gottes gleich ihnen die Flügel ihrer Herzenssehnsucht in gutem und gerechtem Streben auf den spannen, der über allen ist. Stärker ist in solchen die Liebe zum Himmlischen als das Trachten nach dem Vergänglichen. So tun es diese Geister im Fluge ihrer Sehnsucht dar.

Die Geister der zweiten Reihe brennen wie Feuer. Sie haben sehr viele Flügel, und auf diesen erscheinen, wie in einen Spiegel eingezeichnet, die Sinnbilder aller Rangstufen der verschiedenen Stände in der Kirche. Das sind die »Seraphim«. Wie sie selbst in flammender Liebe zu Gott brennen und ihr ganzes Begehren auf seine Anschauung gerichtet ist, so stellen sie in diesem ihrem Sinnen und Trachten die weltlichen und geistlichen Würden dar, die in dem geheimnisvollen Leben der Kirche in vieler Reinheit blühen, denn in ihnen offenbaren sich wunderbar die geheimen Ratschlüsse Gottes. So mögen alle, die mit der Aufrichtigkeit eines reinen Herzens liebend das himmlische Leben suchen, in Liebe zu Gott entbrennen, Ihn mit ganzer Begier umfangen, damit sie zu den Freuden derer gelangen, die sie gläubig nachahmen.

Dass du aber weder bei ihnen noch auch bei den früheren nichts Weiteres von ihrer Gestalt erkennen kannst, bedeutet, dass in den seligen Geistern viele Geheimnisse sind, die der Mensch nicht wissen soll. Denn solange er sterblich ist, kann er das Ewige nicht vollkommen erkennen.

All diese Reihen tönen, wie du hörst, in jeglicher Art von Musik und künden in wundersamen Harmonien die Wunder, die Gott in heiligen Seelen wirkt – ein Hochgesang der Verherrlichung Gottes. In unbeschreiblichem Jubel frohlocken die seligen Geister durch Gottes Kraft über die Wunder, die Er in seinen Heiligen tut.

Denn das ist der herrlichste Gottespreis, wenn diese Seelen Gott suchen in den Tiefen der Heiligkeit, jubelnd in der Freude des Heils, wie David, mein Knecht, der himmlische Geheimnisse schauen durfte, sagt: »Rufe des Jubels und des Heils ertönen in den Zelten der Gerechten« (Psalm 117). Das heißt: Das Lied der Freude und Seligkeit darüber, dass das Fleisch überwunden ist und der Geist zu unversieglichem Heile emporsteigt, wird in den Wohnungen derer vernommen, die die Ungerechtigkeit abschütteln und Gerechtigkeit wirken. Obschon sie auf teuflische Einflüsterung das Böse tun könnten, vollziehen sie doch durch den Hauch Gottes das Gute. Zwar trägt der Mensch häufig eine falsche Freude zur Schau, wenn er ungehörig die Sünde vollbracht und seine Begierde befriedigt hat. Aber es ist ihm nicht zum Heil, weil es dem Gebote Gottes zuwider ist. Doch zum Freudenreigen in der Beseligung des wahren Heiles wird zugelassen, wer das Gute glühend verlangt, im Eifer vollbringt, und, solange er im Körper weilt, die Wohnung derer liebt, die sich vom Irrpfad der Lüge fern halten und den Weg der Wahrheit laufen.

Wer immer Erkenntnis im Heiligen Geiste und die Flügel des Glaubens besitzt, der gehe nicht achtlos an meiner Ermahnung vorüber, sondern er koste, umfange und trage sie in seiner Seele. Amen.

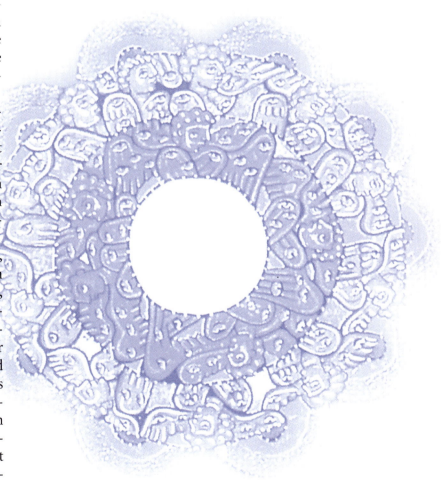

Aus den Duineser Elegien

Rainer Maria Rilke

DIE ZWEITE ELEGIE

Jeder Engel ist schrecklich. Und dennoch, weh mir,
ansing ich euch, fast tödliche Vögel der Seele,
wissend um euch. Wohin sind die Tage Tobiae,
da der Strahlendsten einer stand an der einfachen Haustür,
zur Reise ein wenig verkleidet und schon nicht mehr furchtbar;
(Jüngling dem Jüngling, wie er neugierig hinaussah).
Träte der Erzengel jetzt, der gefährliche, hinter den Sternen
eines Schrittes nur nieder und herwärts: hochaufschlagend erschlüg uns das eigene Herz. Wer seid ihr?
Frühe Geglückte, ihr Verwöhnten der Schöpfung,
Höhenzüge, morgenrötliche Grate
aller Erschaffung, – Pollen der blühenden Gottheit,
Gelenke des Lichtes, Gänge, Treppen, Throne,
Räume aus Wesen, Schilde aus Wonne, Tumulte
stürmisch entzückten Gefühls und plötzlich, einzeln,
Spiegel: die die entströmte eigene Schönheit
wiederschöpfen zurück in das eigene Antlitz.

Denn wir, wo wir fühlen, verflüchtigen; ach wir
atmen uns aus und dahin; von Holzglut zu Holzglut geben wir schwächern Geruch. Da sagt uns wohl einer:
ja, du gehst mir ins Blut, dieses Zimmer, der Frühling
füllt sich mit dir ... Was hilfts, er kann uns nicht halten,
wir schwinden in ihm und um ihn. Und jene, die schön sind,
o wer hält sie zurück? Unaufhörlich steht Anschein
auf in ihrem Gesicht und geht fort. Wie Tau von dem Frühgras
hebt sich das Unsre von uns, wie die Hitze von
einem heißen Gericht. O Lächeln, wohin? O Aufschaun:
neue, warme, entgehende Welle des Herzens –;
weh mir: wir sinds doch. Schmeckt denn der Weltraum,
in den wir uns lösen, nach uns? Fangen die Engel
wirklich nur Ihriges auf, ihnen Entströmtes,
oder ist manchmal, wie aus Versehen, ein wenig
unseres Wesens dabei? Sind wir in ihre
Züge so viel nur gemischt wie das Vage in die Gesichter
schwangerer Frauen? Sie merken es nicht in dem Wirbel
ihrer Rückkehr zu sich. (Wie sollten sie's merken.)
[…]

DIE SIEBENTE ELEGIE

[…]
Hiersein ist herrlich. Ihr wusstet es, Mädchen, ihr auch,
die ihr scheinbar entbehret, versankt –, ihr, in den ärgsten
Gassen der Städte, Schwärende, oder dem Abfall
Offene. Denn eine Stunde war jeder, vielleicht
nicht ganz eine Stunde, ein mit den Maßen der Zeit kaum
Messliches zwischen zwei Weilen –, da sie ein Dasein
hatte. Alles. Die Adern voll Dasein.
Nur, wir vergessen so leicht, was der lachende Nachbar
uns nicht bestätigt oder beneidet. Sichtbar wollen wirs heben, wo doch das sichtbarste Glück uns
erst zu erkennen sich gibt, wenn wir es innen verwandeln.
Nirgends, Geliebte, wird Welt sein, als innen.
Unser Leben geht hin mit Verwandlung. Und immer geringer
schwindet das Außen. Wo einmal ein dauerndes Haus war,
schlägt sich erdachtes Gebild vor, quer, zu Erdenklichem
völlig gehörig, als ständ es noch ganz im Gehirne.
[…]
War es nicht Wunder? O staune, Engel, denn wir sinds,
wir, o du Großer, erzähls, dass wir solches vermochten, mein Atem
reicht für die Rühmung nicht aus. So haben wir dennoch
nicht die Räume versäumt, diese gewährenden, diese
unseren Räume. (Was müssen sie fürchterlich groß sein,
da sie Jahrtausende nicht unseres Fühlns überfülln.)
Aber ein Turm war groß, nicht wahr? O Engel, er war es, –
groß, auch noch neben dir? Chartres war groß –, und Musik
reichte noch weiter hinan und überstieg uns.
Doch selbst nur
eine Liebende –, oh, allein am nächtlichen Fenster
reichte sie dir nicht ans Knie –?
Glaub nicht, dass ich werbe.
Engel, und würb ich dich auch! Du kommst nicht. Denn mein
Anruf ist immer voll Hinweg; wider so starke
Strömung kannst du nicht schreiten. Wie ein gestreckter
Arm ist mein Rufen. Und seine zum Greifen oben offene Hand bleibt vor dir
offen, wie Abwehr und Warnung,
Unfasslicher, weitauf.

DIE NEUNTE ELEGIE

[…]
Aber weil Hiersein viel ist, und weil uns scheinbar alles das Hiesige braucht, dieses
Schwindende, das seltsam uns angeht. Uns, die Schwindendsten. Ein Mal
jedes, nur ein Mal. Ein Mal und nicht mehr. Und wir auch
ein Mal. Nie wieder. Aber dieses
ein Mal gewesen zu sein, wenn auch nur ein Mal:
irdisch gewesen zu sein, scheint nicht widerrufbar.

Und so drängen wir uns und wollen es leisten, wollens enthalten in unsern einfachen Händen,

im überfüllteren Blick und im sprachlosen Herzen.
Wollen es werden. – Wem es geben?
Am liebsten
alles behalten für immer …
Ach, in den andern Bezug,
wehe, was nimmt man hinüber?
Nicht das Anschaun, das hier
langsam erlernte, und kein hier Ereignetes.
Keins.
Also die Schmerzen. Also vor allem das Schwersein,
also der Liebe lange Erfahrung, – also
lauter Unsägliches. Aber später,
unter den Sternen, was solls: die sind besser unsäglich.
Bringt doch der Wanderer auch vom Hange des Bergrands
nicht eine Hand voll Erde ins Tal, die Allen unsägliche, sondern
ein erworbenes Wort, reines, den gelben und blauen Enzian. Sind wir vielleicht hier, um zu sagen: Haus, Brücke, Brunnen, Tor, Krug, Obstbaum, Fenster, –
höchstens: Säule, Turm … aber zu sagen, verstehs,
oh zu sagen so, wie selber die Dinge niemals innig meinten zu sein. Ist nicht die heimliche List
dieser verschwiegenen Erde, wenn sie die Liebenden drängt,
dass sie sich in ihrem Gefühl jedes und jedes entzückt?
Schwelle: was ists für zwei
Liebende, dass sie die eigne ältere Schwelle der Tür
ein wenig verbrauchen, auch sie, nach den vielen vorher
und vor den Künftigen …, leicht.
Hier ist des Säglichen Zeit, hier seine Heimat.
Sprich und bekenn. Mehr als je
fallen die Dinge dahin, die erlebbaren, denn,
was sie verdrängend ersetzt, ist ein Tun
ohne Bild. Tun unter Krusten, die willig
zerspringen, sobald innen das Handeln
entwächst und sich anders begrenzt.
Zwischen den Hämmern besteht
unser Herz, wie die Zunge
zwischen den Zähnen, die doch,
dennoch, die preisende bleibt.
Preise den Engel die Welt, nicht die unsägliche, ihm
kannst du nicht großtun mit herrlich Erfühltem; im Weltall,
wo er fühlender fühlt, bist du ein Neuling.
Drum zeig
ihm das Einfache, das, von Geschlecht zu Geschlechtern gestaltet,
als ein Unsriges lebt, neben der Hand und im Blick. Sag ihm die Dinge. Er wird staunender stehn; wie du standest
bei dem Seiler in Rom, oder beim Töpfer am Nil.
Zeig ihm, wie glücklich ein Ding sein kann, wie schuldlos und unser,
wie selbst das klagende Leid rein zur Gestalt sich entschließt,
dient als ein Ding, oder stirbt in ein Ding –, und jenseits
selig der Geige entgeht. – Und diese, von Hingang lebenden Dingen verstehn, dass du sie rühmst;
vergänglich,
traun sie ein Rettendes uns,
den Vergänglichsten, zu.
Wollen, wir sollen sie ganz im unsichtbarn Herzen verwandeln
in – o unendlich – in uns! Wer wir am Ende auch seien.
Erde, ist es nicht dies, was du willst: unsichtbar
in uns erstehn? – Ist es dein Traum nicht, einmal unsichtbar zu sein? – Erde!
unsichtbar! Was, wenn Verwandlung nicht,

ist dein drängender Auftrag?
Erde, du liebe, ich will. Oh glaub, es bedürfte
nicht deiner Frühlinge mehr, mich dir zu
gewinnen – einer,
ach, ein einziger ist schon dem Blute zu viel
Namenlos bin ich zu dir entschlossen, von weit
her. Immer warst du im Recht, und dein
heiliger Einfall ist der vertrauliche Tod.

Siehe, ich lebe. Woraus? Weder Kindheit noch
Zukunft
werden weniger … Überzähliges Dasein
entspringt mir im Herzen.

DIE ZEHNTE ELEGIE

Dass ich dereinst, an dem Ausgang der
grimmigen Einsicht,
Jubel und Ruhm aufsinge zustimmenden
Engeln.
Dass von den klar geschlagenen Hämmern
des Herzens
keiner versage an weichen, zweifelnden oder
reißenden Saiten. Dass mich mein
strömendes Antlitz
glänzender mache; dass das unscheinbare
Weinen blühe.

Ruhm- und Jubelgesänge der zustimmenden Engel
Stefano da Zevio (15. Jahrhundert): Der Rosengarten Mariae.

Augenblicke aus Ewigkeit

Mein blaues Klavier

Else Lasker-Schüler

*Ich habe zu Hause ein blaues Klavier
Und kenne doch keine Note.*

*Es steht im Dunkel der Kellertür,
Seitdem die Welt verrohte.*

*Es spielen Sternenhände vier
– Die Mondfrau sang im Boote –
Nun tanzen die Ratten im Geklirr.*

*Zerbrochen ist die Klaviatür …
Ich beweine die blaue Tote.*

*Auch liebe Engel öffnet mir
– Ich aß vom bitteren Brote –
Mir lebend schon die Himmelstür –
Auch wider dem Verbote.*

Mutter und Kind – Erde und Engel
Raffael: Sixtinische Madonna, 1512/13.

Augenblicke aus Ewigkeit   207

3 Ein himmlisches Leben

Der Himmel hängt voller Geigen
Bayrisches Volkslied

Wir genießen die himmlischen Freuden,
Drum thun wir das Irdische meiden,
Kein weltlich Getümmel
Hört man nicht im Himmel,

Lebt alles in sanftester Ruh;
Wir führen ein englisches Leben,
Sind dennoch ganz lustig daneben,
Wir tanzen und springen,
Wir hüpfen und singen,
Sanct Peter im Himmel sieht zu.

Johannes das Lämmlein auslasset,
Der Metzger Herodes drauf passet,
Wir führen ein gedultigs,
Unschuldigs, gedultigs,
Ein liebliches Lämmlein zum Tod.
Sanct Lucas den Ochsen thut schlachten,
Ohn einigs Bedenken und Achten,
Der Wein kost't kein Heller
Im himmlischen Keller,
Die Engel, die backen das Brod.

Gut Kräuter von allerhand Arten,
Die wachsen im himmlischen Garten,
Gut Spargel, Fisolen,
Und was wir nur wollen,
Ganze Schüssel voll sind uns bereit

Gut Aepfel, gut Birn und gut Trauben,
Die Gärtner, die alles erlauben.
Willst Rehbock, willst Hasen?
Auf offner Straßen,
Zur Küche sie laufen herbei.

Sollt' etwa ein Fasttag ankommen,
Die Fische mit Freuden anströmen,
Da laufen Sanct Peter
Mit Netz und mit Köder
Zum himmlischen Weiher hinein;
Willst Karpfen, willst Hecht, willst Forellen,
Gut Stockfisch und frische Sardellen?
Sanct Lorenz hat müssen
Sein Leben einbüßen,
Sanct Marta die Köchin muß seyn.

Kein Musik ist ja nicht auf Erden,
Die unsrer verglichen kann werden,
Elftausend Jungfrauen
Zu tanzen sich trauen,
Sanct Ursula selbst dazu lacht,
Cecilia mit ihren Verwandten,
Sind treffliche Hofmusikanten,
Die englische Stimmen
Ermuntern die Sinnen,
Daß Alles für Freuden erwacht!

Die Bewohner der Himmelssphären: die Engel

Al-Qazwînî

Man behauptet, dass der Engel eine leichte Substanz sei, die mit Leben, Rede und Verstand begabt ist. Der Unterschied zwischen den Engeln, den Dschinnen und den Teufeln ist im Wesentlichen wie der Unterschied zwischen den verschiedenen Arten, und einige sind der Meinung, dass der Unterschied zwischen ihnen in den Akzidenzien liegt, wie es sich bei dem Unterschied zwischen vollkommen und mangelhaft und zwischen gut und böse verhält. Und wisse, dass die Engel geheiligte Wesenheiten sind, frei von Verdunklung durch Leidenschaft und Trübung durch Zorn. Sie widersetzen sich Gott nicht in dem, was Er ihnen gebietet, und tun, was ihnen befohlen wird. Ihre Speise ist der Lobpreis Gottes, ihr Trank Seine Heilighaltung, und ihre vertraute Unterhaltung besteht aus der Anrufung Gottes des Erhabenen, und ihre Freude liegt im Dienst an Ihm. Gott der Erhabene schuf sie in verschiedenartiger Gestalt und mit unterschiedlichen Bestimmungen, auf dass sie in rechter Ordnung halten, was Er hervorbrachte, und Seine Himmel bewohnen. Der Prophet – Gott segne ihn und gebe ihm Heil – sagte: »Der Himmel wurde wohl vorbereitet, und es steht ihm zu, dass er wohl in Ordnung gehalten wird. Nicht das Ausmaß der Spanne einer Hand gibt es in ihm, ohne dass sich dort ein Engel verbeugt oder niederwirft.« Und einige der Gelehrten sagen, dass es in den unendlichen Gefilden der weiten Himmelssphären keine Geschöpfe gibt. Doch wie sollte es wohl der Weisheit des hohen Schöpfers, deren Wesen erhabene Größe ist, würdig sein, sie leer und öde zu lassen! Hat Er doch die Tiefe der salzigen, dunklen Meere nicht leer gelassen, denn Er schuf doch in ihnen verschiedene Arten von Lebewesen und anderes. Auch ließ Er nicht leer das zarte Gefilde der Luft, denn Er schuf dafür verschiedene Arten von Vögeln, die in ihm einherschweben, wie es die Fische im Wasser tun. Er ließ auch die trockenen Weiten des Landes, die morastigen Dickichte und die harten festgegründeten Berge nicht leer, schuf Er doch darin verschiedene Arten von Raubtieren und Wild; und den dunklen Erdenstaub ließ Er nicht leer, denn Er schuf darin verschiedene Arten von Gewürm und Insekten. Einige sagen, dass die Arten der Lebewesen, die unter den Himmelsgefilden sind, Gleichnisse für die Formen der himmlischen Geschöpfe sind, wie auch, dass die Seelen und Formen, welche jenseits der (räumlichen) Grenzen liegen, Gleichnisse sind für die Lebewesen in ihrer fleischlichen Gestalt.

Was nun die verschiedenen Arten der Engel betrifft, so weiß kein anderer außer ihrem Schöpfer darüber Bescheid, gemäß den Worten des Erhabenen: »Und niemand kennt die Heere deines Herrn außer Ihm allein« – es sei denn, der Gebieter über das göttliche Gesetz (= der Prophet) berichtete von einem von ihnen. Man behauptet, dass das, was geschieht, mit einigen von ihnen in Verbindung zu bringen ist, so dass gesagt wird: Selbst das kleinste Körnchen der Welt wird von einem Engel verwaltet oder von mehreren Engeln, und es gibt kein Regentröpfchen, mit dem nicht ein Engel von den Wolken herniedersteigt und es an den Platz ruft, den Gott der Erhabene dafür bestimmt hat. Wenn es sich nun so mit den Staubkörnchen und Wassertröpfchen verhält, wie, glaubst du, ist es dann wohl mit den Himmelssphären und den Sternen, dem Luftraum und den Wolken, den Winden und den Regenfällen, den Bergen und den Wüsten, den Meeren, den Quellen und den Flüssen, den Mineralien, den Pflanzen und den Lebewesen? Durch die Engel also ist die Welt in Ordnung, sind die Daseinsweisen vollständig und sind die Dinge vollkommen, durch die Bestimmung des Mächtigen, des Wissenden, dessen Wissen nicht das Gewicht eines Stäubchens entgeht – weder auf der Erde noch im Himmel, und es gibt keine andere Möglichkeit, über die Angelegenheit der Engel zu denken, außer in den erwähnten Bahnen. Wir möchten nun etwas von dem erwähnen, was der Gebieter über das göttliche Gesetz von ihnen berichtete, und zwar ist es über die nahe stehenden Engel. Dazu gehören:

Die Träger des Gottesthrones – die Segnungen Gottes seien über ihnen: Sie gelten bei Gott dem Erhabenen als die mächtigsten und die edelsten Engel. Um sie bemühen sich die übrigen Engel, und sie wünschen ihnen Heil beim Kommen und Gehen wegen ihrer Stellung bei Gott dem Erhabenen. Sie ergehen sich in der Lobpreisung ihres Herrn, glauben an Ihn und bitten um Vergebung für diejenigen, welche glauben. Es wird berichtet, dass von den Trägern des Thrones einer menschliche Gestalt, einer die Gestalt eines Stieres, ein anderer die Gestalt eines Adlers und schließlich einer die Gestalt eines Löwen hat. Als der Prophet – Gott segne ihn und gebe ihm Heil – die Worte des Umayya ibn Abî s-Salt hörte, verwunderte er sich darüber hinsichtlich dessen, wie er sie in einem Vers zusammengefasst hatte. Er gehörte zur Dschâhiliyya, und sein Vers lautet:

The Angel of Splendor
Jean Victor Delville (1894).

*Ein Mann und ein Stier unter Seinem rechten Fuß,
ein Adler für Seinen linken und und auch ein mähniger Löwe.*

Der Engel, welcher ar-Rûh (= der Geist) genannt wird: Er ist der Engel, welcher die Reihe in Ordnung bringt. Die Engel sind nämlich alle in einer Reihe. Das ist so wegen seiner ehrenvollen Stellung bei Gott dem Erhabenen und seiner Größe. Er wird »Geist« genannt, weil jeder von seinen Atemzügen ein Lebensgeist für die Lebewesen wird. Es wurde berichtet, dass Gott der Erhabene diesen Engel mit der Drehung der Himmelssphären betraut hat, mit den Bewegungen der Sterne und dem, was unter der Sphäre des Mondes liegt, nämlich den Elementen und dem, was die Mineralien, Pflanzen und Lebewesen erzeugt. Er ist mächtiger und erhabener als die Sphäre, edler und hervorragender als die mit körperlicher Gestalt begabten Geschöpfe, und er bestimmt über die Ruhigstellung der Sphären, so wie er auch über ihre Bewegung bestimmt – mit der Erlaubnis Gottes des Erhabenen.

Isrâfîl – Friede sei mit ihm: Er übermittelt die Befehle und bläst die Geister in die Körper ein. Der Prophet sagte: »Wie kann es mir wohlergehen, während der Herr des Hornes das Horn am Munde hat, mit dem Ohre lauscht, bis ihm befohlen wird, und er dann bläst.« Nach Mugâtil ist das Horn die Posaune. Es ist nun nämlich so, dass Isrâfîl seinen Mund über das Horn legt, das aussieht wie eine Trompete, und der Umkreis der Trompetenöffnung ist so breit wie die Himmelssphären und die Erde. Er hat seinen Blick auf den Thron Gottes gerichtet und wartet, bis ihm befohlen wird. Dann bläst er, und wenn er bläst, wird niedergeschmettert, wer in den Himmel und wer auf der Erde ist – ausgenommen der, von dem Gott es nicht will. – 'Â'ischa sagte zu Ka'b al-Ahbâr: »Ich habe den Propheten sagen hören: ›O Herr Gabriels, Michaels und Isrâfîls!‹ Was nun Gabriel und Michael betrifft, so habe ich von ihnen im Koran gehört. Was aber Isrâfîl betrifft, so berichte mir nun von ihm!« Daraufhin sagte Ka'b al-Ahbâr: »Er ist ein Engel von gewaltigem Rang. Er hat vier Flügel: Der eine füllt den Osten, der andere den Westen aus, mit dem dritten bekleidet er den Raum vom Himmel bis zur Erde, und mit dem vierten verhüllt er sich vor der Majestät Gottes. Seine beiden Füße sind unter der Erde des siebten Himmels, und sein Kopf reicht bis zu den Grundpfosten des Thrones. Zwischen seinen Augen ist eine Tafel aus Edelstein. Wenn Gott der Erhabene nun will, dass bei seinen Dienern etwas Neues entsteht, befiehlt Er der himmlischen Feder, auf die Tafel zu schreiben. Dann lässt Er die Tafel zu Isrâfîl hinab, so dass sie zwischen seinen Augen ist. Darauf gelangt sie zu Michael – Friede sei über ihm, und dieser hat Hilfen in der ganzen Welt, auf dass sie in die grundlegenden Elemente und erzeugenden Kräfte ihre Lebensgeister einblasen, so dass sie dann zu einer Fundstätte, einer Pflanze, einem Lebewesen werden. Dies nun ist die Kraft, in denen ihr Wohlergehen und Leben liegt, und in ihrem Ausfall liegt ihr Verderb und ihr Untergang.«

Gabriel – Friede sei mit ihm: Er ist der mit der Offenbarung Betraute und der Bewahrer der Heiligkeit. Man nennt ihn auch den bevollmächtigten Geist, den heiligen Geist, den großen Vertrauten und den Pfau der Engel. Es wird berichtet: Als Gott die Worte der Offenbarung sprach, hörten die Himmelswesen ein klirrendes Geräusch, wie wenn eine Kette über Steine geschleift würde. Da wurden sie alle niedergeschmettert und verblieben so, bis Gabriel zu ihnen kam. Als er nun zu ihnen kam, wurde die Furcht aus ihren Herzen genommen, und sie sagten: »Was ist das?« Er sprach: »Es ist dein Herr, und Er verkündet die Wahrheit.« Da riefen sie: »Die Wahrheit, die Wahrheit!« – Es wird auch berichtet, dass der Prophet zu Gabriel sagte: »Ich würde dich gerne in deiner eigentlichen Gestalt sehen.« Da sagte Gabriel: »Du würdest es gewiss nicht ertragen können!« Der Prophet sagte: »Doch, lass mich sehen!« Da verabredete er sich mit ihm an einem freien Platz in einer mondhellen Nacht. Er kam nun zu ihm, und der Prophet schaute, und siehe da, er füllte die Horizonte aus. Da überkam den Propheten eine Ohnmacht, und als er wieder zu sich kam, kehrte Gabriel zu seiner vorherigen Gestalt zurück. Da sagte der Prophet: »Ich hätte nicht gedacht, dass eines von den Geschöpfen Gottes des Erhabenen so sei.« Gabriel erwiderte darauf: »Wie wäre es wohl, wenn du Isrâfîl sähest, wie der Thron Gottes auf seiner Schulter ist, wie seine Füße die Grenzen der untersten Erde durchdrungen haben und wie er sich doch als klein herausstellt angesichts der Größe Gottes des Erhabenen, so dass er nicht anders als wie ein kleiner Sperling erscheint.« Ka'b al-Ahbâr sagte: Gabriel gehört zu den vorzüglichsten Engeln. Er hat sechs Flügel, und auf jedem einzelnen davon sind wiederum hundert Flügel. Dahinter hat er zwei Flügel, die er nur beim Untergang der Gemeinde ausbreitet. Als es nun auf den Propheten herabkam, dass dies die Rede des edlen, machtbegabten Gesandten sei, befragte ihn der Prophet über seine Macht. Da sagte er: »Ich hob die Ortschaft der Gemeinde Lots mit meinen beiden Flügeln hoch und stieg mit ihr auf, bis die Himmelsleute den Ruf ihres Hahnes hören konnten. Dann drehte ich sie um.« Seine Helfer sind über die ganze Welt eingesetzt. Ihre Sache ist es, die Kräfte des Zornes und der Wut zur Abwendung des Bösen und Schädlichen in Erscheinung zu bringen.

Michael – Friede sei mit ihm: Er ist damit betraut, die Körper mit dem Lebensnotwendigen und die Seelen mit Weisheit und Erkenntnis zu versorgen. Ka'b al-Ahbâr sagte: Im siebten Himmel ist ein »geschwollenes Meer« (52,6), wobei allein Gott weiß, wie viele Engel darin sind, und Michael, dessen Aussehen nur Gott alleine beschreiben kann und dessen Anzahl an Flügeln nur Er alleine kennt, steht über dem geschwollenen Meer. Wenn er seinen Mund öffnet, sind die Himmelsgefilde nur wie ein Senfkörnchen in einem Meer, und wenn er sich den Bewohnern der Himmels- und Erdengefilde nähern würde, würden sie von seinem Licht verbrannt werden. Er hat Helfer, die überall in der Welt eingesetzt sind. Ihnen obliegt es, die aufbauende Kraft in den Grundelementen und den erzeugenden Kräften hervorzurufen, und anderes, wodurch in den geschaffenen Dingen die letzten Ziele erreicht und die Vollkommenheit erfüllt wird – und Gott ist der Erfolgverleihende.

'Izrâ'îl – Friede sei mit ihm: Er ist der, welcher die Bewegungen zur Ruhe bringt und die Geister von den Körpern trennt. Ka'b al-Ahbâr sagte: 'Izrâ'îl ist im untersten Himmel. Gott hat seine Füße an den Grenzen der Erde geschaffen und seinen Kopf im obersten Himmel. Sein Gesicht ist der Wohlverwahrten Tafel zugewandt, und er hat Helfer entsprechend der Anzahl derer, die sterben. Er hat alle Geschöpfe vor seinen Augen, und kein Geschöpf stirbt, ohne dass seine Lebensversorgung abgelaufen und sein vorbestimmtes Ende gekommen ist. Und von Asch'ath ibn Aslam wird berichtet, dass Abraham den Todesengel fragte: »Was machst du, wenn sich eine Seele im Osten und eine Seele im Westen befindet und eine Seuche den einen Teil, ein Erdbeben den anderen Teil der Erde befällt?« Da sagte der Engel: »Ich rufe die Geister herbei, so dass diese beiden zwischen meinen Fingern sind.« Von Wahb ibn Munabbih wird berichtet: Salomon, der Sohn Davids, wünschte den Todesengel zu sehen, um ihn sich zum Freund zu nehmen. Salomon erhielt nun folgendermaßen Kenntnis von ihm: Es sah so aus, als käme er unter seinem Thronsitz hervor. Da sagte Salomon zu ihm: »Wer bist du?« Er sprach: »Der Todesengel.« Da verlor Salomon das Bewusstsein, und als der Todesengel das sah, sagte er: »O mein Gott, siehe, Dein Diener Salomon hat mich erwünscht, und nun ist ihm widerfahren, was Du siehst. O mein Gott, wahrlich ich bitte Dich, dass Du ihn, mich zu sehen, wieder zu Kräften kommen lässt.« Da offenbarte ihm Gott: »Lege deine Hand auf seine Brust!« Er tat es; Salomon kam wieder zu sich und sagte: »O Todesengel, ich sehe dich in gewaltiger Gestalt. Sind alle Engel wie du?« Der Engel sprach: »Bei dem, der dich als Prophet mit der Wahrheit geschickt hat: Meine Füße sind auf der Schulter des Engels, dessen Kopf über den siebten Himmel hinausgeht, der um eine Reise von tausend Jahren darüber hinaussteigt und dessen Füße die Plejaden um eine Reise von fünfhundert Jahren überschritten haben. Er ist einer, der seinen Mund geöffnet, seine Stimme erhoben und seine Hand ausgestreckt hat, und wenn Gott ihm erlauben würde, seine obere und untere Lippe zusammenzuschließen, dann würden sie sich zusammenschließen über dem, was zwischen Himmel und Erde ist.« Salomon sagte: »Du hast wahrlich eine gewaltige Sache beschrieben!« Da sagte der Engel: »Wie wäre es wohl, wenn ich dir andere von den Engeln in der Gewaltigkeit ihrer Erscheinung beschreiben würde? Ja, und wie wäre es wohl, wenn du mich in der Gestalt sehen würdest, in der ich den Ungläubigen den Tod gebe?« Salomon sagte: »Kommst du zu mir als Besucher oder bringst du den Tod?« – »Nein, ich komme als Besucher«, sagte der Engel. Und Salomon wurde ein Freund des Todesengels, und es pflegte dieser jeden Donnerstag zu ihm zu kommen und zu bleiben, bis die Sonne unterging. Eines Tages sagte Salomon zu ihm: »Ich sehe, dass du die Menschen nicht gleichwertig behandelst: Du nimmst diesen, und jenen lässt du.« Da sagte der Engel: »Der Gefragte weiß nicht mehr als der Fragende. Es ist nun so, dass die Namen derer, die sterben sollen, aufgeschrieben sind, und zwar von der Zeit an, die auf die Nacht des Vertrages fällt, und das ist die Nacht in der Mitte des Scha'bân, bis zum Beginn des nächsten Jahres. Was nun die Gläubigen betrifft, so nehme ich ihren Geist weg mit meiner Rechten, in weißer Seide, in Moschus getränkt, und es steigen ihre Geister hinauf nach 'Illiyûn. Was aber die Ungläubigen betrifft, so nehme ich ihren Geist weg mit meiner Linken in einem Gewand von Teer, und es steigen ihre Geister hinab nach Siddschîn. Ihre Angelegenheit ist dem Kenner des Verborgenen und Offenkundigen anheimgestellt, und sie werden dann in Kenntnis gesetzt über das, was sie getan haben.« – Von al-A'masch über Chaitharna wird berichtet: Der Todesengel trat bei Salomon, dem Sohn Davids, ein und begann einen seiner Tischgenossen anzuschauen. Er ließ seinen Blick fortwährend auf ihm verweilen, und als der Todesengel hinausging, fragte der Mann: »Wer ist das, o Prophet Gottes?« – »Das ist der Todesengel«, sagte er. Der Mann sagte: »Ich sah ihn nach mir schauen, als ob er etwas mit mir vorhätte.« – »Und was ist es, das du wünschest?«, fragte Salomon. Da sagte er: »Ich wünsche, dass du mich von ihm befreist und dem Wind gebietest, dass er mich bis zum äußersten Ende Indiens trägt.« Salomon sagte dies zum Wind, und er tat es. Als nun der Todesengel wieder zu Salomon kam, sagte er zu ihm: »Ich sah, wie dein Blick fortwährend auf einem von meinen Tischgenossen verweilte.« Der Engel sagte: »Ich musste mich dauernd wundern über ihn. Mir ist nämlich befohlen worden, in Kürze im äußersten Ende Indiens den Geist von ihm zu nehmen, und nun sah ich ihn bei dir.« – Wahb ibn Munabbih sagte: Der Todesengel nahm den Geist weg von einem der Gewalthaber. Dann stieg er zum Himmel hinauf, und die Engel sagten zu ihm: »Mit welchem von denen, deren Geist du genommen hast, hattest du am meisten Erbarmen?« Da sagte er: »Mir wurde befohlen, in einer Wüstengegend den Geist von einer Frau zu nehmen. Ich kam zu ihr, und sie hatte ein Kind geboren. Da hatte ich Mitleid mit ihr, weil sie in der Fremde war, und ich hatte Mitleid mit dem Säugling, weil er klein und weil er in der Wüste war, in der es keine Hilfe gab.« Die Engel aber sagten: »Der Gewalthaber, dessen Geist du jetzt hinweggenommen hast, ist jener Säugling, mit dem du Mitleid hattest.« Da sagte der Todesengel: »Gelobt sei Gott der Gütige für das, was Er will.«

Die Engel der sieben Himmel: Ka'b al-Ahbâr sagt: Diese Engel sind fortwährend mit dem Lobpreis Gottes und der Bezeugung Seiner Einzigkeit beschäftigt, im Stehen und Sitzen, bei der Verbeugung und bei der Niederwerfung. Sie lobpreisen Tag und Nacht und werden dessen nicht müde, bis »die Stunde« (des Jüngsten Gerichts) festgesetzt wird, und wenn sich »die Stunde« einstellt, sagen sie: »Wir haben dir nicht gebührend gedient!« Von Ibn 'Abhâs – möge Gott Wohlgefallen an ihm haben – wird berichtet: Die Engel des Himmels über der Erde haben die Gestalt von Rindern, und Gott der Erhabene hat sie einem Engel mit dem Namen Ismâ'îl anvertraut; die Engel des zweiten Himmels haben die Gestalt eines Adlers, und der Name des mit ihnen betrauten Engels ist Michâ'îl; die Engel des dritten Himmels haben die Gestalt eines Geiers, und der mit ihnen betraute Engel hat den Namen Sâ'diyâ'îl; die Engel des vierten Himmels haben die Gestalt eines Pferdes, und der mit ihnen betraute Engel hat den Namen Salsâ'îl; die Engel des fünften Himmels haben die Gestalt der Huris mit den großen schwarzen Augen, und der mit ihnen betraute Engel hat den Namen Kalkâ'îl; die Engel des sechsten Himmels haben die Gestalt von Kindern, und der mit ihnen betraute Engel hat den Namen Samchâ'îl; die Engel des siebten Himmels haben die Gestalt der Söhne Adams, und der Name des mit ihnen betrauten Engels ist Rûbâ'îl. Wahb sagte: Und über den sieben Himmeln sind Schleier, in denen Engel sind, die sich gegenseitig nicht kennen, weil ihrer so viele sind. Sie loben Gott den Erhabenen in verschiedenen Zungen, die wie der betäubende Donner klingen – und Gott ist der Erfolgverleihende.

Die Bewahrenden – Friede sei mit ihnen: Sie sind die edlen Schreiber. Ibn Dschuraidsch sagte: Sie sind zwei Engel, denen die Obhut des Menschen anheimgegeben ist. Der eine ist zu seiner Rechten und der andere zu seiner Linken. Einige sagen auch: Sie sind vier, zwei in der Nacht und zwei am Tage. 'Abdallâh ibn Mubârak sagte: Sie sind fünf, zwei in der Nacht und zwei am Tage, und der fünfte verlässt ihn weder bei Tag noch bei Nacht. Auch für die Ungläubigen gibt es Bewahrende, denn der Vers der Aufbewahrenden kam im Hinblick auf die Ungläubigen herab, und es sind dies die Worte des Erhabenen: »FÜRWAHR, UND DOCH LEUGNET IHR DAS GERICHT, ABER SIEHE, ÜBER EUCH SIND WAHRLICH HÜTER, EDLE, SCHREIBENDE, DIE WISSEN, WAS IHR TUT.« (82,9–12) Es wird berichtet, dass der Engel, wenn der Mensch sündigt, die Feder für sechs Stunden vom Menschen fern sein lässt, und wenn er bereut und um Verzeihung bittet, schreibt er die Sünde nicht zu seinen Lasten auf – es sei denn, er schreibt sie aus einer anderen Einsicht heraus auf. Wenn er sie nun zu seinen Lasten aufschreibt, und er tut etwas Gutes, dann sagt der Gefährte der Rechten zum Gefährten der Linken – er hat nämlich darüber die Vollmacht: »Lass dieses Schlechte weg, auf dass ich von seinen guten Taten von einer zehnfachen Gutschreibung eine weglasse und neun gute Taten (zum Himmel) aufhebe.« Dies tut dann der Gefährte der Linken. Von Anas ibn Mälik wird berichtet: Der Prophet Gottes sagte: »Gott, der erhaben und mächtig ist, übergibt Seinen Diener der Obhut zweier Engel, die zu seinen Gunsten und Lasten aufschreiben. Wenn er nun gestorben ist, sagen sie: ›O Herr, Dein Diener Soundso ist gestorben, wohin sollen wir gehen?‹ Gott der Erhabene spricht: ›Mein Himmel ist voller Engel, die Mir dienen, und Meine Erde ist voller Geschöpfe, die Mir gehorchen. Geht in das Grab meines Dieners, lobpreist Mich, rühmt und verherrlicht Mich und schreibt das zu den guten Taten Meines Dieners bis zum Tage der Auferstehung.‹«

Fausts Himmelfahrt

Johann Wolfgang von Goethe

Engel, schwebend in der höheren Atmossphäre,
Faustens Unsterbliches tragend.
Gerettet ist das edle Glied
Der Geisterwelt vom Bösen,
Wer immer strebend sich bemüht,
Den können wir erlösen.
Und hat an ihm die Liebe gar
Von oben teilgenommen,
Begegnet ihm die selige Schar
Mit herzlichem Willkommen.
Chorus mysticus.
Alles Vergängliche
Ist nur ein Gleichnis;
Das Unzulängliche,
Hier wird's Ereignis;
Das Unbeschreibliche,
Hier ist's getan;
Das Ewig-Weibliche
Zieht uns hinan.

FINIS

Der Engeln Lächeln glänzt am Tor
Frederico Barocci († 1612): Das Abendmahl.

216   Neunter Chor der Engel: Halleluja in Ewigkeit

Alle freuend zugleich, teile das Himmlische sich
Krönung Mariä – Französischer(?) Meister, 1457.

Ein himmlisches Leben 217

Quellennachweis

Bildnachweis

S. 12: Der Thron Gottes. Este-Bibel, Ferrara vor 1434 (?). Illuminiert von Bebello da Pavia, Jacopino d'Arezzo. Barb. Lat. 613, Biblioteca Apostolica Vaticana, Rom.
S. 17: Erschaffung der Welt. Aus dem ersten Band der Bibel des Matteo de Planisio, Neapel 1362 (?), fol. 5v Vat. Lat. 3550, Biblioteca Apostolica Vaticana, Rom.
S. 18: Miniatur aus der Bibel des Matteo de Planisio, aaO. (s. Nr. 2; Detail).
S. 22: Synaxis der Erzengel. Ikone, 18. Jhd., Palecher Schule, Moskau.
S. 27: Das ptolemäische Universum, aus: Robert Fludd, Geschichte des Makrokosmos, 1617.
S. 29: Gott Vater, umgeben von einigen der neun Chöre der Engel. Aus dem Visconti-Stundenbuch, um 1430. Florenz, Biblioteca Nazionale.
S. 30: William Blake, Lucifer, um 1810. London, Tate Gallery.
S. 33: Gisela Röhn, Der Rhein – Ein Rätsel ist Rheinentsprungenes. Aquarell 1973. Privatbesitz. Veröffentlicht in: Gisela Röhn, Julias Alphabet. Ein Künstlerbuch, Friedrich Wittig Verlag, Hamburg, 1980.
S. 35: Fra Angelico, Die Verkündigung. Altartafelbild, um 1433, bekannt als „Pala di Cortona". Cortona, Museo Diocesano.
S. 38: Leiko Ikemura, Verkündigung, 1985. Privatsammlung.
S. 40: Marc Chagall, Der Engelsturz, 1923. © VG Bild-Kunst, Bonn 2006.
S. 43: Armand Point, Eros, 1896, Pastell auf Papier, 98 x 49 cm, Paris, Privatsammlung. © der Vorlage: akg-images / Erich Lessing.
S. 45: Marc Chagall, Meiner Frau, 1933 (hier Detail). © VG Bild-Kunst, Bonn 2006.
S. 46: Die Vertreibung aus dem Paradies. Tafelbild von Giovanni di Paolo, um 1445. New York, Metropolitan Museum of Art.
S. 48: Edward Reginald Frampton (1873 - 1923), St. Cecily.
S. 51: Engel begleiten Maria in den Himmel. Miniatur aus dem Visconti-Stundenbuch, um 1430. Florenz, Biblioteca Nazionale.
S. 53: Andrej Rublev, Heilige Dreifaltigkeit, 1411. Aus der Ikonostase der Dreifaltigkeitskathedrale des Dreifaltigkeits-Sergius-Klosters Zagorsk. Moskau, Tretjakov-Galerie.
S. 54: Gabriele Domay, Ohne Titel. Aquarell, 1990. Privatbesitz. © Gabriele Domay.
S. 57: Der Schutzengel, Georges Rouault. © VG Bild-Kunst, Bonn 2006.
S. 63: Beate Heinen, Schutzengel, 1984. © ars liturgica Kunstverlag, D-56653 Maria Laach, Nr. 5413.
S. 66: Ein Engel trägt einen Prinzen davon, türkische Miniatur. Istanbul, Topkapi Saray Museum.
S. 69: Hans Memling, Musizierende Engel, um 1490. Detail eines Triptychons, Tafelmalerei der ehem. Orgeltribüne der Kirche S. Maria la Real in Najera (Kastilien). Antwerpen, Musie des Beaux-Arts.
S. 71: Hendrick Terbrugghen (1588-1629), Die Befreiung des Petrus. Den Haag, Mauritshuis.
S. 73: Wim Wenders, Himmel über Berlin. Foto aus: Der Himmel über Berlin von Wim Wenders. Ein Filmbuch von Wim Wenders und Peter Handke. Suhrkamp Verlag, Frankfurt/M. 31989, S. 8f. © Road Movies Filmproduktion GmbH, Berlin.
S. 77: Charles Maurin (1856 - 1949), Young Girl and their Guardian Angel.
S. 79: Engelmotiv aus der Werbung.
S. 80: Rembrandt Harmensz van Rijn († 1669), Die Opferung Isaaks. Leningrad, Eremitage.
S. 82: Versuchung Christi auf dem Berg. Tafelgemälde von Duccio di Buoninsegna, um 1310. Washington, National Gallery.
S. 83: Andachtsbild aus Irland.
S. 84: Aus: Peter Härtling/Arnulf Rainer, Engel – Gibt's die? 28 Gedichte – 30 Übermalungen. Radius-Verlag, Stuttgart 1992. Bild: © Arnulf Rainer.
S. 89: © Arnulf Rainer.
S. 91: Paul Klee, Engel, noch tastend, 1939, 1193 (MN 13); 29,4 x 20,8 cm; Kreide, Kleisterfarbe und Aquarell auf Papier mit Leimtupfen auf Karton, Privatbesitz Schweiz. © VG Bild-Kunst, Bonn 2006.
S. 96: Aus der Werbung.
S. 98: Hugo Simberg, Der verwundete Engel, 1903. Ateneumin Taidemuseuo, Helsinki.
S. 102: Der Saki (Kelchträger). Bild: Arthur A. Houghton Jr. (genauere Quelle leider unbekannt).
S. 105: Rembrandt Harmensz van Rijn, Tobias fragt den Engel aus (um 1645/50). © der Vorlage: akg-images / Erich Lessing.
S. 108: Jacopo Palma († 1528), Einer kannte den Weg. Tobias und der Engel Raphael auf der Wanderschaft.
S. 109: Adam Elsheimer (1578-1610), Tobias und der Engel. London, National Gallery.
S. 113: Rembrandt Harmensz van Rijn († 1669), Raphael verlässt die Familie des Tobias. Paris, Louvre. © der Vorlage: akg-images / Erich Lessing.
S. 116: Engel drehen die Räder des Universums. Französische Miniatur, 14. Jh.
S. 118: Pfauenengel mit himmlischer Mandorla. Blatt 5 einer um 1400 entstandenen westflämischen Apokalypse (der ältesten aus dem niederländischen Sprachgebiet). Paris, Bibliotheque National, néerl. 3.
S. 119: Edward Robert Hughes (1851-1914), Night with her Train of Stars.
S. 121: Joseph Mallord William Turner (1775-1851), Der Engel, in der Sonne stehend. London, Tate Gallery.
S. 123: Francesco Cozza (1605-1682), Hagar und Ismael in der Wüste. Amsterdam, Rijksmuseum.
S. 124: Govaert Flinck (1615-1660), Die Verkündigung an die Hirten. Paris, Louvre.
S. 129: Die Vision Ezechiels. Aus einer Bibel des 17. Jh., Ort unbekannt.
S. 133: Mohammed reitet in den Himmel. Paris, Bibliothèque National.
S. 137: Giselbertus, Traum der Könige, 12. Jh., Capitell der Kathedrale von Autun.
S. 139: Marc Chagall, Die Erscheinung. © VG Bild-Kunst, Bonn 2006.
S. 140: Ferdinand Bol, Jakobs Traum von der Himmelsleiter, 1604. Dresden, Staatliche Kunstsammlungen, Gemäldegalerie Alte Meister.
S. 141: Jakobs Traum von der Himmelsleiter. Hayley, 18. Jh.
S. 142: Herrard von Landsberg, Die Tugendleiter.
S. 148: Kreuzikone „Kreuzigung mit Beistehenden, Festtage", 19. Jh. Moskau, Staatliche Eremitage.

S. 151: Eugène Delacroix, Jakob ringt mit dem Engel, um 1858. Paris, Kirche Saint Sulpice (Foto: Foto Giraudon, Paris).
S. 151: Paul Gauguin, Vision nach der Predigt oder Jakobs Kampf mit dem Engel, 1888. Edinburgh, National Gallery of Scotland.
S. 155: Christian Rohlfs, Gethsemane, 1917. Privatbesitz.
S. 159: Gott, der große Baumeister, umgeben von Engeln. Französische Handschrift, 15. Jh. London, British Library.
S. 161: William Blake, Adam und Eva schlafend, 1808. Boston, Museum of Fine Arts.
S. 162: Michaels Kampf mit dem Drachen. Holzschnitt, Blatt 10 der Apokalypse von Albrecht Dürer, 1498.
S. 166: Seraphim und Cherubim. Mosaik im Gewölbe der Apsis des Domes zu Cefalù/Sizilien, um 1148.
S. 167: Die Zornesschalen und die Zitherspieler auf dem Kristallenen Meer. Blatt 16 der westflämischen Apokalypse, um 1400. Paris, Bibliothèque National, neerl. 3.
S. 168: Gott, der große Baumeister, umgeben von Engeln. Französische Handschrift, 15. Jh. London, British Library.
S. 171: Engel tragen die Seele des heiligen Bertin zum Himmel empor. Ausschnitt aus einem Altarbild von Simon Marmlion, um 1480. London, National Gallery.
S. 173: Das Paradies. Aus einem Flügelaltar von Hieronymus Bosch, um 1500. Venedig, Palazzo Ducale.
S. 176: Milan Kunc, Der Engel des Todes, 1980. © VG Bild-Kunst, Bonn 2006.
S. 179: Ernst Barlach, Güstrower Ehrenmal, 1926/27. © Ernst Barlach Lizenzverwaltung Ratzeburg.
S. 179: Das Totengericht. Miniatur aus dem Stundenbuch des Herzogs von Rohan, um 1420. Paris, Bibliothèque National.
S. 180: Engel des Jüngsten Gerichts. Detail des Engelpfeilers in der Cathédrale de Straßbourg, 1235.
S. 183: Szenen aus dem Leben der Erzengel. Altar aus einer Werkstatt von Vieh (?), 13. Jh. Barcelona, Museum Katalanischer Kunst.
S. 185: Justus van Gent, (um 1435-1480), Die Einsetzung des Heiligen Abendmahls. Urbino, Palazzo Ducale.
S. 187: Giovanni Bellini (um 1430-1516), Christus am Ölberg. London, National Gallery.
S. 190: Der Erlöser inmitten himmlischer Mächte. Ikone, 1. Drittel 18. Jh., aus der Kirche der Twerer Altgläubigengemeinde, Moskau. Petersburg, Staatliches Museum für Religionsgeschichte.
S. 194: Rembrandt Harmensz van Rijn, Die Himmelfahrt Christi, 1636. München, Alte Pinakothek.
S. 194: William Blake, Engel über dem Grab Christi wachend, um 1806. London, Victoria und Albert Museum.
S. 196: Kate Elizabeth Burne (1858-1927), St. Cecilia.
S. 199: Hildegard von Bingen, Die Chöre der Engel, 1141-1151. Aus: Scivias, Tafel 9, Schau 16.
S. 205: Der Rosengarten Mariae. Detail eines Gemäldes von Stefano da Zevio. Verona, Castelvecchio.
S. 207: Raffael, Sixtinische Madonna, 1512/13. Dresden, Staatliche Kunstsammlung, Gemäldegalerie.
S. 210: Jean Victor Delville, The Angel of Splendor (1894). © VG Bild-Kunst, Bonn 2006; © der Vorlage: akg-images / Erich Lessing.
S. 216: Federico Barocci (um 1526-1612), Das Abendmahl. Urbino, Duomo.
S. 217: Krönung Mariä durch die Dreieinigkeit. Französischer (?) Meister 1. M., 1457.

Textquellen

ERSTER CHOR
S. 14: Rafael Alberti, Die Schülerengel, aus: ders., Von den Engeln (Sobre los Angeles). Übersetzer: Erich Arendt. © Rimbaud Verlag, Aachen.
S. 14: Johann Wolfgang von Goethe, Die Sonne …, aus: ders., Faust, V. 243–270.
S. 15ff.: Aurelius Augustinus, Erschaffung …, aus: ders., Vom Gottesstaat (De civitate dei), XI. 9, 19, 33; X. 7. Übersetzung von Wilhelm Thimme. © Artemis Verlags AG, Zürich 1955 und 1978.
S. 20ff.: Äthiopisches Henochbuch, Über den Fall der Engel, aus: Emil Kautzsch (Hrsg.), Die Apokryphen und Pseudoepigraphen des Alten Testaments, 2 Bde., Tübingen 1900. 2. Reprint: Hildesheim 1975.
S. 26ff.: Aurelius Augustinus, Es waren keine Engel, aus: ders., Vom Gottesstaat, XV. 23, aaO.
S. 30: Rose Ausländer, Trost I (Erzengel Luzifer/…), aus: dies., Hügel aus Äther unwiderruflich. Gedichte und Prosa 1966-1975. © S. Fischer Verlag GmbH, Frankfurt am Main 1984. Der Abdruck erfolgt auf Wunsch des S. Fischer Verlages in alter Rechtschreibung.
S. 31ff.: Itzig Manger, Mein letzter Tag im Paradies, aus: Itzig Manger, Das Buch vom Paradies. © Jüdischer Verlag im Suhrkamp Verlag, Frankfurt am Main 1994.
S. 39: Michail Lermontow, Der Engel, aus: ders., Ausgewählte Werke, Band I. (it 1223, S. 37), übersetzt von Uwe Grüning, Insel Verlag, Frankfurt/M. 1989. © Verlag Philipp Reclam jun., Stuttgart.
S. 39: Christian Morgenstern, Der Engel, aus: ders., Jubiläumsausgabe in vier Bänden, hrsg. von Clemens Heselhaus, Band II. R. Piper Verlag, München 1979, S. 202.

ZWEITER CHOR
S. 42: Fritz Baltruweit, Du bist ein Engel. Text und Musik: Fritz Baltruweit. Aus: Du bist ein Engel, 2002. Alle Rechte im tvd-Verlag, Düsseldorf.
S. 42f.: Paul Gerhardt, Nun ruhen alle Wälder, aus: Evangelisches Kirchengesangbuch, Nr. 361.
S. 44: Marie Luise Kaschnitz, Auszug aus: Schnee, aus: dies., Überallnie. Ausgewählte Gedichte 1928-1965. © 1965 Claassen Verlag in der Ullstein Buchverlage GmbH, Berlin.
S. 44: Heimo Schwilk, Paradies (Erstveröffentlichung). © Autor.
S. 45: Rose Ausländer, „Komm Engel/ …". Aus: dies., Und preise die kühlende Liebe der Luft. Gedichte 1983-1987. © S. Fischer Verlag GmbH, Frankfurt am Main 1988. Der Abdruck erfolgt auf Wunsch des S. Fischer Verlages in alter Rechtschreibung.

Quellennachweis

S. 45: Uschi Neuhauser, Ein fauler Hund, aus: Stern Nr. 48/1989. © Neuhauser.
S. 45: Nelly Sachs, Ihr seht sie nicht, aus: dies., Späte Gedichte. © Suhrkamp Verlag, Frankfurt am Main 1965.
S. 46: Gottfried Benn, Menschen getroffen, aus: ders., Sämtliche Werke. Stuttgarter Ausgabe. In Verb. mit Ilse Benn hrsg. von Gerhard Schuster (Bände I – V) und Holger Hof (Bände VI + VII). Band I: Gedichte 1. Klett-Cotta, Stuttgart 1986.
S. 47: Adam Zagajewski, Drei Engel, aus: Sinn und Form (Juli/August 1996).
S. 49f.: Legenda Aurea, Caecilias römische Brautnacht, aus: Ferdinand Holböck, Vereint mit den Engeln und Heiligen. Christiana Verlag, Stein am Rhein 21986, S. 130–132.
S. 50f.: Emanuel bin Gorion, Mathia ben Cheresch, aus: Emanuel bin Gorion, Der Born Judas. © Insel Verlag, Frankfurt am Main 1959.
S. 52: Jorge Luis Borges, Nicht der Sinne wüste Lust, aus: ders., Gesammelte Werke. Hrsg. von Gisbert Haefs und Fritz Arnold. © 1982 Carl Hanser Verlag, München – Wien.
S. 53: Rudolf Otto Wiemer, Es müssen nicht …, aus: ders.: Der Augenblick ist noch nicht vorüber. Kreuz Verlag, Stuttgart. © Rudolf Otto Wiemer Erben, Hildesheim.

DRITTER CHOR
S. 56: Elisabeth Noelle-Neumann, Die Engel, aus: Seitz (Hrsg.), Kindheitsmomente. Prominente erinnern sich, Düsseldorf 1994. © Elisabeth Noelle-Neumann.
S. 56ff.: Friedrich Döhnhoff, Das letzte Gespräch, aus: Die Welt ist so, wie man sie sieht. © 2002 by Hoffmann & Campe Verlag, Hamburg.
S. 62ff.: Erwin Wickert, Die Begegnung mit dem Engel, aus: ders., Mut und Übermut. Geschichten aus meinem Leben. © 1991 Deutsche Verlags-Anstalt, München in der Verlagsgruppe Random House GmbH.
S. 64f.: Wilhelm von Kügelgen, Jugenderinnerungen …, aus: ders., Jugenderinnerungen eines alten Mannes. Verlag von Richard Wöpke, Leipzig 1901, S. 1f.
S. 66: Hermann Sudermann, Gottes Gegenwart, aus: ders., Das Bilderbuch meiner Jugend. Langen Müller Verlag in der F.A. Herbig Verlagsbuchhandlung GmbH, München 1988.
S. 67: Winfried Maas, Jemand nahm mich bei der Hand, aus: Stern Nr. 48/1989. © Maaß.
S. 73: Wim Wenders/Peter Handke, Der Engel Daniel spricht, aus: Der Himmel über Berlin. © Suhrkamp Verlag, Frankfurt am Main, 1989, S. 4.
S. 74f.: Ernst Heimeran, Das Engelgespräch, aus: ders., Sonntagsgespräche mit Nele, hrsg. von Margit Heimeran. © 1981 Carl Hanser Verlag, München-Wien.
S.76ff.: Schalom Ben-Chorin, Der Engel mit der Fahne. 1985 Bleicher Verlag, Gerlingen, 1989 Deutscher Taschenbuch-Verlag. © Avital Ben-Chorin.
S. 79: Nikolaus Lenau, Stimme des Kindes, aus: Nicolaus Lenaus sämtliche Werke in einem Band, hrsg. von G. Emil Barthel. Verlag Philipp Reclam jun., Leipzig 1905.

VIERTER CHOR
S. 86: Rose Ausländer, Kindheit I (Vor vielen Geburtstagen/…), aus: dies., Die Sichel mäht die Zeit zu Heu. Gedichte 1957-1965. © S. Fischer Verlag GmbH, Frankfurt am Main 1985. Der Abdruck erfolgt auf Wunsch des S. Fischer Verlages in alter Rechtschreibung.
S. 87: Pierre Georges Pouthier, Engelruf. Aus: ders.: Die Engel sind die Bienen Gottes, Verse der Sanftmut, Verlag Ch. Möllmann, Schloss Hamborn/Borchen 2005, ISBN: 3-89979-039-1.
S. 87: Marie Luise Kaschnitz, Ein Häufchen Unglück, aus: Dies., Tage, Tage, Jahre. Aufzeichnungen. © Insel Verlag, Frankfurt am Main 1976. Der Abdruck erfolgt auf Wunsch des Insel Verlages in alter Rechtschreibung.
S. 88: Else Lasker-Schüler, Meine Mutter, aus: dies.: Sämtliche Gedichte. © Suhrkamp Verlag, Frankfurt am Main, 1996.
S. 88: Else Lasker-Schüler, Gebet, aus: dies.: Sämtliche Gedichte. © Suhrkamp Verlag, Frankfurt am Main, 1996.
S. 89: Rose Ausländer, Schwebend/auf Weltenbahnen/…, aus: dies., Und preise die kühlende Liebe der Luft. Gedichte 1983-1987. © S. Fischer Verlag, Frankfurt am Main 1988. Der Abdruck erfolgt auf Wunsch des S. Fischer Verlages in alter Rechtschreibung.
S. 90: John Henry Kardinal Newman, Lead, kindly light. Übersetzung von Ida Friederike Görres.
S. 91: Walter Benjamin, Ein Sturm …, aus: Gershom Scholem, Walter Benjamin und sein Engel. © Suhrkamp Verlag, Frankfurt am Main 1983, S. 64,42 ff.
S. 92: Mascha Keléko, An meinen Schutzengel, aus: dies., In meinen Träumen läutet es Sturm. © 1977 Deutscher Taschenbuch Verlag, München.
S. 93ff.: Gwendolin Fischer, Kind und Engel – Ein Gespräch, aus: Wolfgang Weihrauch (Hg.), Flensburger Hefte Nr. 23 (1988), S. 146–154.
S. 99f.: FAZ, „Engel als Anhalter undenkbar", aus dem „Aktuellen Basisdienst" Nr. 245 vom 21.10.1982. © KNA, Bonn.
S. 100f.: Nina Hagen, LSD-Engel. © 1988 Nina Hagen. Ich bin ein Berliner, erschienen 1988 im Wilhelm Goldmann Verlag, München, einem Unternehmen der Verlagsgruppe Random House GmbH.
S. 101f.: Ernst Jünger, Eine unbestimmte Sehnsucht (Überschrift vom Hrsg.), aus: ders., Sämtliche Werke. Band 18: Die Zwille. Klett Cotta, Stuttgart 1983.
S. 103: Gerald Zschorsch, Elegie, aus: ders., Spitznasen. Gedichte. Klett-Cotta, Stuttgart 1990.

FÜNFTER CHOR
S. 118: Rose Ausländer, Nicht wahr, aus: dies., Im Aschenregen die Spur deines Namens. Gedichte und Prosa 1976. © S. Fischer Verlag GmbH, Frankfurt am Main 1984. Der Abdruck erfolgt auf Wunsch des S. Fischer Verlages in alter Rechtschreibung.
S. 119: John Henry Kardinal Newman, Unter der Hülle …, aus: ders., Gebete und Betrachtungen. © Kösel-Verlag, München 1955.
S. 120: Christian Morgenstern, Wasserfall bei Nacht, aus: ders., Jubiläumsausgabe, Band II. R. Piper Verlag, München 1979, S. 208f.

SECHSTER CHOR
S. 131: Äthiopisches Henochbuch, Der himmlische Hofstaat, aus: Emil Kautzsch (Hrsg.), Die Apokryphen und Pseudoepigraphen des Alten Testaments, 2 Bde., Tübingen 1900. 2. Reprint: Hildesheim 1975.
S. 132ff.: Sahih al-Buhari, Mohammed …, aus: ders., Nachrichten von Taten und Aussprüchen des Propheten Muhammad. Übersetzt von Dieter Ferchl. Verlag Philipp Reclam jun., Stuttgart 1991, S. 23-26.
S. 135ff.: Joseph Smith, Der Besuch Morinis, aus: Das Zeugnis des Propheten Joseph Smith. Kirche Jesu der Heiligen der letzten Tage, 1984.
S. 138: Christian Morgenstern, Wir fanden einen Pfad, aus: ders., Jubiläumsausgabe, Band II. R. Piper Verlag, München 1979, S. 187.
S. 139: Marc Chagall, Petersburger Engel, aus: ders., Mein Leben. Hatje Cantz Verlag, Ostfildern, 2004.

SIEBTER CHOR
S. 152ff.: Gundolf Winter, Gauguins Wallfahrt nach Nizzon, aus: ders.: Paul Gauguin. © Insel Verlag Frankfurt am Main 1992.
S. 154: Ernst Jünger, Gottes Gegenbeweis (Überschrift vom Herausgeber), aus: ders., Sämtliche Werke, Band 3: Strahlungen II. Klett-Cotta, Stuttgart 1979.
S. 160: Das Leben Adams und Evas, aus: Paul Riessler, Altjüdisches Schrifttum außerhalb der Bibel. Übers. und erl. v.P. Riessler. F.H. Kerle Verlag, Freiburg i.Br. 61988.
S. 162: Johann Sebastian Bach, Der unerschaffene Michael (Kantate Nr. 19).
S. 163: Aurelius Augustinus, Was Engel wissen, aus: ders., Vom Gottesstaat XI, 29, aaO.
S. 164: Dionysios Areopagita, Die Himmlischen Hierarchien, aus: Alfons Herlin, Texte der Kirchenväter, Band 1. Kösel-Verlag, München 1963, S. 251f.
S. 165f.: Johannes Damascenus, Das Wesen der Engel, aus: Alfons Herlin, Texte der Kirchenväter, Band 1. Kösel-Verlag, München 1963, S. 241–243.
S. 167: Robert Gernhardt, Wie viele Engel …? (Überschrift vom Herausgeber), aus: ders., Die Blusen des Böhmen. Frankfurt am Main: Zweitausendeins. © Robert Gernhardt. Alle Rechte vorbehalten.

ACHTER CHOR
S. 170f.: Dietrich Bonhoeffer, Von guten Mächten. © Gütersloher Verlagshaus, Gütersloh, in der Verlagsgruppe Random House GmbH, München.
S. 172: Anna, Was ich mal werden möchte, ist Engel, aus: Fynn, Anna schreibt an Mister Gott. © Fynn 1986, Scherz Verlag, Bern, München, Wien. Alle Rechte vorbehalten S. Fischer Verlag GmbH, Frankfurt am Main. Der Abdruck erfolgt auf Wunsch des S. Fischer Verlages in alter Rechtschreibung.
S. 173: Heinrich Heine, An die Engel, aus: ders., Werke, Band I. Insel Verlag, Frankfurt/M. 1968, S. 187f.
S. 174ff.: Friedrich Cramer, Der Kampf mit dem Engel, aus: ders., Kindheit, Jugend und Krieg. © Insel Verlag Frankfurt am Main 1995.
S. 177ff.: Jean Paul, Tod eines Engels, aus: Anne Marie Fröhlich, Engel. Manesse Verlag, Zürich 1991, S. 236–243.
S. 180: Elisabeth Kübler-Ross, Schutzengel der Sterbenden, aus: dies., Über den Tod und das Leben danach. © Verlag »Die Silberschnur GmbH«, Neuwied.
S. 181ff.: Johann Wolfgang von Goethe, Fausts Grablegung, aus: ders., Faust II, V. 11612–11843.
S. 184ff.: Romano Guardini, Der Engel des Menschen, aus: Engel. Theologische Betrachtungen, 4. Taschenbuchauflage 2000, S. 49-69. Matthias-Grünewald-Verlag, Mainz. Alle Autorenrechte liegen bei der Katholischen Akademie in Bayern.
S. 187: Friedrich Hölderlin, Das Erinnern, aus: ders., Sämtliche Werke. „Frankfurter Ausgabe" (FHA). Historisch-krititsche A.Hg. von D.E. Sattler. Band 1. © 1978ff Stroemfeld Verlag Basel und Frankfurt am Main.
S. 188: Emanuel bin Gorion, Joshua ben Levi, aus: ders., Der Born Judas. © Insel Verlag Frankfurt am Main, 1959.

NEUNTER CHOR
S. 194: Rose Ausländer, Die Auferstandenen, aus: dies., Wieder ein Tag aus Glut und Wind. Gedichte 1980-1992. © S. Fischer Verlag GmbH, Frankfurt am Main 1986. Der Abdruck erfolgt auf Wunsch des S. Fischer Verlages in alter Rechtschreibung.
S. 195f.: Fioretti, Franz von Assisi, aus: Rudolf G. Binding, Die Blümlein des heiligen Franziskus von Assisi. © Insel Verlag Frankfurt am Main 1973.
S. 198ff.: Hildegard von Bingen, Die Flügel des Glaubens, aus: dies., Scivias – Wisse die Wege. Otto Müller Verlag, Salzburg 91996, S. 141–145.
S. 202ff.: Rainer Maria Rilke, Aus den Duineser Elegien, aus: ders., Sämtliche Werke. Insel Verlag, Frankfurt am Main 1955.
S. 206: Else Lasker-Schüler, Mein blaues Klavier, aus: dies., Sämtliche Gedichte. © Suhrkamp Verlag Frankfurt 1996.
S. 208: Bayrisches Volkslied, Der Himmel hängt voller Geigen, aus: Achim von Arnim/Clemens von Brentano, Des Knaben Wunderhorn. Kommentierte Gesamtausgabe, Band I. Verlag Philipp Reclam jun., Stuttgart 1987, S. 275f.
S. 209ff.: Al-Quzwini, Die Bewohner der Himmelssphären. © Edition Erdmann, Lenningen, 2004.
S. 215: Johann Wolfgang von Goethe, Fausts Himmelfahrt, aus: ders., Faust II, V. 11918–12111 (stark gekürzt).

Für freundlich erteilte Abdruckgenehmigungen danken wir allen Autorinnen, Autoren und Verlagen. Trotz intensiver Bemühungen war es leider nicht in allen Fällen möglich, den/die Rechtsinhaber/in ausfindig zu machen. Für Hinweise sind wir dankbar. Rechtsansprüche bleiben gewahrt.